**Kohlhammer
Urban-
Taschenbücher**

Band 555

Grundriß der Psychologie
Band 6

eine Reihe in 22 Bänden
herausgegeben von
Herbert Selg und Dieter Ulich

Diese neue, in sich geschlossene Taschenbuchreihe
orientiert sich konsequent an den Erfordernissen des
Studiums. Knapp, übersichtlich und verständlich
präsentiert jeder Band das Grundwissen einer Teildisziplin.

Falko Rheinberg

Motivation

2., überarbeitete und
erweiterte Auflage

Verlag W. Kohlhammer
Stuttgart Berlin Köln

Die Deutsche Bibliothek – CIP-Einheitsaufnahme

Grundriss der Psychologie : eine Reihe in 22 Bänden /
hrsg. von Herbert Selg und Dieter Ulich. –
Stuttgart ; Berlin ; Köln :
Kohlhammer.
   (Urban-Taschenbücher ; ...)
Literaturangaben

Bd. 6. Rheinberg, Falko: Motivation. –
2., überarb. und erw. Aufl. – 1997

Rheinberg, Falko:
Motivation / Falko Rheinberg. – 2., überarb. und erw. Aufl. –
Stuttgart ; Berlin ; Köln: Kohlhammer, 1997
   (Grundriss der Psychologie ; Bd. 6)
   (Urban-Taschenbücher ; Bd. 555)
   ISBN 3-17-015164-9

2., überarbeitete und erweiterte Auflage 1997

Alle Rechte vorbehalten
© 1995/1997 W. Kohlhammer GmbH
Stuttgart Berlin Köln
Verlagsort: Stuttgart
Gesamtherstellung:
W. Kohlhammer Druckerei GmbH + Co. Stuttgart
Printed in Germany

Inhalt

Vorwort zur ersten Auflage

Dieses Buch gibt eine Einführung in die Motivationspsychologie. Es wendet sich an Studierende im Grundstudium der Psychologie und an „interessierte Laien", also etwa an Erziehungs-, Sozial- oder Wirtschaftswissenschaftler. Voraussetzungsfrei und anknüpfend an Alltagserfahrungen werden zunächst Fragestellungen und Arbeitsweisen der Motivationspsychologie erläutert. Mit wachsendem Kenntnisstand werden dem Leser dann nach und nach differenziertere Betrachtungen motivationspsychologischer Ansätze im Fortgang des Buches möglich.

Dieser Darstellungslogik ließ sich recht zwanglos auch die historische Entwicklung der Motivationsforschung zuordnen. In den Anfangsteilen geht das Buch auf die eher einfachen und historisch früh entwickelten Instinkt- und Triebkonzepte ein. Es folgen dann differenziertere Ansätze, in denen motiviertes Verhalten aus der Wechselwirkung von Person und Situation verstanden wird. Auf dieser Grundlage entwickelte sich die „klassische" Motivationspsychologie, die hier im Mittelteil des Buches dargestellt wird. In den letzten Kapiteln werden dann komplexere Ansätze behandelt. Hier geht es um erweiterte handlungstheoretische Motivationsmodelle, um Anreizanalysen des Alltagshandelns, um willensgesteuerte Handlungskontrolle und anderes mehr. Da diese Ansätze den aktuellen Forschungsstand und seine noch offenen Fragen wiedergeben, werden sie etwas ausführlicher behandelt.

Natürlich muß ein Einführungsbuch aus didaktischen Gründen vereinfachen und vor allem: sich inhaltlich beschränken. Manches hätte viel ausführlicher diskutiert werden können. Einige Forschungsfelder sind gar nicht behandelt. Diese Beschränkung fiel jedoch relativ leicht, weil es eine sehr gute weiterführende Literatur gibt, auf die man bei den hier erworbenen Vorkenntnissen dann zurückgreifen kann. Hinweise auf diese Literatur werden auf S. 177 f gegeben.

Bei der Erstellung dieses Buches hat mir Frau Dipl. Psych. K. Ohms geholfen. Ihr möchte ich an dieser Stelle danken.

Heidelberg, im September 1994   Falko Rheinberg

Vorwort zur zweiten Auflage

In den zwei Jahren seit Erscheinen der ersten Auflage hat sich der Forschungsstand natürlich nicht derart verändert, daß eine völlige Neubearbeitung dieses Einführungstextes erforderlich wäre. Gleichwohl werden in der jetzigen Auflage jüngere Forschungsentwicklungen zusätzlich aufgegriffen sowie die Literatur aktualisiert. Zudem ist die Darstellung mit anwendungsbezogenen Forschungsbeispielen aus der Pädagogischen Psychologie und der Organisationspsychologie angereichert.

Potsdam, im Mai 1997   Falko Rheinberg

1. Einführung

1.1 Fragestellungen der Motivationspsychologie

Wie kommt es dazu, daß Sie gerade jetzt diese Zeilen lesen, statt irgendetwas anderes – vielleicht viel Schöneres – zu tun? Die Antworten hierauf werden höchst verschieden ausfallen. Vielleicht erhoffen Sie sich eine leichte Einführung in ein Gebiet, zu dem Sie ein Referat halten, eine Arbeit anfertigen oder später eine Prüfung ablegen wollen; vielleicht interessieren Sie sich generell für Psychologie und wollen deshalb auch etwas zum Teilbereich Motivation wissen; vielleicht lesen Sie einfach gerne, und dieses Buch fiel Ihnen gerade in die Hände; vielleicht wollen Sie sich im Moment auch nur irgendwie beschäftigen, weil es Ihnen sonst schrecklich langweilig würde oder anderes mehr. Wie auch immer die Antwort in Ihrem speziellen Fall ausfallen mag, Sie betreiben gerade aktiv Motivationspsychologie. Immerhin tun Sie ja nichts Geringeres, als ein bestimmtes Verhalten (Ihr Lesen) zu erklären. „Erklären" meint hier, daß Sie bestimmte Gründe für Ihr Verhalten ausfindig machen. „Gründe" wiederum sind das, was Sie sich als positive Folge bzw. Begleiterscheinung Ihrer Aktivität versprechen.

So gesehen wäre Motivationspsychologie im Prinzip ja eine recht einfache Sache: Suche und finde die Gründe, um deretwillen jemand handelt. Abgesehen davon, daß dies lediglich eine (wichtige) Teilaufgabe der Motivationspsychologie wäre, werden die Dinge bei genauer Betrachtung doch schnell schwieriger und komplexer. Eine nur scheinbare Schwierigkeit ist die, daß wir mitunter vergeblich nach angestrebten Zielzuständen unseres Verhaltens suchen würden. So etwas ist häufig bei reflektorischem Verhalten oder bei Routinehandlungen der Fall. Hier vollziehen sich Aktivitäten quasi automatisch, ohne daß wir die Anziehungskraft eines bestimmten Zielzustandes spüren und ohne das Erlebnis, etwas Bestimmtes zu wollen. Solche Verhaltensweisen sind üblicherweise *nicht* Gegenstand motivationspsychologischer Betrachtung, wenngleich in ihrer zurückliegenden Entstehungsgeschichte motivationale Prozesse durchaus wichtig gewesen sein können.

Ein anderer Fall ist der, daß wir sehr genau ein spezifisches Ziel nennen können, das wir mit unserer Aktivität zur Zeit verfolgen. Trotz der möglichen Präzision bei der Angabe des Handlungsziels sind wir uns oft aber weit weniger klar darüber, was denn genau das Anziehende, also der eigentliche Grund (Fachterminus: der *Anreiz*) der Zielerreichung ist. Sicherlich, man kann mitunter ein weiteres Ziel nennen, für das die jetzige Zielerreichung hilfreich wäre. Aber was genau ist dann der Anreiz dieses weiteren Ziels? Sind es innere Zustände der Zufriedenheit, des Glücklichseins, der Entspannung, der angenehmen Erregung etc. – Dinge also, die den Bereich der affektiv/emotionalen Befindlichkeit betreffen? Oder sind es eher Gedankenketten (Kognitionen), die das jetzige Ziel mit höchsten/letzten Werten unseres Selbst- und Weltverständnisses verbinden oder vielleicht sogar beides: Kognitionen *und* Affekte? Um das Eingangsbeispiel aufzugreifen: Was im einzelnen macht das Ziel „Von Psychologie mehr zu wissen" oder „Ein Referat zu halten" so attraktiv, daß es in diesem Moment Ihr Verhalten lenkt? Vielleicht spielen Sie die beiden gerade skizzierten Erklärungsstrategien der kognitiven und/oder affektiven Folgen für Ihren Fall einmal durch.

Insbesondere wenn man Aussagen nicht nur über einzelne Personen, sondern über viele machen will, kommt ein zusätzlicher Gesichtspunkt ins Spiel. Schon aus ökonomischen Gründen kommt es darauf an, möglichst allgemeine Klassen von Anreizen zu bilden. Anreizklassen sollen so definiert sein, daß sie bei vielen Personen den Anreiz vieler spezifischer Einzelziele abdecken. Welche Qualität, welche Struktur und welche Breite solche Anreizklassen haben sollen und wie man sie erfaßt, das sind schon schwierigere Fragen der Motivationspsychologie.

Noch komplexer werden die Dinge, wenn wir zur Erklärung von Verhaltens*unterschieden* kommen. Solche Unterschiede sind es ja, die in besonderer Weise zu motivationsbezogenen Überlegungen anregen. Wie kommt es beispielsweise, daß Sie immer noch aufmerksam lesen, während jemand anderes bereits unruhig oder gelangweilt im Buch vor- und zurückblättert, ein Zweiter es schon weggelegt hat, während ein Dritter beschließt, es aus der Bibliothek mit nach Hause zu nehmen, um es dort gründlich durcharbeiten zu können? Am Buch selbst können diese Unterschiede ja kaum liegen. Es muß etwas mit der jeweiligen Person zu tun haben und ihrem momentanen Zustand (Ziele, Wünsche, Bedürfnisse, Handlungsmöglichkeiten etc.). Wie gut sich der momentane Zustand seinerseits auf überdauernde Personmerkmale und/oder auf die jeweilige Lebenssituation des Einzelnen zurückführen läßt und wie weit beides zusammenhängt, das ist eine der zentralen Fragen der Motivationspsychologie.

Aber nicht nur Unterschiede *zwischen* Personen, sondern auch solche *innerhalb* derselben Person wollen erklärt sein. Vielleicht lesen Sie jetzt noch aufmerksam und sind gespannt, wie das hier weitergehen soll. Im Verlauf der nächsten Stunden ist es aber doch wahrscheinlich, daß Sie das Buch zur Seite legen und etwas anderes tun. Vielleicht drängt sich ein Hungergefühl in Ihr Aufmerksamkeitsfeld und läßt die Möglichkeit der Nahrungsaufnahme immer attraktiver werden; der Uhrzeiger könnte sich einer Position nähern, bei der Sie das Lesen abbrechen müssen, um einen Termin einzuhalten; Sie können auf Textpassagen stoßen, die – je nach Vorwissen – für Sie langweilig oder zu schwierig sind, so daß „vagabundierende Gedanken" Ihnen andere Ziele und Handlungsmöglichkeiten ins Aufmerksamkeitsfeld transportieren und vieles andere mehr. Solche Verhaltensänderungen im zeitlichen Längsschnitt lassen sich unter motivationspsychologischer Perspektive analysieren, sofern diese Änderungen etwas mit angestrebten Verhaltensfolgen zu tun haben.

Fassen wir auf allgemeiner Ebene das bisherige zusammen, so befaßt sich Motivationspsychologie damit, Richtung, Ausdauer und Intensität von Verhalten zu erklären. Dabei ist der motivationspsychologische Zugriff dadurch charakterisiert, daß angestrebte Zielzustände und das, was sie attraktiv macht, die erklärenden Größen sind. Insbesondere Verhaltensunterschiede zwischen verschiedenen Personen sowie Kontinuität und Wechsel im Verhaltenslängsschnitt sind typische Anlässe, um aus motivationspsychologischer Perspektive nach Verhaltenserklärungen zu suchen.

1.2 Was ist Motivation?

Bislang wurde etwas zur Motivationspsychologie gesagt, aber noch wenig dazu, was unter Motivation selbst zu verstehen ist. Alltagssprachlich bezieht sich der Motivationsbegriff auf eine

Größe, die in ihrer Stärke variieren kann: Tennisspieler X ist „hoch motiviert", die Spitze der Weltrangliste zu erreichen; Schüler Y ist „wenig motiviert", die Hausaufgaben zu erledigen. Obwohl in dieser Weise als Einheit behandelt, kann dieser Motivationsbegriff qualitativ verschiedene Verhaltens- und Erlebnismerkmale betreffen. „Hoch motiviert zu etwas" kann bedeuten, daß jemand alle Kräfte mobilisiert, um etwas Bestimmtes zu erreichen, sich durch nichts davon abbringen läßt, nur noch das eine Ziel vor Augen hat und darauf fixiert ist und nicht eher ruht, bis er es erreicht hat. Es geht also darum, daß jemand (1) ein Ziel hat, daß er (2) sich anstrengt und daß er (3) ablenkungsfrei bei der Sache bleibt. Im Selbsterleben können Zustände des Angezogenseins, ja Gefesseltseins, des Verlangens, Wollens und Drängens, der Spannung, Aktivation und Ruhelosigkeit gemeint sein. DeCharms hat dieses Begriffsverständnis recht prägnant damit umschrieben, daß Motivation „so etwas wie eine milde Form der Besessenheit" sei (DeCharms 1979, S. 55). Als zugehörigen Situationsprototypen kann man sich eine Person vorstellen, die höchste Begehrlichkeiten unmittelbar vor Augen und in greifbarer Nähe hat, gleichwohl noch etwas tun muß, um zugreifen zu können.

Bemerkenswerterweise scheint es uns im Alltag nicht zu stören, daß wir „Motivation" bei anderen Personen als Gegenstand nie unmittelbar wahrnehmen können, sondern immer nur über Anzeichen erschließen. Motivation ist hier eine gedankliche Konstruktion, eine Hilfsgröße (Fachterminus: *hypothetisches Konstrukt*), die uns bestimmte Verhaltensbesonderheiten erklären soll (Heckhausen 1989; Heider 1958; Thomae 1965 a). Aber wie kommt es dann, daß uns Motivation nicht folgerichtig als kognitives Kunstprodukt, sondern durchaus als reale Gegebenheit erscheint? Ich vermute, das liegt daran, daß uns die *Binnenzustände* des zielgebundenen Strebens, Wollens, Wünschens, Hoffens etc. einschließlich ihrer Verhaltensauswirkungen (Anstrengung und Ausdauer) aus dem Selbsterleben wohl vertraut sind. Wenn man einen motivierten Zustand und seine typischen Verhaltensauswirkungen quasi von innen kennt, hat man kaum Zweifel, etwas Ähnliches „hinter" dem Verhalten anderer Personen zu vermuten, wenn bestimmte Anzeichen darauf verweisen. Dies erscheint uns auf Dauer um so weniger fragwürdig, je öfter wir damit zu richtigen Vorhersagen oder sinnmachenden Interpretationen fremden Verhaltens gekommen sind.

Allerdings gibt es hier eine wichtige Einschränkung: *Die* Motivation ist uns auch aus dem Selbsterleben nicht gegeben, sondern immer nur bestimmte Motivationsphänomene in bestimmten Kontexten. Wie schon gesagt, kennen wir Zustände, die wir mit Streben, Wollen, Bemühen, Wünschen, Hoffen etc. bezeichnen. Aber sind das wirklich identische Phänomene von gleicher Struktur und Qualität? Wohl kaum. Gemeinsam ist ihnen aber die Komponente einer *aktivierenden Ausrichtung des momentanen Lebensvollzugs auf einen positiv bewerteten Zielzustand.* Man kann diese gemeinsame Komponente als Rechtfertigung dafür nehmen, die verschiedenen Phänomene unter einen Begriff, nämlich Motivation, zu fassen. Wichtig ist allerdings dabei, im Auge zu behalten, daß man es tatsächlich nur mit einer Sammelkategorie zu tun hat, in der viele verschiedene Teilprozesse und Phänomene zusammengefaßt sind. Weiterhin ist zu bedenken, daß es neben der aufsuchenden Motivation ja auch eine meidende gibt: Man schreckt vor etwas zurück, man flieht etc. Hier besteht der „positive" Zielzustand darin, etwas Aversives abgewendet zu haben. Auf diesen komplizierteren Fall gehen wir vorerst nicht näher ein.

Der Begriff Motivation spiegelt also *nicht* etwa eine homogene Einheit wider, von der man mal mehr oder weniger hat. Es gibt also nicht so etwas wie einen einheitlichen „Motivationsmuskel", für den sich im Organismus ein spezieller Zellverband finden ließe. Der Motivationsbegriff ist vielmehr eine Abstraktionsleistung, mit der von vielen verschiedenen Prozessen des Lebensvollzuges jeweils diejenigen Komponenten oder Teilaspekte herausgegriffen und behandelt werden, die mit der ausdauernden Zielausrichtung unseres Verhaltens zu tun haben (Heckhausen 1989; Thomae 1965 a). Aufgabe der wissenschaftlichen Motivationspsychologie ist es, diese verschiedenen Komponenten und Teilprozesse in ihrem Zusammenspiel zu beschreiben und zu erfassen, ihre Abhängigkeiten und Beeinflußbarkeiten zu bestimmen und ihre Auswirkungen im Erleben und nachfolgenden Verhalten näher aufzuklären.

Bezogen auf das Einführungsbeispiel müßten wir also diejenigen Prozesse und Größen ausfindig machen und spezifizieren, die dafür sorgen, daß Sie trotz des momentan eher langweiligen Allgemeinheitsgrades der Darstellung immer noch lesen. Weiterhin sollten wir herausfinden, wovon diese Prozesse ihrerseits abhängig sind und was man machen könnte, um sie zu beeinflussen. Also was genau müßte man tun, um etwa eine Person, die lediglich zur Abwehr von Langeweile in diesem Buch liest, in den Zustand zu bringen, daß sie von Motivationspsychologie begierig mehr wissen will? (Mit langatmigen Definitionsdarlegungen gelingt das sicher nicht.) Schließlich sollten wir auch noch sagen können, wie sich verschiedene Motivationszustände und die sie ausmachenden Teilprozesse z. B. auf die Art des Lesens, die Verarbeitung des Inhalts und nachfolgende Gedächtnisleistungen auswirken. Um keine unrealistischen Erwartungen zu wecken: Diese Leistungen kann die heutige Motivationspsychologie noch nicht zur vollen Zufriedenheit erbringen, gleichwohl sind Teilbereiche hierzu recht gut erforscht (s. u.).

Zusammenfassend läßt sich zum Motivationsbegriff also sagen, daß er sich *nicht* auf eine fest umrissene und naturalistisch gegebene Erlebens- oder Verhaltenseinheit bezieht, sondern in gewisser Weise eine Abstraktion ist. Genauer bezeichnen wir mit Motivation die aktivierende Ausrichtung des momentanen Lebensvollzuges auf einen positiv bewerteten Zielzustand. An dieser Ausrichtung sind unterschiedlichste Prozesse im Verhalten und Erleben beteiligt, die in ihrem Zusammenwirken und ihrer Beeinflußbarkeit wissenschaftlich näher aufgeklärt werden sollen.

1.3 Zwei Analyseperspektiven: Druck und Zug

Versucht man, Motivation in der eben definierten Weise näher zu fassen und zu verstehen, so kann man unterschiedliche Strategien verfolgen und entsprechend verschiedene Vorstellungen entwickeln. Je nach theoretischen Grundpositionen und „Menschenbildern" finden sich in der Psychologie und ihren Nachbarfächern ganz verschiedene Versuche, die aktivierende Zielausrichtung zu beschreiben und zu erklären. Die vielleicht augenfälligste Unterscheidung, die man hier treffen kann, ist die, ob man sich motiviertes Verhalten eher als angetrieben/„gedrückt" oder als angezogen vorstellt.

Im ersten Fall werden Triebe oder Instinkte für die Ausführung von Aktivitäten verantwortlich gemacht. Man stellt sich vor, daß solche innerorganismischen Größen in einer Art Eigenleben über die Zeit Spannungen oder Energien aufbauen, die nach befriedigender Entladung verlangen. Dabei muß erklärt werden, warum es in der Regel nicht zu diffusen Aktivitätsäußerungen kommt, sondern der Organismus zu ganz bestimmten Aktionen gedrängt wird. Anders formuliert: Woher ‚weiß‘ der drängende Trieb, was ihn befriedigt? Hierzu kann man entweder eine angeborene Koppelung von Trieb und Befriedigungshandlungen annehmen (z. B. Hunger drängt zur Nahrungsaufnahme) oder eine Koppelung aufgrund zurückliegender Lernprozesse. In letzterem Fall hat der Organismus wiederholt erfahren, daß bestimmte Triebreize durch bestimmte Aktivitäten in befriedigender Weise reduziert werden. Das Denkmodell eines getriebenen/gedrängten Verhaltens findet sich in höchst unterschiedlichen Konzepten – so in dem psychoanalytischen Ansatz von Freud (1905, 1915), dem ethologischen Ansatz von Lorenz (1942, 1963) oder in bestimmten behavioristischen Ansätzen (z. B. Hull 1943, 1952). In Kapitel 2 werden diese Konzepte genauer dargestellt.

Das Denkmodell von verhaltenswirksamen Kräften, die sich im Organismus periodisch entwickeln, paßt wohl am besten auf körpernahe Bedürfnisse, deren Befriedigung den Lebenserhalt sichert – also Hunger, Durst, Bedürfnis nach Atemluft etc. Man charakterisiert solche Bedürfnisse auch als Mangelbedürfnisse (z. B. Maslow 1954). Damit wird der Tatsache Rechnung getragen, daß diese Bedürfnisse in der Regel erst dann in die Ausrichtung des Verhaltensstroms eingreifen, wenn bestimmte innerorganismische Defizite signalisiert werden. Diese Mangelzustände drängen sich in meist unlustgetönter Empfindungsqualität in unser Wahrnehmungsfeld und können – wenn stark genug – andere Aktivitäten unterbrechen, abändern oder verschieben.

Ohne Frage läßt sich die momentane Stärke solcher Bedürfnisse weitgehend aus zurückliegenden Ereignissen erklären. So ist Durst abhängig davon, wann, wieviel und was man zuletzt getrunken hat, welche Speisen man zu sich genommen hat (Salzgehalt), von Klimafaktoren (Temperatur, Luftfeuchtigkeit), von körperlichen Anstrengungen (Transpiration) und anderen Dingen mehr. Bekannt sind auch die wesentlichen innerorganismischen Besonderheiten und die zugehörigen Rezeptoren, die Durstsignale aussenden. Wir haben es hier also in fast perfekter Weise mit einem innerorganismisch verankerten Motivationssystem zu tun, bei dem aufgrund zurückliegender Geschehnisse aktuelle Mangelzustände entstehen, die hier und jetzt zu Trinkaktivitäten drängen.

Aber selbst dieses körpernahe und höchste überlebenswichtige Motivationssystem ist nur ein *fast* perfektes Beispiel für die Vorstellung rein innerorganismisch gedrängter Aktivitäten. Es läßt sich nämlich leicht zeigen, daß auch hier Anreize aus der Umwelt, also von außen herangetragene Größen, mit wirksam sind. So kann an einem heißen Sommertag der Anblick eines kühlen Getränkes den Drang zur Trinkaktivität deutlich stärker werden lassen, als es ohne diesen Anblick gewesen wäre.

Neben solchen Mangelbedürfnissen passen vielleicht auch noch allgemeine Antriebsphänomene zur Modellvorstellung des Gedrängten/Getriebenen. Unsere Alltagspsychologie hat hier einige Begriffe parat wie den „Tatendrang" oder den „Erlebnishunger". Gemeint sind stark ausgeprägte Aktivitätsbereitschaften, denen aber noch das konkrete Ziel fehlt, um aus Bereitschaft Aktivität werden zu lassen. Gerade wegen der fehlenden Richtungskomponente würden wir diese Zustände aber (noch) nicht als Motivation im engeren Sinne auffassen. Genaugenommen ist hier nur eine Teilkomponente des Motivationsgeschehens betroffen, nämlich die der Aktivation und Energetisierung.

Schwieriger wird es, die Modellvorstellung des angetriebenen Verhaltens auf komplexere Verhaltensbereiche zu übertragen – also etwa auf das Lesen einer Studentin, die dieses Buch durcharbeitet, weil sie eine Prüfung machen will. Hier müßte man einen Lesetrieb/-instinkt postulieren, der sich von Zeit zu Zeit aufbaut und nach Befriedigung verlangt, oder aber zeigen, wie basalere Triebe/Instinkte durch zurückliegende Lernprozesse mit den jetzigen Leseaktivitäten fest verknüpft sind. Ersteres dürfte wenig Plausibilität besitzen, letzteres würde wohl recht spekulativ, aber vor allem umständlich werden, ohne für die Besonderheiten der gegenwärtigen Lesemotivation Erklärungsgewinn zu besitzen. Aktivierende Zielausrichtung der jetzigen Art läßt sich weitaus besser nach der Modellvorstellung des Anziehens und nicht des Antreibens von Verhalten analysieren. Hier fragt man nach dem zukünftigen Zustand, den die Person herbeiführen will. Nicht zurückliegende Ereignisse treiben und drängen, sondern Erwartetes zieht und richtet aus.

Im jetzigen Fall wäre der Zielzustand eine möglichst gut bestandene Prüfung. Die Zuordnung von Ziel und Aktivität ist dabei nicht (oder nur zu geringen Teilen) starr programmiert, sondern abhängig von Erwartungen und Zweckmäßigkeitseinschätzungen. So wird unsere prüfungsmotivierte Leserin jetzt immer noch dem Text folgen, weil sie erwartet, daß die nächsten

Seiten Dinge klären oder Informationen liefern, die sie bei der anstehenden Prüfung braucht. Bestimmte Abschnitte wird sie dann überschlagen, wenn sie vermutet, daß der Prüfer dazu kaum fragen wird. Natürlich beschränkt sich die aktivierende Zielausrichtung bei ihr nicht nur auf das Lesen, sondern auch auf andere Dinge, wie das Anfertigen von Notizen und Skripten, das Wiederholen von Gelesenem, auf Diskussionen mit anderen Studenten, auf das probeweise Beantworten vermuteter Prüferfragen und vieles mehr. All diese verschiedenen Aktivitäten sind auf einen Zielzustand gerichtet (Fachausdruck: *Äquifinalität des Verhaltens*, Brunswik 1952) und werden über ihn sehr viel besser verständlich, als würde man versuchen, für jede einzelne Aktivität spezifische innerorganismische Antriebsstrukturen zu rekonstruieren, die aufgrund einer bestimmten Verkoppelungsmechanik dafür sorgen, daß unsere Kandidatin gerade dieses Kapitel noch liest, das nächste überschlägt, mit anderen über das Gelesene diskutiert, bei Unklarheiten ein anderes Buch zu Rate zieht und anderes mehr. Ohne die Motivationsrekonstruktion über einen angestrebten Zielzustand würde auch schwer erklärlich, warum all diese Aktivitäten plötzlich enden, wenn die Prüfung bestanden ist, und warum das Lesen vielleicht ganz anders verlaufen wäre, wenn unsere Studentin nur aus einem eher unspezifischen Interesse an Motivationspsychologie mit diesem Einführungstext begonnen hätte.

Wie schon im Eingangsabschnitt ausgeführt, ist die Frage nach dem Wozu, also die Suche nach angestrebten Zielzuständen, die typische Analyseperspektive der Motivationspsychologie im engeren Sinne. Damit wird keineswegs negiert, daß sich Teile unseres Verhaltens durchaus nach der Vorstellung des Antreibens verstehen lassen. Dies gilt besonders für physiologisch basierte Aktivitäten mit lebenserhaltendem Funktionscharakter oder für vitale Antriebserlebnisse. Es wird nur der Tatsache Rechnung getragen, daß sich bei komplexeren und höher organisierten Handlungsweisen die aktivierende Zielausrichtung von Verhalten besser aus der Perspektive anziehender Zukunftsereignisse erklären läßt.

Natürlich kommt man auch bei einer solchen Erklärungsperspektive nicht ohne Annahmen zu Besonderheiten der Person aus. Vordringlich ist zu klären, warum denn ein bestimmter Zielzustand überhaupt erstrebenswert ist, also Anreiz besitzt. So etwas geht nicht ohne Rückbezug zur Person. Ein Stück trockenes Brot wird sich erheblich in seinem Anreiz unterscheiden, je nachdem, wie hungrig vs. übersättigt eine Person gerade ist. Ein zu mähender Rasen kann von einer Person, die voller Tatendrang steckt, ganz anders erlebt werden als von jemandem, der sich erschöpft und überfordert fühlt. Bei den höher organisierten Handlungen, die vorzugsweise Untersuchungsgegenstand der Motivationspsychologie sind, operiert man hierbei mit eher zeitüberdauernden Vorlieben für bestimmte Klassen von Zuständen. So ist es für manche Person über Jahrzehnte hinweg besonders anziehend, genußvoll und wichtig, sich im Lösen herausfordernder Aufgaben als kompetent und tüchtig erleben zu können (Leistungsmotiv), während es für andere besonders attraktiv ist, sich in der Beeinflussung anderer Menschen groß, mächtig, stark und wichtig zu fühlen (Machtmotiv).

Solche und ähnliche überdauernden Vorlieben der Person werden *Motive* genannt. Natürlich sind auch Motive nicht direkt beobachtbar, sondern hilfreiche Gedankenkonstruktionen (hypothetische Konstrukte), die uns das Handeln von Personen besser verständlich machen. Wir werden später darauf noch sehr genau eingehen. Zum jetzigen Zeitpunkt soll es genügen, klarzustellen, daß der verhaltenslenkende Anreiz angestrebter Zielzustände mit abhängig ist von Bewertungsvorlieben (Motiven) der Person. Gleichwohl ist er ein Bestandteil einer *künftigen* Situation, auf die man durch eigenes Handeln zielförderlich Einfluß nehmen will.

Fällt mit diesem Rückbezug zur Person der Unterschied zwischen druck- und zugmotivierter Verhaltensmodellierung letztendlich zusammen? Das nicht. Im ersteren Fall müßten die allein über Triebe/Instinkte herausgebrachten Aktivitäten in mehr oder weniger fixierter Form abgespeichert und auslösbar sein. Sie müssen ihre spezifische Zielausrichtung in schematischer Version schon in sich haben. Im zweiten Fall besorgt die Personvariable (Motiv) zunächst lediglich die Bewertung und Akzentuierung eines Zustandes, der sich im künftigen Lebensvollzug der Person ergeben könnte. Ob und wann daraus welche Handlung wird und welche richtunggebenden Teilprozesse auftreten, das ist als relativ flexibel, insbesondere als situationsangemessen reguliert gedacht.

2. Frühe Erklärungskonzepte: Instinkte und Triebe

Wie schon angesprochen, gibt es Anteile unseres Verhaltensrepertoires, die in ihrer motivationalen Grundstruktur angeboren sind. Das schließt nicht aus, daß auch erworbenes Wissen/Kognitionen und Gewohnheiten Einfluß nehmen. Gleichwohl ist hier die Kopplung von Anregungsbedingungen und Verhaltenstendenz schon vor der Lernerfahrung und dem Wissensaufbau gegeben. Trivialerweise gilt dies für unmittelbar lebenserhaltende Aktivitäten wie Essen oder Trinken. Organismen ohne einen genetisch gesicherten Antrieb zu solchen Verhaltensweisen hätten kaum eine Chance, mehr als einige Tage zu überleben.

Sieht man einmal vom Einfluß erlernter, situativer Anreize („Appetitanregung") und kognitiver Bewertungsprozesse ab, so ist etwa der Hunger abhängig von innerorganismischen Zuständen (z. B. dem Glukosegehalt an Rezeptoren in der Leber oder dem Druck auf die Magenwände; s. im einzelnen Schneider & Schmalt 1994, S. 69–93). Der erlebte Drang zur Nahrungsaufnahme nimmt im allgemeinen mit der Dauer der Fastenzeit zu und kann alle anderen Wünsche, Vorstellungen und Zielsetzungen dominieren. Die Tatsache, daß der sog. Mundraub straffrei bleibt, zeigt, daß die gebieterische Kraft solcher Mangelzustände auch der „naiven" Psychologie in der Gesetzgebung bekannt ist. Hinreichend großer Hunger kann kognitive Bewertungsprozesse bei der Nahrungsauswahl soweit relativieren, daß Hungernde Ratten, Mäuse, Insekten und andere ekelerregende Dinge essen. Auch wenn es in Einzelfällen Abweichungen gibt (z. B. lebensgefährdende Hungerstreiks von Inhaftierten zur Durchsetzung bestimmter Ziele), haben wir es im Regelfall also mit einem mächtigen Motivationssystem zu tun, das angeborenermaßen unser Verhalten in aktivierender Weise auf bestimmte Ziele lenkt und so das Überleben sichert. Solche Systeme haben wir offenkundig mit anderen Lebewesen gemein.

2.1 Instinkte

Nun gibt es bei Tieren noch eine Vielzahl weiterer, auf bestimmte Endzustände zulaufende Verhaltenssysteme, etwa im Sexual-, Brut- und Aufzuchtverhalten oder im innerartlichen Sozialverhalten, für die eine genetische Basis anzunehmen ist. Für letzteres spricht die Stereotypie der Ausführung sowie die systematische innerartliche Verbreitung und vor allem die Lernunabhängigkeit bestimmter Verhaltenssequenzen. So beginnen isoliert aufgezogene und erstgebärende Rattenweibchen ein bis zwei Tage bevor sie gebären, Papierschnitzel in ihrem Käfig zusammenzutragen und eine Art Nest zu bauen, obwohl sie es nie bei anderen Tieren beobachtet haben oder sonstwie erfahren haben konnten. Auch das Reinigen des Nestes, Wärmen und Säugen der Jungen erfolgt ohne vorherige Lerngelegenheiten (Hebb 1975).

Solche Zweckmäßigkeitsstrukturen wirken auf uns verblüffend, weil klar ist, daß das fragliche Lebewesen den jeweiligen Zweck nicht vorhersehen kann. So wird den Ameisen das System ihres Zusammenlebens schon aus Kapazitätsgründen kognitiv kaum repräsentiert sein können – gleichwohl agieren sie in einer Art, als wäre es so. Ein gerade geschlüpfter Kuckuck wirft die anderen Jungvögel aus dem fremden Nest, ganz so, als ob er wüßte, daß er mehr Nahrung braucht, als die versorgenden und körperlich kleineren Elternvögel für alle liefern könnten, und ganz so, als ob er wüßte, daß diese Elternvögel aufgrund ihrer eigenen genetischen Festlegung nicht anders können, als ihn (statt ihres eigenen eliminierten Nachwuchses) aufzuziehen.

Solche zweckgerichteten Verhaltensketten wurden in großer Zahl beschrieben und zum Teil detailliert analysiert (Eibl-Eibesfeldt 1978; Lorenz 1937; Tinbergen 1951). Sie sind uns als *Instinkt* (Instinctus naturae = naturgegebener Antrieb) geläufig. Schon Darwin (1859) hatte sich mit dem Instinktkonzept beschäftigt. Für ihn folgen diese erblich bedingten Verhaltenssequenzen den gleichen Gesetzen wie körperliche Merkmale, nämlich der *Zufallsvariation* des genetischen Materials und der *natürlichen Auslese*. Wenn man sich einen bestimmten Instinkt vorstellt als eine Zusammensetzung vieler einzelner angeborener Reflexeinheiten, die jede für sich dem Prinzip der genetischen Zufallsvariation folgt, so können eine Vielzahl von Reflexsequenzen entstehen. Diejenigen, die unter gegebenen Bedingungen (Umwelt, Körperbau etc.) einen Anpassungsvorteil bewirken, begünstigen Lebewesen mit der entsprechenden genetischen Ausstattung. Das wiederum führt zu einer Ausbreitung des jeweiligen Instinktes in der Art.

Wegen der feinen Anpassung an komplexe Bedingungskonstellationen wirken die Verhaltensweisen scheinbar beabsichtigt, ja manchmal fast trickreich und raffiniert. Gleichwohl sind es starre Verhaltenssequenzen, die mitunter nicht einmal bis zum Erreichen des nützlichen Effektes durchgehalten werden (Lorenz 1937). Trotz oberflächlicher Ähnlichkeit ist solch instinktgelenktes Verhalten qualitativ höchst verschieden von einer Handlungsstruktur, bei der ein künftiger Zustand kognitiv vorweggenommen und wegen seiner positiven Bewertung auf jeweils situationsangepaßte Weise angestrebt wird.

Auch wenn Menschen mit Hilfe ihrer kognitiven Möglichkeiten Zielzustände vorwegnehmen, bewerten und flexibel anstreben *können,* so schließt das ja nicht aus, daß auch wir aus unserer Evolutionsgeschichte genetisch basierte Verhaltenstendenzen besitzen, die sich aus (früheren) Instinkten herleiten. Insbesondere nachdem Darwin die gemeinsame Systematik in der Entwicklung der Arten (inklusive des Menschen) überzeugend dargelegt hatte, sprach im Prinzip nichts dagegen, auch bei Menschen instinktive Verhaltensanteile oder Instinktrudimente zu vermuten. Diese Vermutung lag um so näher, als es Verhaltensweisen gibt, die bei vielen Menschen in ähnlicher Form beobachtbar sind – also eine hohe innerartliche Verbreitung haben.

Das betrifft etwa das Ausdrucksverhalten. So ist der mimische Ausdruck von Gefühlen für unterschiedlichste Völker in gleicher Weise verstehbar: Ureinwohner Neuguineas konnten auf Portraitfotos die ausgedrückte Emotion richtig zuordnen, obwohl die Fotos von Menschen aus gänzlich fremden Kulturkreisen stammten. Umgekehrt konnten amerikanische Studenten den Emotionsausdruck dieser Ureinwohner richtig zuordnen, obwohl auch sie nie Kontakt zu diesem Kulturkreis hatten (Ekman 1972). Universell sind auch bestimmte Grundtendenzen wie Flucht, Angriff, Orientierung etc., die im Verhalten schon auftreten können, bevor wir in der jeweiligen Situation detaillierte Zielbewertungen und Mittelabwägungen vorgenommen haben. So wundert es nicht, daß schon recht früh in der wissenschaftlichen Psychologie mit dem Instinktkonzept gearbeitet wurde. Bereits William James benutzte den Instinktbegriff und charakterisierte damit die Möglichkeit von Lebewesen, *ohne vorheriges Anlernen und ohne Voraussicht bestimmte Endzustände zu bewirken* (1890, S. 383).

Den größten Einfluß bekam das Instinktkonzept in der Psychologie aber etwas später durch McDougall (1908). McDougall ging von einem relativ komplexen Instinktkonzept aus. Als angeborene Struktur sollte der Instinkt (1) eine Akzentuierung der Wahrnehmung besorgen: man wird bevorzugt auf bestimmte Gegenstände oder Ereignisse aufmerksam und beobachtet sie. Die so wahrgenommenen Objekte führen dann (2) zu ganz bestimmten Qualitäten emotionaler Erregung, die wiederum (3) die Tendenz erzeugen, in einer bestimmten Weise gegenüber diesem Wahrnehmungsobjekt zu handeln – zumindest liefert sie den Impuls dazu. Nach McDougall gehört zu jedem Auftreten instinktiven Verhaltens ein *Erkennen* von etwas, ein *Gefühl* ihm gegenüber und ein *Streben* hin oder weg von ihm (1908, S. 26).

Als unveränderlichen Kern des jeweiligen Instinkts sah McDougall die spezifische Emotion an. Die Klassen von Objekten/Ereignissen, die diese instinkttypische Emotion auslösen, können in Abhängigkeit von Erfahrung ebenso modifiziert werden wie die motorische Aktivität, zu der die Emotion drängt. Auf diese Weise konnte McDougall der unabweislichen Plastizität menschlichen Verhaltens Rechnung tragen und gleichzeitig annehmen, daß sich eine breite Variation unseres Verhaltens auf eine begrenzte Zahl von Instinkten zurückführen läßt. Allerdings hatte er sich mit diesem Konzept deutlich entfernt von dem eher starren Instinktbegriff, wie er von Darwin oder James und vor allem in der Ethologie verwandt wird (s. u.). Genau genommen bleibt vom Instinkt nur noch das Rudiment einer angeborenen Möglichkeit zu bestimmten Emotionen in vitalen Grundsituationen. So war es dann auch folgerichtig, wenn er später statt von Instinkten von *„Propensities"* (Neigungen) als Disposition zu bestimmten Verhaltenstendenzen oder Impulsen sprach (McDougall 1932).

McDougalls allgemeines Instinktkonzept ist durchaus mit Vorstellungen aus der jüngeren Emotions- und Motivationspsychologie vereinbar (s. u.). Die Resultate der dadurch angeregten Forschung waren allerdings weniger hilfreich. Sie bestanden in unterschiedlich langen Listen von Instinkten. Verhaltensweisen, die man häufiger bei sich und anderen in ähnlicher Weise beobachtete, wurden mehr oder weniger scharf als Kategorien gefaßt, mit Begriffen belegt, und ihnen wurde der Status von Instinkten verliehen. Die theoretisch interessante Zuordnung zu Emotionen als Kern des Instinktes konnte dabei leider nicht mehr durchgängig geleistet werden. Tab. 2.1 gibt als Beispiel die letzte Instinktsammlung von McDougall. (Der Begriff Propensity wird hier mit Instinkt, Trieb, Streben, Impuls, Bedürfnis etc. übersetzt.)

Tab. 2.1: Instinktive Tendenzen (sog. Propensities) im Verhalten von Menschen (nach McDougall 1932)

1. *Nahrungssuche* (Nahrung suchen und gegebenenfalls Vorräte anlegen).
2. *Ekelimpuls* (bestimmte schädliche Substanzen abweisen und vermeiden).
3. *Sexualtrieb* (werben und sich paaren).
4. *Angst/Furcht* (bei drohendem Schmerz oder Verletzung fliehen oder sich verstecken).
5. *Neugier* (fremde Gegenden oder Objekte erkunden).
6. *Elterninstinkt* (den Nachwuchs nähren und beschützen, Fürsorge üben).
7. *Geselligkeitsstreben* (mit anderen zusammen sein, nach Gesellschaft suchen).
8. *Selbstbehauptungsstreben* (dominieren und führen, sich selbst vor oder über andere stellen).
9. *Unterordnungsbereitschaft* (sich Personen fügen, die überlegene Macht zeigen, ihnen gehorchen und folgen).
10. *Ärger/Zorn* (grollen und mit Gewalt Widerstände brechen, die den eigenen Wünschen im Wege stehen).
11. *Hilfesuchen* (laut nach Hilfe rufen, wenn die eigenen Bemühungen letztendlich gescheitert sind).
12. *Herstellungsbedürfnis* (sich ein Obdach, Gebrauchsgegenstände und Werkzeuge schaffen).
13. *Besitzstreben* (nützliche oder attraktive Dinge erwerben, behalten und verteidigen).
14. *Drang zu lachen* (über Unzulänglichkeiten und Fehler unserer Mitmenschen lachen).
15. *Komfortbedürfnis* (durch Lageveränderung oder Kratzen das abstellen, was Unbehagen schafft).
16. *Ruhe, Schlafbedürfnis* (sich bei Ermüdung hinlegen, ausruhen oder schlafen).
17. *Migrationsbedürfnis* (Herumziehen und neue Lebensräume suchen).
18. *Einfache, körperliche Verhaltensäußerungen* (husten, niesen, atmen, ausscheiden).

Die Systematik der Kategorienbildung ist wenig überzeugend. Im Unterschied zur theoretisch klar gefaßten dreigliedrigen Instinktdefinition bietet McDougall hier eine bunte Sammlung an, die zum Teil aus direkten Bezeichnungen von Emotionen/Affekten besteht (z. B. Ekel, Angst), zum Teil aus Verhaltenstendenzen mit emotionalem Kern (z. B. Sexualität, Elterninstinkt) sowie aus Verhaltenstendenzen, bei denen eine Emotionszuordnung kaum möglich erscheint (z. B. Herstellungsbedürfnis, Besitzstreben).

Gleichwohl findet sich in dieser Aufstellung viel „allgemein Menschliches", das zum Teil in ähnlicher Weise auch bei uns näher verwandten Tierarten beobachtbar sein dürfte. Man könnte mit solchen Katalogen vielleicht einem Besucher eines fernen Planeten sagen, womit man bei diesen aufrecht gehenden Lebewesen von Zeit zu Zeit rechnen muß. Aber wie hilfreich sind solche kategorisierenden Bestandsaufnahmen häufig auftretender Verhaltensweisen? Sind sie nicht (a) zu allgemein und (b) unvollständig?

In der Folge wurde versucht, diesen scheinbaren Mangel dadurch zu beleben, daß man immer mehr höchst spezifische Verhaltensweisen beschrieb, die man bei vielen Menschen häufiger beobachtete. Der Soziologe Bernard behauptete 1924, nach einer Inspektion der einschlägigen Literatur auf mehr als 14 000 Instinktnennungen gestoßen zu sein. So kam es dann zu solchen Kategorien wie „Trieb, möglichst nicht innerhalb der eigenen Plantage einen Apfel zu essen" (nach Thomae 1965 b, S. 433).

Hierbei wird deutlich, daß bei solchen Entwicklungen das Verhaltenskonzept jeden Erklärungswert verloren hat. Das, was zu erklären wäre (hier: das unterlassene Apfelessen innerhalb der eigenen Plantage), wird im Kurzschluß mit der Erklärung gleichgesetzt, indem das Wort „Instinkt" oder „Trieb" angehängt wird. Dem ohnehin beobachteten Verhalten wird also ein Instinkt gleichen Namens zugeordnet, womit es als „erklärt" gilt. Individuelle Lebensvollzüge wandeln sich damit von einer Sequenz unerklärter Verhaltensweisen zu einer ebensowenig erklärten Serie von Instinktäußerungen. Das ist sicherlich kein Erkenntnisfortschritt. Diese Kritik betrifft allerdings weniger McDougall selbst, der durch seine reduzierte Zahl von Instinkten zumindest eine abstrahierende Ordnungsleistung erbracht hat – selbst, wenn die Systematik der Kategorienbildung verbesserungswürdig erschien (s. o.).

Zudem hat er dem Instinktkonstrukt mit der Trias aus erfahrungsabhängiger Wahrnehmungsakzentuierung, der instinkt-spezifischen Emotion und der resultierenden Verhaltenstendenz eine Binnenstruktur verliehen, die auch mit jüngeren Konzepten zu basalen Verhaltensweisen vereinbar ist. So gehen in der heutigen Emotionsforschung verschiedene Autoren von sechs bis neun Grundemotionen aus (Ekman 1972; Izard 1971; Plutchic 1980; Tomkins 1970). Zu diesen Emotionen (die übrigens bereits von Darwin 1872 aufgeführt wurden) zählen:

- Überraschung/Interesse,
- Freude/Glück,
- Trauer/Kummer,
- Ekel,
- Furcht,
- Ärger,
- Scham.

Solche Emotionen lassen sich in dem Sinne als rudimentäre Motivationssysteme auffassen, als sie in vitalen Grundsituationen eine schnelle Interpretation/Bewertung ermöglichen und bestimmte Handlungstendenzen (Zuwendung, Flucht etc.) nahelegen (Heckhausen 1989). Diese Möglichkeit zu emotionsgesteuerten Lebensvollzügen läßt sich durchaus als Anpassungsvorteil in unserer Evolutionsgeschichte begreifen und eine entsprechende genetische Verankerung annehmen. Diese Position wäre von McDougalls Instinktkonzeption dann nicht mehr weit entfernt.

In beiden Fällen darf man natürlich nicht dem Fehlschluß erliegen, als würde sich alles Verhalten quasi als Kombination oder Mixtur einer begrenzten Zahl von Instinkten/Emotionen wie in einem Baukastensystem erschöpfend rekonstruieren lassen. Das würde die lebensgeschichtliche Plastizität unseres Verhaltens ignorieren. Vor allem wäre der breite Verhaltensbereich nicht abgedeckt, bei dem kognitive Prozesse unser Handeln so nach Zweckmäßigkeitsgesichtspunkten lenken, daß unsere Aktivitäten in unterschiedlichsten Situationen und bei unterschiedlichsten Zielen immer wieder neu angepaßt werden. Diese Handlungsmöglichkeit schließt aber andererseits nicht aus, daß wir in wichtigen Situationen, die schnelles Reagieren erfordern, auch auf emotionalem Verarbeitungsniveau operieren, also einem Instinktrudiment die Verhaltenssteuerung überlassen. Überdies sollte man im Auge behalten, daß auch bei kognitiv ausgewählten und intelligent realisierten Zielen der letztlich wirksame Anreiz häufig emotional-affektiv verankert ist. So können kognitive Leistungen höchster Komplexität und Werke von größter Bedeutung dadurch zustande kommen, daß der Urheber einfach sehen will, was er schaffen kann, um mit sich und seiner Tüchtigkeit zufrieden zu sein, oder weil er es genießt, von anderen beachtet und wertgeschätzt zu werden.

Eine theoretische Weiterentwicklung und Präzisierung erfuhr das Instinktkonzept innerhalb der Ethologie durch Lorenz (1937, 1942). Aufgrund von Verhaltensbeobachtungen an frei lebenden Tieren (besonders an Graugänsen und ihren Eirollbewegungen) traf Lorenz die Unterscheidung zwischen einer starr ablaufenden Endhandlung des Instinktes (die sog. *Erbkoordination*) und einem vorgeschalteten „Appetenzverhalten", mit dem das Tier aktiv nach Gelegenheiten sucht, um die starre Instinkthandlung ablaufen zu lassen. Diese angeborene Endhandlung hat arterhaltende Effekte, sofern sie vollständig und mit dem richtigen Objekt durchgeführt wird. Sie ist durch situative Besonderheiten oder Erfahrung nicht modifizierbar und wird durch fest umrissene *Schlüsselreize* wie ein Automatismus ausgelöst. Das Appetenzverhalten, bei dem sich das Lebewesen sozusagen auf die Suche nach Schlüsselreizen begibt, ist dagegen situations- und lernabhängig und damit wechselnden Lebensbedingungen anzupassen.

Motivationspsychologisch übersetzt wäre die Möglichkeit, ein bestimmtes Verhalten (die Endhandlung) ausführen zu können, der Anreiz, um ein anderes Verhalten auszuführen. Dabei spielt der evolutionsbiologisch rekonstruierbare Zweck der reizvollen Aktivität auf der Ebene der individuellen Motivation offenbar kaum eine Rolle. Es kommt nämlich häufiger vor, daß diese Aktivitäten vor Erreichen des arterhaltungsrelevanten Effektes abgebrochen werden oder auch an ungeeigneten Objekten erfolgen.

Diese Struktur, daß ein Anreiz im Ablaufenlassen bestimmter Aktivitäten selbst liegt und nicht erst in deren vorhersehbarem Effekt, war schon zuvor von Woodworth (1918) als „*behavior-primacy*" und von Bühler (1919) als „*Funktionslust*" bei Menschen beschrieben worden. Im Spiel von Kindern oder im Freizeitverhalten Erwachsener findet sich eine Fülle von Beispielen dafür, daß eine Tätigkeit vornehmlich deshalb ausgeführt wird, weil ihr Vollzug Spaß macht, und nicht etwa, weil man die Ergebnisfolgen der Tätigkeit anstrebt. Schon fast ein Standardbeispiel wäre der Skiläufer, der sicher nicht deshalb eilig den Hang herunterfährt, weil er so gerne am Lift steht und wartet, sondern einfach den Vollzug der Tätigkeit samt ihrer Begleiterlebnisse genießt (Rheinberg 1989; 1993). Diese Anreizstruktur ist bis heute in unterschiedlichen Versionen und Akzentsetzungen meist unter dem Stichwort „*intrinsische Motivation*" immer wieder aufgegriffen worden (s. u. Kapitel 6.5).

Eine andere, sehr viel schlechter belegbare Annahme in der Instinktkonzeption von Lorenz war und ist heftig umstritten. Lorenz (1937) unterstellt jedem Instinkt eine „*aktionsspezifische Energie*", also ein eigenes Antriebszentrum. Diese Energie soll im Organismus laufend produziert werden und drängt auf Abführung. Ist die jeweilige Endhandlung längere Zeit nicht abgelaufen, so steigt im Organismus das reaktionsspezifische Energiereservoir an. Damit nimmt die Empfindlichkeit für Schlüsselreize zu. Im Extremfall werden die Schlüsselreize halluziniert, oder es kommt zu Endhandlungen bei unpassenden Gelegenheiten bzw. Objekten (sog. *Leerlaufreaktion*).

Dieses hydraulische Modell mit dem hypothetischen Konstrukt einer sich innerorganismisch aufbauenden Energie wurde von Lorenz (1963) in schlichtem Analogieschluß auf aggressives Verhalten von Menschen übertragen. Dieses Verhalten wurde damit als spontan und unausweichlich konzipiert, es sei denn, die sich laufend aufbauende aggressionsspezifische Energie würde von Zeit zu Zeit in gesellschaftlich akzeptabler Form abgeführt (sog. *Katharsis*). Eine ganz ähnliche Vorstellung findet sich bereits bei Freud (1926, 1934), als er neben dem Lebenstrieb Eros den Todestrieb Thanatos postulierte. In späteren Abhandlungen dehnt Lorenz seine Überlegungen sogar auf die angeborene „kollektiv-aggressive Begeisterung" als Grundlage von Kriegen aus (Lorenz 1983, S. 188 f), so wie es Freud (1934) in seinem Briefwechsel mit Einstein schon vor ihm gemacht hatte.

Die recht schlichten und forschungsignoranten Übertragungen von Lorenz zogen entsprechende Kritik auf sich (z. B. Boyce 1976; Montagu 1968, 1976). Das hydraulische Modell der Aggression blieb in der Motivationspsychologie zurecht ohne Wirkung. Dort wurde Aggression als zielgerichtetes Verhalten einer „wirklich ärgerlichen" Person modelliert, das sich, vermittelt über Erwartungs- und Bewertungsprozesse, gegen die Ärgerquelle richtet. Eine Abnahme der Aggressionsbereitschaft soll nur dann eintreten, wenn durch die Handlung das Ziel des Verärgerten, nämlich die Beseitigung der Frustration, erreicht wurde (Konradt 1982). Diese Konzeption ist mit der Empirie weit besser im Einklang als das Modell einer sich endogen zwangsläufig aufbauenden Energie, die in mehr oder weniger beliebigen Ersatzhandlungen wieder abgebaut werden muß, soll es nicht zu spontan aggressivem Verhalten kommen (Zumkley 1978).

Wertet man insgesamt den Beitrag, den die instinktorientierten Konzepte zur Klärung von Motivationsphänomenen geleistet haben, so ist es sicher ein Verdienst, darauf aufmerksam gemacht zu haben, daß bei aller lernabhängigen Plastizität und allen kognitiven Zwischenprozessen Teile unserer Verhaltenssteuerung in unserer Evolutionsgeschichte verankert sind. Verbunden damit wird klar, daß die Anregung zum Handeln sich nicht allein als Ergebnis analytisch kühl kalkulierender Ratio verstehen läßt. Vielmehr sind (a) vorgeformte Handlungstendenzen in vitalen Grundsituationen mit in Rechnung zu stellen (z. B. Flucht oder Angriff bei Bedrohung), und es ist (b) zu berücksichtigen, daß Emotionen in die Bewertung angestrebter Zielzustände eingehen. Schließlich wurde auf die Spontaneität von Verhalten aufmerksam gemacht und auf die Tatsache, daß Aktivitäten in sich selbst befriedigend sein können.

Wenig hilfreich waren die Versuche, mit umfassenden Instinktsammlungen nahezu alles Verhalten auf eine instinktive Grundlage stellen zu wollen. Irreführend war dabei die Idee, Verhalten im Kurzschluß damit zu „erklären", daß man ihm einen gleichnamigen Instinkt zuordnete. Schlichte Direktübertragungen ethologischer Konzepte auf menschliches Verhalten genügen häufig nicht jenen Kriterien, die man an ernstzunehmende Motivationsforschung anlegen muß, und sind etwa im Fall der Aggression eher mit Anekdoten als mit empirischen Befunden vereinbar.

2.2 Triebe als Erklärungskonzepte

Dem Instinktkonzept eng verwandt sind Modellvorstellungen, in denen sog. Trieben die zentrale Rolle beim Verständnis menschlichen Verhaltens zugewiesen wird. Wie bei den Instinkten wird auch bei Trieben zumeist eine angeborene biologische Grundlage angenommen. Beide Konzepte beziehen sich auf basale verhaltensenergetisierende Kräfte, die von ganz anderer

Qualität sind als etwa die Handlungsentschlüsse, die wir nach sorgsamer Situationsanalyse und rationalem Abwägen treffen. Angeregte Triebe und Instinkte erscheinen im Selbsterleben mitunter fast fremd, zumindest schwer kontrollierbar. Es ist ganz so, als ob innerhalb der eigenen Person Kraftzentren aus sich selbst heraus aktiv werden können und dann unabhängig von kühl kalkulierten Abwägungen, Vornahmen und Plänen in drängender Weise Einfluß auf unser Wollen, Denken und Handeln gewinnen.

Die starke Ähnlichkeit von Instinkten und Triebkonzepten wurde bereits vom Begründer der wissenschaftlichen Psychologie, nämlich W. Wundt, in seinen „Vorlesungen über die Menschen und Thierseele" (1892, S. 423) konstatiert (s. Graumann 1969). Von daher überrascht auch nicht, wenn etwa in der ersten englischen Fassung Freudscher Schriften der Triebbegriff nicht mit „drive", sondern mit „instinct" übersetzt wurde.

Legt man allerdings das präzisierte Instinktverständnis der Ethologie zugrunde, so wird gerade zum Freudschen Triebkonzept ein substantieller Unterschied deutlich. Die ethologische Forschung ist bei ihren genauen Beobachtungen frei lebender Tiere darauf gestoßen, daß das Auftreten von Instinkthandlungen an spezifizierte Schlüsselreize gebunden ist, die einen *„Angeborenen Auslösemechanismus"* betätigen (AAM; Tinbergen 1951). Erst bei extrem langem Ausbleiben von Schlüsselreizen werden diese „frei halluzinatorisch vorgegaukelt" (Lorenz 1942, S. 393), und die Instinkthandlung erfolgt als sog. Leerlaufreaktion situationslosgelöst und nur noch innengesteuert. Dies ist aber im natürlichen Lebensraum ein Ausnahmefall. Im Regelfall wird die Verhaltenssteuerung explizit auch von Merkmalen der jeweils aktuellen Situation abhängig gemacht – eben dem Vorhandensein geeigneter Schlüsselreize.

2.2.1 Die Freudsche Triebkonzeption

Demgegenüber kommt die Triebkonzeption Freuds (1915, 1938) weitestgehend ohne spezifischen Bezug zur aktuellen Handlungssituation aus. Verhalten wird hier in erster Linie als Ergebnis höchst dynamischer und konfliktreicher Binnenprozesse verstanden. Was jemand tut oder läßt, hängt davon ab, welche Triebabkömmlinge nach langem Ringen oder geschickten Täuschungsmanövern im „psychischen Apparat" gerade den Zugang zur Motorik erhalten haben. Die jeweils aktuelle Situation mit ihren Handlungsmöglichkeiten, Anreizen und Erreichbarkeiten hat Freud nur wenig interessiert – allenfalls in dem Sinne, daß die (ohnehin als bedrohlich gedachte) Umwelt häufig einer Triebbefriedigung im Wege steht. Dem Sprichwort „Gelegenheit macht Diebe" würde bei seiner Analyseperspektive der Satz entsprechen: „Wer den Drang zu stehlen hat, wird auch Diebesgut finden". In dieser Weise ist die Freudsche Konzeption der Prototyp der Vorstellung eines von innen (an)getriebenen Verhaltens, der im Einführungskapitel die Vorstellung eines von situativen Anreizen (an)gezogenen Verhaltens gegenübergestellt wurde.

Trotz der situationsignoranten Einseitigkeit Freudscher Analysestrategie wird im folgenden auszugsweise auf sein Triebkonzept eingegangen, weil einige Annahmen die spätere Motivationspsychologie beeinflußt haben. (Für das Verständnis des folgenden wird es hilfreich sein, im Auge zu behalten, daß sich Freud im wesentlichen für mehr oder weniger unterdrückte sexuelle Bedürfnisse interessiert hat.)

Ausgangspunkt (nicht nur) Freudscher Theoriebildung ist die Überzeugung, daß uns vom „Seelenleben" zweierlei bekannt ist: das Gehirn als das zugehörige Organ und die uns unmittelbar gegebenen „Bewußtseinsakte". Um die enorme Kluft zwischen diesen beiden Ansatzpunkten zu überbrücken, konstruiert Freud einen „psychischen Apparat", den er sich wohl durchaus in materieller Form vorstellte: „Wir nehmen an, daß das Seelenleben die Funktion eines Apparates ist, dem wir räumliche Ausdehnung und Zusammensetzung aus mehreren Stücken zuschreiben, den wir uns also ähnlich vorstellen wie ein Fernrohr, ein Mikroskop und dergleichen (Freud 1938; Gesammelte Werke 17, S. 67). Dieser zwischen Körperlichem und Bewußtseinsakten plazierte Apparat besteht in seiner Grobgliederung aus drei Instanzen oder „Provinzen": dem *„Es"*, dem *„Ich"* und dem *„Über-Ich"*.

Der älteste und wichtigste Teil ist dabei das „Es". Diese Instanz beinhaltet alle angeborenen Funktionen und steht den biologisch körperlichen Vorgängen am nächsten. (In der Terminologie unserer Computerzeit liegt hier also die Schnittstelle zwischen Körperlichem und Psychischem.) Insbesondere greifen von hier aus die Triebe in das psychische Geschehen ein: „Die Macht des Es drückt die eigentliche Lebensabsicht des Einzelwesens aus. Sie besteht darin, seine mitgebrachten Bedürfnisse zu befriedigen" (Freud 1938, Gesammelte Werke 17, S. 70). Allerdings ist nicht das Es selbst der Erzeuger dieser Triebe. *Quelle* der Triebe sind vielmehr bestimmte Prozesse in einem Organ oder Körperteil, die im Es einen Reiz erzeugen. Diese Reize treten dann auf psychischer Ebene als Triebe bzw. Bedürfnisse in Erscheinung. Passend zur oben erwähnten Modellvorstellung der Schnittstelle ist für Freud der Trieb „ein Grenzbegriff zwischen Seelischem und Somatischem", „ein psychischer Repräsentant, der aus dem Körperinneren stammenden, in die Seele gelangenden Reize" (Freud 1915, Gesammelte Werke 10, S. 214).

Die so konzeptualisierten Triebe haben typischerweise den Charakter des *Drängenden,* den Freud als „motorisches Moment" oder „Summe der Kraft" eines Triebes näher faßt. Dieser Kraft ist nun der Organismus in kontinuierlicher Weise ausgesetzt. Anders als bei äußeren Reizen möglich, kann sich der Organismus den inneren Triebreizen ja nicht einfach durch Flucht oder Abschottung entziehen. Als Bestandteile des Es sind die Triebe dem Bewußtsein nicht zugänglich. Die Antriebskräfte unseres Lebensvollzuges sind also *unbewußter* Art – eine Annahme, die sich als außerordentlich einflußreich erwies.

Inhaltlich geht Freud von einer Vielzahl möglicher Triebe aus, hielt es aber für fruchtbarer, sich auf Gruppen von „Urtrieben" zu beschränken, die sich mutmaßlich in ihrer Herkunft, also in der (körperlichen) Triebquelle unterscheiden. In der letzten Fassung seines Werkes (1938) unterscheidet er zwischen zwei Urtrieben: dem *Eros* und dem *Todestrieb.* Ersterer vereint in sich den zuvor (1915) konzipierten Triebdualismus von Sexualtrieben und Selbsterhaltungstrieben. Als Lebenstrieb oder Eros will er Leben erhalten, vereinigen und immer größere Einheiten bilden. Der Todestrieb will dagegen Einheiten zerstören, letztlich alles Belebte in Unbelebtes zurückverwandeln. Hinter diesem antagonistischen Triebpaar sah er das allgemeine Prinzip des Anziehens vs. Abstoßens, ein Prinzip also, das auch in der unbelebten Materie gilt. Aus den verschiedenen Kombinationen und Legierungen beider Triebgruppen soll sich die Vielzahl konkreter Antriebe des Lebensvollzuges ergeben: „Aus dem Zusammen- und Gegeneinanderwirken der beiden gehen die Erscheinungen des Lebens hervor" (Freud 1934, Gesammelte Werke 16, S. 20).

Freud nimmt (aus heutiger Sicht irrtümlich) als allgemeines Funktionsprinzip an, daß das Nervensystem grundsätzlich darauf aus ist, eintreffende Reize wieder zu beseitigen, um ein möglichst niedriges Erregungsniveau zu erreichen[1]. Von daher sei das *Ziel* eines Triebes in jedem Fall die Aufhebung des Reizzustandes. Eine solche Reduktion der Triebreize wird als lustvoll und befriedigend erlebt. Zwecks Befriedigung wird aber ein geeignetes *Objekt* benötigt, an dem die Triebenergie abgeführt werden kann. „Das Objekt des Triebes ist dasjenige, an welchem und durch welches der Trieb sein Ziel erreichen kann" (Freud 1915, Gesammelte Werke 10, S. 214). Triebobjekte können fremde Gegenstände oder Teile des eigenen Körpers sein (man kann vermuten, daß Freud hier besonders an sexuelle Bedürfnisse gedacht hat). Die Triebobjekte sind nicht fest mit dem Trieb verknüpft, sondern können wechseln.

Die Abfuhr der Triebenergie und damit die Aufhebung des Reizzustandes ist dem *Es* aber nicht direkt möglich. Es ist nämlich ohne Kontakt zur Außenwelt und ohne unmittelbaren Zugriff auf die Handlungssteuerung. Dies alles steht unter Kontrolle einer zweiten Instanz, nämlich des *Ich*. Aufgabe dieser Instanz ist es, Kontakt zur Realität zu halten und so das Überleben des Organismus zu sichern. Insbesondere fällt dem Ich die Aufgabe zu, die sozusagen situationsblind auf Befriedigung drängenden Triebansprüche daraufhin zu prüfen, ob sie jetzt realisierbar sind, ohne den Organismus in seiner Existenz zu gefährden. Das Ich ist also Mittler zwischen den Triebansprüchen des Es und einer mit Vernichtung drohenden Außenwelt.

Zugleich muß es noch Vorgaben aus der dritten Instanz, nämlich dem *Über-Ich,* berücksichtigen. Diese Instanz schreibt den elterlichen Einfluß aus der frühen Kindheit in die nachfolgenden Lebensepochen fort.

Triebansprüche, die entweder nicht realisierbar sind oder aber Standards aus dem Über-Ich verletzen würden, werden vom Ich zurückgewiesen oder gar nicht erst zugelassen. Die mit dem Trieb verbundenen Vorstellungen werden also verdrängt oder können nicht die Zensur an der Grenze zum Bewußtsein passieren. Freud entfaltet nun ein reizvolles Spiel, in dem die

------

*Beraubung** *

[1] Die Forschung zur sensorischen Deprivation (Bexton, Heron & Scott 1954), zur Neugiermotivation (Berlyne 1960) oder zum Sensation Seeking (Zuckermann 1979) zeigen statt dessen, daß Menschen bei zu geringem Reizstrom aktiv auf Stimulationssuche gehen und damit einen individuell verschieden hohen Standard an Erregung sicherstellen (s. u. Kapitel 6.7). Die Triebreduktionshypothese gilt in ihrer allgemeinen Fassung heute als widerlegt.

* Das Fehlen v. Reizen / Bedürfnisbefriedigung etc. führt zu unterschiedl. starken Verhaltens- oder artigen Störungen.

drei Instanzen auf raffinierte Weise ihre Prinzipien durchzusetzen suchen. Sie entziehen einander Triebenergie und wandeln sie in befriedigungsabwehrende Angst um, sie setzen die destruktive Kraft des Todestriebes ein oder erschleichen die Befriedigung unzulässiger Wünsche teils in getarnter Form (z. B. durch Verkehrung ins Gegenteil, Verschiebung, Sublimation), teils unter Ausnutzung des im Schlaf geschwächten Realitätsprinzips. Dieses recht verwirrende, aber intellektuell durchaus reizvolle Spiel wurde zu verschiedenen Stadien Freudscher Theorieentwicklung unterschiedlich konzipiert. Es braucht hier im einzelnen nicht zu interessieren.

Nachhaltigen Einfluß auf die Motivationspsychologie hatte allerdings die Freudsche Vorstellung unbewußter Wünsche, die sich auf verschiedene Weise ins Bewußtsein drängen, zu befriedigungsdienlichen Umdeutungen der Realität führen (sog. *Projektion*) oder sich in Fehlhandlungen (z. B. Versprechen oder Verschreiben) verraten. Insbesondere eröffnete sich damit die Möglichkeit, aus Deutungen, die jemand zu uneindeutigem Reizmaterial liefert, in systematischer Weise Rückschlüsse auf seinen Bedürfniszustand zu ziehen. Der daraus entwickelte *Thematische Apperzeptionstest* (TAT; Murray 1943) erwies sich später als Schlüssel der Motivationsdiagnostik (s. u. Kapitel 4).

Ein zweiter, bis heute währender Einfluß rührt aus der Auffassung, daß sich die Person ihrer eigentlichen Ziele keineswegs immer völlig klar sein muß, um zielführend zu handeln. Zwar bemüht die heutige Motivationspsychologie in der Regel keine aktiven Verdrängungsmechanismen. Gleichwohl dürfte es eher die Ausnahme sein, daß man sich bis ins letzte klar darüber ist, warum genau ein bestimmter Zielzustand einem so erstrebenswert erscheint. Von daher eröffnete sich die Möglichkeit zu Motivationsanalysen, die über das hinausgehen, was dem Handelnden ohnehin schon klar ist. Die problemlose Vorstellbarkeit nicht-bewußter Motivationsanteile ist in erheblichem Ausmaß der Pionierarbeit Freuds zu verdanken.

2.2.2 Das Triebkonzept im Behaviorismus: C. L. Hull

Starken Auftrieb erhielt eine besondere Version des Triebkonzeptes im Behaviorismus. Diese, auf Watson (1913) zurückgehende Richtung der Psychologie, stützte sich ausschließlich auf

* Beschränkung auf das empirisch beobachtbare, physikalisch quantifizierbare Verhalten.
Verhalten = Ergebnis eines nach d. Reiz-Reaktions-Schema verstandenen Lernprozesses

33

offen beobachtbare Daten (sog. Beobachtungstatsachen). Für die wissenschaftliche Psychologie akzeptabel waren objektivierbare Reize (S = Stimuli) und von außen registrierbare Reaktionen (R) von einzelnen Körperorganen (Muskeln, Drüsen etc.) oder vom Gesamtorganismus in Form offen beobachtbaren Verhaltens. Sämtliche Bewußtseinsphänomene oder ein sonstwie erlebbares Binnengeschehen verbannte der Behaviorismus strikt aus der wissenschaftlichen Betrachtung. Schließlich handelt es sich dabei um private Daten, die der objektiven Prüfung grundsätzlich nicht zugänglich sind. Nur durch die Beschränkung auf objektivierbare Daten würde die Psychologie zu einer ernstzunehmenden objektiven Wissenschaft. Ein krasserer Unterschied zum Wissenschaftsverständnis Freudscher Psychoanalyse ist kaum vorstellbar – gleichwohl gibt es bezüglich des Triebkonzeptes partielle Ähnlichkeiten (s. u.).

Aufgabe einer behavioristisch verstandenen Psychologie sollte nun sein, die Gesetzmäßigkeiten aufzuspüren, nach denen die objektiv registrierbaren Reiz-Reaktionsverbindungen zustande kommen bzw. verändert werden. Dabei wurden solche S-R-Koppelungen auf ganz basale Lernmechanismen zurückgeführt, die als „klassisches" und als „instrumentelles Konditionieren" auch bei relativ einfachen Lebewesen, auf jeden Fall aber bei Wirbeltieren beobachtbar sind (s. Band 10 dieser Reihe; Schermer 1991). Psychologie wurde damit fast gleichbedeutend mit einer Lernpsychologie, die der Einfachheit halber mit Albinoratten, Tauben, Hunden, Katzen etc. im Labor betrieben wurde.

Nun läßt sich mit lernpsychologischen Konzepten allein das Verhalten von Lebewesen nicht hinreichend erklären bzw. vorhersagen. Wenn beispielsweise jemand auf ein bestimmtes Klingelzeichen hin zum Telefon statt zur Haustür läuft, so hat er in der Vergangenheit gelernt, daß dieser Signalton vom Telefon und nicht von der Türglocke stammt. Aber wie kommt es, daß die Person überhaupt aufsteht und losläuft, statt gemütlich sitzen zu bleiben? Wo also kommt das Antriebsmoment her, das Verhaltensweisen energetisiert, deren Struktur aufgrund früherer Lernprozesse erworben wurde? Auch wenn das Interesse behavioristischer Forschung in erster Linie auf Lernprozesse gerichtet war, kam man gerade wegen der verhaltensnahen Arbeitsweise nicht umhin, auch Motivationsfragen in irgendeiner Weise mit zu behandeln.

Dies geschah auf verschiedene Weise. Wir beschränken uns

hier auf den Ansatz des (neben B. F. Skinner) wohl bedeutendsten behavioristischen Theoretikers, nämlich Clark L. Hull (1943, 1952). Hulls Theorie besteht im Kern aus einer allgemeinen Gleichung, die die Stärke einer bestimmten Verhaltenstendenz zum einen abhängig macht von der erlernten Gewohnheit (engl. *habit*), auf einen bestimmten Reiz mit einer bestimmten Reaktion zu antworten. Die Stärke dieser Gewohnheit hängt ihrerseits ab von der Anzahl der Gelegenheiten, bei denen in der gleichen Situation eben diese Reaktion in der Vergangenheit belohnt („verstärkt") wurde. (Diese Annahme hat eine lange Tradition und geht auf das „Gesetz der Wirkung" von Thorndike 1898 zurück.)

Die stärkste Gewohnheit muß auch bei passenden Stimuli nicht notwendig zur Ausführung kommen, wenn nicht zugleich ein Ausführungsantrieb vorliegt. Diesen Antrieb nennt Hull „*drive*", also Trieb. Er greift damit ein Konzept auf, das schon Woodworth (1918) in die amerikanische Psychologie eingeführt hatte, um den schillernden Instinktbegriff zu vermeiden. Beides – Trieb (drive) und Gewohnheit (habit) – muß zugleich gegeben sein, damit eine Verhaltensweise auch tatsächlich gezeigt wird. Im einzelnen ergibt sich nach Hull (1943) die Stärke einer Verhaltenstendenz multiplikativ aus dem Produkt von aktuellem Trieb und erlernter Gewohnheit, in dieser Situation ein bestimmtes Verhalten auszuführen.

> Verhaltenstendenz = Habit × Drive

Nun sind beide Größen ja nicht unmittelbar beobachtbar, würden also das behavioristische Grundverständnis von Wissenschaft verletzen. Hull macht sie aber als „intervenierende Variable" bzw. „theoretische Konstrukte" direkt an Meßbarkeiten fest. Die Habitstärke bestimmt sich, wie gesagt, über die Zahl der belohnten Lerndurchgänge. Das ist objektiv registrierbar. Aber wovon hängt die motivationspsychologisch interessierende Triebstärke ab? Hierzu unterscheidet Hull zunächst zwischen Bedürfnis und Trieb. Bedürfnisse sind die biologisch basierten Antriebe wie Hunger, Durst, Sexualität etc. Zumindest die von ihm experimentell manipulierten Bedürfnisse wie Hunger und Durst lassen sich objektivieren, etwa durch die Länge von Entzugszeiten oder die Abnahme des Körpergewichts (bei Hunger), womit auch in diesem Punkt behavioristische Wissenschaftsprinzipien eingehalten werden.

Nun ist eine hungrige Ratte im Käfig aktiver und zeigt damit mehr Habits als eine satte. Selbiges gilt für durstige oder sonstwie deprivierte Tiere. Hull macht die eigenwillige Annahme, daß alle Bedürfnisse in potentiell gleicher Weise einen einzigen *unspezifischen und allgemeinen Trieb* speisen. Dieser Trieb energetisiert dann die in der aktuellen Situation passende Gewohnheit und bringt sie so zur Ausführung. Der Trieb hat hier also nur noch antreibende Wirkung. Die Richtungskomponente des Verhaltens ist zu einem reinen Lernprodukt geworden. Dabei können sich die qualitativ ganz unterschiedlichen Bedürfnisse in ihrem Effekt auf die allgemeine Triebstärke aufsummieren.

Die empirischen Belege für diese Annahme waren nicht sonderlich zwingend. Sorgfältige Untersuchungen an Albinoratten schienen gelegentlich die Annahme einer Triebsummation verschiedener Bedürfnisse zu stützen, zeigten aber auch das genaue Gegenteil, daß sich nämlich Auswirkungen verschiedener Bedürfnisse gegenseitig hemmen. Insgesamt, so Bolles (1965, 1967), sprechen die empirischen Befunde hier eher gegen als für die Annahme eines unspezifisch aktivierenden Triebes.

Auch in der psychophysiologischen Aktivierungsforschung ist die Vorstellung einer einheitlichen Aktivationskomponente eine Zeitlang weiterverfolgt worden (Duffy 1957; Malmo 1959). Angesichts der enormen Heterogenität von Aktivationsphänomenen konnte die Vorstellung eines universell aktivierenden Antriebszustandes ebenfalls nicht aufrechterhalten werden (Fahrenberg 1967).

Kritisch an den Vorstellungen von Hull ist noch ein anderer Punkt. Es geht darum, was denn als befriedigende Belohnung wirkt. Hierzu geht Hull von einer Annahme aus, die schon Freud gemacht hatte: Befriedigend sei all das, was die Triebstärke verringert. Daß dieses Triebreduktionspostulat in dieser Allgemeinheit aus heutiger Sicht sicher falsch ist, hatten wir oben kurz erwähnt, und zwar mit dem Hinweis auf genußvolles Explorationsverhalten, auf Risikosuche oder unerträgliche Reizentzugsexperimente (s. Fußnote S. 32). Aber auch schon zu Hulls Zeit gab es aus dem Tierlabor Beobachtungen, die zum Triebreduktionspostulat kaum paßten. Männliche Albinoratten lernten schneller als nicht belohnte Tiere, wenn ihnen in einer „Belohnungskammer" die Kopulation mit einem Weibchen ermöglicht wurde, wobei aber der Kopulationsvorgang vor der triebreduzierenden Ejakulation stets unterbrochen wurde (Sheffield, Wulff & Baker 1951). Als belohnender Verstärker funktionierte hier also etwas, das zweifellos zu einer Steigerung statt zu einer Reduktion von Triebregung führte.

Zweifel am universell belohnenden Status der Triebreduktion ergaben sich auch aus den berühmt gewordenen Untersuchungen von Olds & Milner (1954). Diesen Autoren schien es tatsächlich gelungen, im Gehirn eine zentrale Erregungsstelle für Lustempfindungen ausfindig zu machen. Plantiert man Ratten oder Affen Elektroden in bestimmte Areale des Zwischenhirns und gibt ihnen die Möglichkeit, sich selbst elektronisch zu stimulieren, so tun sie dieses bis zu 7000mal pro Stunde und interessieren sich für nichts anderes mehr (Olds 1958).

Natürlich kann man zwischen der psychologischen Ebene (mit den dort verankerten Triebkonzepten) und der somatischen Ebene (mit den dort gereizten Zwischenhirnarealen) nicht einfach einen direkten Funktionsparallelismus unterstellen. Gleichwohl spricht es sicher nicht für die Trieb*reduktions*hypothese, wenn es nicht die Dämpfung von Erregung, sondern die *Stimulation* ist, die hier offensichtlich befriedigend wirkt.

Einem anderen kritischen Punkt seines Modells ist Hull (1952) später selbst durch eine Modellmodifikation begegnet, die motivationspsychologisch recht bedeutsam ist. Wie schon gesagt, ist bei Hull die Stärke einer Verhaltenstendenz allein abhängig von der Triebstärke und der Gewohnheitsstärke – also von zwei Größen innerhalb des Organismus. Wie kann es dann sein, daß gleichhungrige Tiere eine Reaktion schneller lernen, wenn sie wissen, daß in der Zielbox milchgetränktes Brot (besonders begehrt) und nicht Sonnenblumenkerne (weniger begehrt) sind (Simmons 1924)? Besonders bekannt wurden in diesem Zusammenhang die Experimente von Crespi (1942, 1944). Crespi variierte einfach die Menge des Futters, die die Ratten in einer Zielkammer vorfinden konnten. Es zeigte sich, daß Ratten, die stets viel Futter in der Kammer vorfanden, schneller durch den Gang zur Kammer liefen als gleichhungrige Ratten, die stets weniger Futter vorfanden. Fand nach zwanzig Durchgängen die erste Gruppe ebenfalls wenig Futter, so lief nachfolgend auch diese langsamer. Diese Befunde ließen sich auch in der anderen Richtung, also bei Erhöhung einer anfänglich niedrigen Futterration, bestätigen (Zeaman 1949).

Macht man, wie in der Hullschen Formel, Verhalten allein von der Triebstärke und der Gewohnheit abhängig, so dürfte es solche Unterschiede nicht geben. Ohne Zweifel kommt hier eine verhaltenswirksame Größe ins Spiel, die nicht im Organismus, sondern in der Umwelt verankert ist, nämlich der Belohnungswert des Futters. Natürlich ist die Tatsache, daß Umweltobjekte wie beispielsweise Futter überhaupt Belohnungsqualität besitzen, abhängig von generellen Bedürfnisstrukturen des Organismus. Das aber sind Konstanten. Die Variation der Futtermenge, um die es hier geht, ist eindeutig als Umweltereignis zu klassifizieren. Hull sah sich genötigt, sein Modell entsprechend zu erweitern. Gleichberechtigt neben dem Trieb und der Habitstärke wurde der Belohnungswert der Bekräftigung eingeführt. Motivationspsychologisch handelt es sich dabei um den *Anreiz* des Zielobjekts.

Verhaltenstendenz = Habit × Drive × Anreiz

Diese Erweiterung bedeutet einen qualitativen Sprung. Sie lenkt die Aufmerksamkeit auf Qualitäten der äußeren Situation und überwindet die Blickverengung, die sich ergibt, wenn man allein mit Steuergrößen innerhalb des Organismus Verhalten erklären will.

Hull versuchte auch an anderer Stelle eine Erweiterung behavioristischer Einfachmodelle. Es ging um die Frage, wie es denn im einzelnen gelingen könne, daß ein Organismus so agiert, als ob er künftiges Geschehen schon jetzt vor Augen habe. Wie läßt sich das, was man mit „Erwartung" oder „geistiger Vorwegnahme" (*Antizipation*) bezeichnet, so konzeptualisieren, daß es auch für behavioristische Triebtheoretiker akzeptabel wird, die ja ohne solche kognitiven Variablen auskommen wollten.

Grob skizziert stellt sich Hull die zielvorwegnehmende Verhaltensregulation folgendermaßen vor: Hat das Versuchstier zunächst durch Zufall eine komplizierte Verhaltenssequenz durchlaufen (z. B. in einem Labyrinth) und die Belohnung erhalten (z. B. Fressen), so soll es in den nächsten Durchgängen die Freßbewegungen in rudimentärer Form schon vor Erreichen des Belohnungsfeldes ausführen. Diese sog. *fragmentarische vorwegnehmende Zielreaktion* hält als inwendig ablaufendes Geschehen das Verhalten gewissermaßen auf Kurs. Es ermöglicht, Strecken zu überbrücken, bei denen äußere Stimuli fehlen. Die Details dieser Modellvorstellung sind recht kompliziert. Die Grundannahme besteht darin, daß diese fragmentarischen Zielreaktionen (z. B. kleinste Teileinheiten der Freßreaktion) vom

Organismus selbst wieder als (innerer) Reiz wahrgenommen werden, der wiederum eine erneute innere Teilreaktion startet und so fort. Auf diese Weise können sich Ketten von inneren Reiz-Reaktionsereignissen bilden, die den Organismus schon jetzt in Bereitschaft versetzen, auf Stimuli zu reagieren, die in der aktuellen Situation noch gar nicht gegeben sind.

Diese und einige andere behavioristische Denkmodelle sind in der heutigen Motivationspsychologie eher von historischer Bedeutung. Sie zeigen, wie wenig auch eine strikt auf Beobachtungstatsachen beschränkte Psychologie auf Konzepte wie Erwartung und Anreiz verzichten kann, wenn sie komplexeres Verhalten vorhersagen will. Zugleich wird sichtbar, wie umständlich theoretische Rekonstruktionen werden, wenn Rekonstruktionsgegenstand (hier kognitive Prozesse) und theoretische Grundkonzepte (hier behavioristische Modellvorstellungen) nicht zueinander passen.

Gleichwohl ist nicht zu unterschätzen, daß den behavioristisch orientierten Forschern das Verdienst zukommt, einer exakten experimentellen Arbeitsweise in der Psychologie vermehrt Geltung verschafft zu haben. Von dieser Entwicklung hat auch die Motivationspsychologie profitiert. Schließlich besteht ja gerade bei „Wozu"-Fragen unseres Verhaltens die Gefahr, ins bloße Spekulieren zu geraten. Erst durch ihre streng empirische Orientierung ergibt sich die Eigenständigkeit einer motivationspsychologischen Forschung gegenüber philosophischen oder religiösen Betrachtungen der „Wozu"-Frage menschlichen Handelns. Zur Stärkung dieser empirischen Wissenschaftsposition hat der Behaviorismus in der Psychologie erheblich beigetragen. Allerdings führte die Radikalität behavioristischer Forderungen (z. B. Ablehnung jeglicher Kognition als Forschungsgegenstand) zu unnötigen Blickverengungen, die heute überwunden sind (s. „Kognitive Wende"; Kap. 4.3).

3. Motivation als Person-Umweltbezug

Für die heutige Motivationspsychologie ist charakteristisch, daß sie Verhalten weder allein aus Merkmalen der Person (Triebe, Instinkte etc.) noch allein aus Merkmalen der Situation (Reize, objektive Stimuli etc.) zu verstehen versucht. Statt dessen wird Verhalten als Resultat der Wechselbeziehung zwischen einer bestimmten Person und einer bestimmten Situation verstanden. Naturgemäß erfordert eine solche Sichtweise ein differenzierteres Vorgehen. Die Arbeit der wichtigsten Wegbereiter solcher Analysestrategie, nämlich Lewin und Murray, wird in diesem Kapitel skizziert.

3.1 Bedürfnisspannung und Aufforderungscharakter: K. Lewin

3.1.1 Gespannte Systeme

Wie kommt es, daß eine Versuchsperson, die man bei einer Aufgabe unterbricht, diese Aufgabe mitunter besser behält als erledigte Aufgaben, und warum hat die Person die Tendenz, bei nächstmöglicher Gelegenheit die unerledigte Aufgabe wieder aufzunehmen? Im Berliner Arbeitskreis von Kurt Lewin wurden Phänomene dieser Art höchst einfallsreich untersucht und in einer Weise erklärt, die die heutige Motivationspsychologie entscheidend beeinflußt hat.

Ein typisches Forschungsbeispiel ist die Untersuchung von Ovsiankina (1928). In diesem Experiment erhielten die Versuchspersonen von der Versuchsleiterin nacheinander verschieden schwierige Aufgaben. Sie sollten Rätsel lösen, Schachbrettmuster ausschraffieren, Chips einsortieren, Figuren aus Plastilin modellieren und anderes mehr. Bei einigen Aufgaben unterbrach Ovsiankina die Versuchsperson mitten in der Erledigung und forderte sie auf, jetzt mit einer neuen Aufgabe anzufangen.

Das war gar nicht so einfach. Die meisten wollten dieser Aufforderung zunächst nicht Folge leisten und waren überrascht bis verärgert. Sobald sich im weiteren Versuchsverlauf eine Pause ergab, begannen über 80 Prozent der Versuchspersonen, die unterbrochene Aufgabe unaufgefordert zu Ende zu führen. Die Teilnehmer berichteten einerseits von einem inneren Drang, von einem Müssen, und andererseits von einem Angezogensein durch die unfertige Aufgabe, sofern sie zufällig ins Blickfeld kam. Bei einigen Versuchspersonen erfolgte die Wiederaufnahme anscheinend sogar ohne besonderes Veranlassungserleben: „Ich weiß eigentlich selbst nicht, wie das kam"; „ich tat es so, wie wenn man sich kratzt, wenn es einen juckt" (Ovsiankina 1928, S. 323).

Diese Tendenz zur Vollendung unerledigter Aufgaben zeigte sich auch bei Aufgaben, die zuvor nur mit Widerwillen bearbeitet wurden, ja selbst dann, wenn die Versuchsleiterin die Weiterbearbeitung strikt untersagt hatte. Es kam dann zur sog. „diebischen Wiederaufnahme" – also zu einer heimlichen Bearbeitung, wenn die Versuchsleiterin scheinbar mit anderen Dingen beschäftigt war. Liegt dieser Drang zur Aufgabenvollendung vielleicht daran, daß wir ähnlich wie in der Wahrnehmung eine Tendenz zur „guten Gestalt" (Metzger 1953) haben und Unfertiges ergänzen müssen? Das kann hier nicht die Erklärung sein. Wenn nämlich eine halbfertige Aufgabe angeblich noch von der letzten Versuchsperson auf dem Tisch lag, so blieb sie in der Regel unbeachtet. Der Effekt kam also nur zustande, wenn die Person selbst die Aufgabe begonnen hatte. Daß es am visuellen Reizmaterial selbst nicht liegt, dafür spricht auch die Tatsache, daß Versuchspersonen in Pausen zielstrebig nach der unvollendeten Aufgabe suchten, wenn sie von der Versuchsleiterin scheinbar zufällig durch anderes Material verdeckt worden war.

Lewin (1926) erklärt solche und andere Phänomene dadurch, daß durch die Übernahme der Aufgabe in der Person ein *Quasi-Bedürfnis* entsteht. Diese Bedürfnisse heißen deshalb Quasi-Bedürfnisse, weil sie zwar wie „echte" Bedürfnisse wirken, aber in ihrer vorübergehenden Form eben keine sind. Sie können sich kurzfristig aus einem Vorsatz ergeben, etwas Bestimmtes tun zu wollen – z. B. eine Aufgabe zu lösen. Sie können sich aber auch aus „echten" und dauerhaften Bedürfnissen herleiten. In beiden Fällen gilt, daß sich die Quasi-Bedürfnisse um so stärker im Verhalten auswirken, je enger sie mit den echten Bedürfnissen in Verbindung stehen.

Jedes Bedürfnis bildet nun innerhalb der Person ein „gespanntes System", das nach Entspannung verlangt. Seine doch recht abstrakten Vorstellungen dazu, wie das im einzelnen vor sich geht, hat Lewin (1936) typischerweise über graphische Darstellungen auszudrücken versucht (s. Abb. 3.1). Dabei sind diese Darstellungen fernab jeder physikalischen oder sonstwie realitätsnahen Faßbarkeit. Sie sind einfach Versuche, auf graphisch bestmögliche Weise zu erläutern, wie sich nach seiner Vorstellung motivationales Binnengeschehen und entsprechende Handlungstendenzen in einer gegebenen Situation entwickeln. Hierbei gab es eine Darstellung der Verhältnisse innerhalb der Person und eine Darstellung der Situation. Den jeweiligen Zustand innerhalb einer Person bildete Lewin so ab, daß die Person zunächst als umgrenzte Fläche erscheint (s. Abb. 3.1).

Ganz außen zur Umwelt (U) hin gibt es eine sensumotorische Grenzzone (M) – also den Bereich, durch den die Person via Wahrnehmung und Aktivität mit der Umwelt in Verbindung steht. Der Innenbereich besteht aus vielen Feldern. Jedes Feld steht für ein Handlungsziel der Person. Diese Handlungsziele

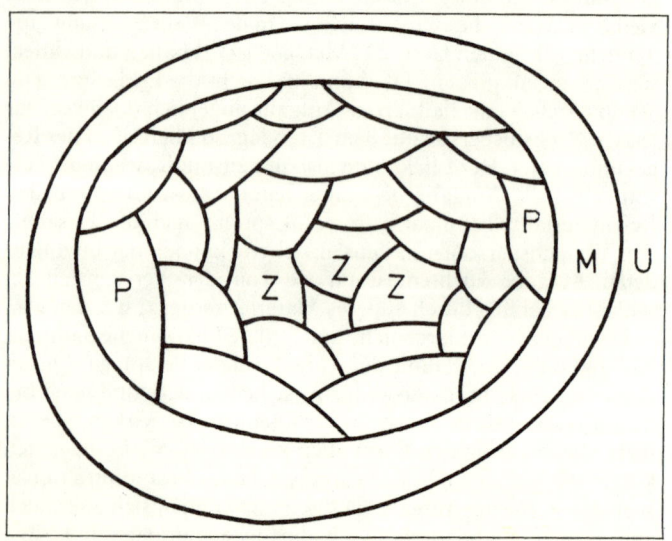

Abb. 3.1: Lewins Darstellung der Person (U = Umwelt; M = sensumotorische Grenzzone; z = zentrale und p = periphere Bereiche der Person)

können sich aus echten Bedürfnissen ergeben, die meist mehr im Zentrum (Z) der Fläche abgebildet sind, oder auch aus peripheren Quasi-Bedürfnissen (P). Die Felder werden so angeordnet, daß ähnliche oder verbundene Ziele nebeneinander abgebildet werden.

Entscheidend ist, daß jedes dieser Felder bzw. Systeme unter einer bestimmten Spannung steht. Die Spannung kann daher rühren, daß situative Gegebenheiten ein echtes Bedürfnis aktivieren oder ein Quasi-Bedürfnis etablieren, das mit echten Bedürfnissen in Verbindung steht. In dem oben skizzierten Experiment von Ovsiankina wurde über die Situationsstruktur mit den Aufgaben und der Aufforderung, sie zu lösen, ein gespanntes System geschaffen, das mit umfassenderen Bedürfnissen in Verbindung steht, wie etwa dem Bedürfnis, etwas schaffen zu können oder seine Aufgaben im Beruf und Studium zu erledigen und ähnliches mehr (Lewin 1926; um Anzahl, Art und Definition solcher „echten" Bedürfnisse hat sich Lewin allerdings weniger gekümmert. Ihm genügte es, wenn er im aktuellen Fall bei der jeweiligen Person auf ein mutmaßlich gespanntes System zurückgreifen und in seinen Auswirkungen untersuchen konnte.).

Nun herrscht im Gesamtsystem eine allgemeine Tendenz zum Spannungsausgleich. Dies kann zum einen nach innen geschehen, weil im Denkmodell Lewins die Grenzen zwischen den Feldern als partiell durchlässig gedacht sind. (Man kann sich hierzu vielleicht einen porösen Fahrradschlauch oder ähnliches vorstellen, aus dem langsam Druck entweicht.) Damit kann sich hohe Spannung in einem Feld langsam auf benachbarte Felder ausbreiten und sich auf diese Weise verteilen. Das beeinträchtigte Quasi-Bedürfnis, die Aufgabe fertig zu machen, würde dann die Spannung erhöhen in dem angelagerten echten Bedürfnis, z. B. jemand zu sein, der seine Arbeit erledigt. In diesem Fall bleibt die Spannung im Gesamtsystem der Person also erhalten. Es wird lediglich eine lokale Spannungsspitze in einem bestimmten Feld abgebaut, indem sie sich auf andere Felder ausbreitet und verteilt. Tatsächlicher Spannungsabbau ergibt sich dagegen über die sensumotorische Grenzzone: Die Person tut Dinge, die zu einer Zielerreichung und damit zur Bedürfnisbefriedigung führen. Im jetzigen Beispiel macht jemand also die Aufgabe zu Ende und führt damit die Spannung nach außen ab.

Wird ein System über die Situation ständig gespannt, ohne daß eine Zielerreichung per Handlung möglich ist, gerät über den inneren Spannungsausgleich das Gesamtsystem der Person unter wachsenden Druck. Tamara Dembo (1931), eine andere Lewin-Mitarbeiterin, stellte ihren Versuchspersonen eine scheinbar leichte Aufgabe. Die Person befand sich innerhalb eines auf dem Boden markierten 2 m x 2 m großen Quadrates und sollte eine Blume ergreifen, die in einer Entfernung von 1,20 m außerhalb des Quadrates auf einem Holzblock stand. Allerdings mußte sie dabei mit den Füßen im Quadrat bleiben. Ansonsten gab es noch einige Gegenstände im Raum (Stühle, Ringe). Nachdem die Versuchspersonen schnell die zwei möglichen Lösungen gefunden hatten (man kniet sich und greift nach der Blume oder man stützt sich auf einen Stuhl ab), behauptete die Versuchsleiterin lapidar, es gäbe noch eine dritte Lösung, und dann sei der Versuch beendet. Tatsächlich gab es aber keine dritte Lösung.

Dembo beschreibt sehr präzise, wie alle Elemente der Situation, die herumliegenden Gegenstände und die Versuchsleiterin nach und nach höchst aversiven Charakter bekommen und wie mit jedem vergeblichen Versuch die Spannung im Gesamtsystem der Person steigt.

Das gespannte Quasi-Bedürfnis, hier die dritte Lösung zu finden, ist bei den ersten vergeblichen Versuchen eine Art lokales Ärgernis, über das die Person noch offen reden oder lachen kann. Mit zunehmender Dauer (der Versuch ging über viele Stunden – solange, wie die Versuchspersonen mitmachten) gerieten über den inneren Spannungsausgleich immer mehr zentrale Bereiche unter Druck, bis alle Binnengrenzen der Person eingeebnet waren. Die sensumotorische Grenzzone ist von innen auf das Äußerste gespannt. Die Person hat Schwierigkeiten, die „Fassung zu bewahren", sie kämpft um ihre Beherrschung. Nun genügt ein kleiner, aber plötzlicher Zusatzdruck von außen (z. B. die Versuchsleiterin lacht über einen Lösungsvorschlag), und diese Außenwandung reißt. Da wegen der hohen Spannung alle inneren Bereiche erfaßt sind, verlieren ansonsten ausdifferenzierte Zielbereiche (z. B. eine beherrschte, souveräne Person zu sein) und Wertvorstellungen ihre Wirksamkeit. Es treten bemerkenswerte Affektausbrüche auf, bei denen ganz zentrale Bereiche der Person erfaßt sind und konventionelle Verhaltensgrenzen überschritten werden. Es kam zu verzweifelten Tränenausbrüchen, zu Schreien, Beschimpfungen, Trampeln, Haareraufen bis zum tätlichen Angriff auf die Versuchsleiterin.

In diesem Experiment wurde recht drastisch klar, was „Spannung" sein kann. Ansonsten ist ja der Spannungsbegriff in seiner abstrakten Natur nicht ohne weiteres nachvollziehbar. Lewin soll seinen Mitarbeitern dieses theoretisch zentrale Konzept einmal in einem Berliner Café klargemacht haben. Nachdem sie dort in größerer Runde über Stunden diskutiert und entsprechend Diverses verzehrt hatten, konnte der kassierende Ober aus der Erinnerung sagen, wer was bestellt hatte. Als alle bezahlt hatten, soll Lewin den Ober gebeten haben, ihm noch einmal zu sagen, wer was verzehrt hatte. Jetzt war der Ober dazu nicht mehr in der Lage. An diesem gerade beobachteten Alltagsphänomen sähe man – so Lewin – den Unterschied zwischen einem gespannten und einem entspannten System. Durch den Akt des Kassierens ist das hier wirksame System nach außen entspannt worden und mit ihm alle handlungsnotwendigen Voraussetzungen.

3.1.2 Feldkräfte und Konflikt

Hätte sich Lewin darauf beschränkt, spannungsreiche Zustände innerhalb der Person in ihrer Dranghaftigkeit zu beschreiben, so wäre sein Beitrag zur Motivationspsychologie im Prinzip ähnlich dem von Freud – sieht man einmal von den unterschiedlichen Darstellungsweisen und Inhaltsschwerpunkten ab. Der eigentliche Gewinn für die heutige Motivationsforschung lag darin, daß Lewin zugleich ein Modell für eine psychologische Beschreibung von Situationen entwickelte.

Sein theoretisch vielleicht wichtigster Beitrag bestand dabei in der allgemeinen Forderung, daß zur Erklärung von Verhalten stets Faktoren der Person *und* der Situation heranzuziehen sind (Lewin 1946). Die in der Motivationspsychologie wohl bekannteste Verhaltensgleichung lautet deshalb:

$$V = f (P, U)$$

Verhalten (V) ist eine Funktion der *Person* (P) und der *Umwelt* (U). Weder Triebe, Gewohnheiten, Bedürfnisspannungen allein noch situative Reize, Zwänge, Verlockungen können Verhalten zufriedenstellend erklären. Man muß stets beide Faktorengruppen zugleich berücksichtigen. Diese Sichtweise wurde grundlegend für die nachfolgende Motivationsforschung.

Bei der Konzeptualisierung von Situationen ging Lewin einen recht eigenwilligen Weg. Anders als etwa in der behavioristischen Tradition geht es in seinem Modell nicht um die Abbildung von Situationen in physikalischen Einheiten (Entfernungen, Gewichten, Temperaturen, Stromstößen, Futtermengen etc.), sondern in psychologisch belangvollen. Lewin stellt sich den Lebensraum einer Person untergliedert in verschiedene Bereiche vor. Jeder Bereich stellt eine Handlungsmöglichkeit bzw. ein Ereignis dar. Einige dieser Bereiche sind positiv oder negativ bewertet. Lewin gebraucht hierfür den Begriff der *Valenz* bzw. des *Aufforderungscharakters.* Diese Bereiche sind nun so angeordnet, daß Mittel-Zweck-Beziehungen abgebildet sind. Wenn zum Beispiel das Lesen dieses Kapitels zum Ziel hat, einen ersten Einblick in die Psychologie Lewins zu erhalten, so wäre dieser Einblick ein positiv bewerteter Zielbereich. Direkt benachbart wäre als zielführendes Mittel das Handlungsfeld „Lesen dieses Kapitels" anzuordnen. Der Zielbereich kann seinerseits wiederum Mittel für ein weiteres Ziel sein, etwa ein Referat für einen Seminarschein zu schreiben. Dieses würde dann als weiteres Feld entsprechend angelagert. So gesehen strukturiert sich also der Lebensraum einer Person nach verschiedenen Zielen und Handlungsmöglichkeiten, sie zu erreichen. Von den Zielen ausgehend wirken Kräfte auf die Person, die sie anziehen oder abstoßen (als Vektoren dargestellt). Die angelagerten Handlungsfelder bilden die Wege ab, auf denen man das Zielfeld erreichen bzw. ein Abschreckungsfeld vermeiden kann (s. u. Abb. 3.2 bis 3.4, S. 48 f.).

Wodurch erlangen die Zielfelder nun ihren Aufforderungs- bzw. Abstoßungscharakter? In diesem Punkt greift Lewin wieder auf den Zustand der Person zurück: Der Aufforderungscharakter eines Umweltereignisses/-gegenstandes ergibt sich aus einem entsprechenden Bedürfnis bzw. gespannten System auf seiten der Person. Für jemanden, der dringend einen Brief abschikken will, hat ein Briefkasten einen hohen Aufforderungscharakter, und der aktuelle Lebensraum strukturiert sich in Pfaden hin zu dieser Zielregion. An diesem Beispiel läßt sich übrigens wieder gut der Unterschied zwischen einem gespannten und einem entspannten System demonstrieren. In dem Moment, wo der Brief eingeworfen ist, ist dieses System entspannt, und die gleiche Umgebung strukturiert sich schlagartig in ganz anderer Weise. Vielleicht fällt der Person jetzt auf, daß sie durstig ist, und Gasthäuser sowie die Wege dorthin organisieren das Feld.

Solche Umstrukturierungen durch Quasi-Bedürfnisse lassen sich auf Wahrnehmungsebene leicht im Selbstversuch zeigen.

Wenn Sie jetzt mit Ihren Augen etwa eine Minute lang Ihr Zimmer nach möglichst vielen runden Gegenständen absuchen und im Anschluß daran z. B. möglichst viele rote Gegenstände suchen, so werden Sie feststellen, daß sich je nach wahrnehmungsleitendem Quasi-Bedürfnis die physikalisch exakt gleiche Umgebung ganz anders strukturiert.

Allerdings lassen sich der Aufforderungscharakter und die wahrgenommene Struktur nicht erschöpfend aus der Bedürfnisspannung innerhalb der Person herleiten. Ähnlich wie der spätere Hull (s. o.) nimmt Lewin eine Komponente an, die nicht von der Person, sondern vom Gegenstand selbst abhängt. Wenn auch mit steigendem Hungerbedürfnis der Aufforderungscharakter von Eßbarem generell steigt, so gibt es doch Unterschiede in der Begehrlichkeit verschiedener Speisen. Ein schmackhaftes Steak wird auch für einen sehr Hungrigen attraktiver sein als ein Stück trockenes Brot. Somit ergibt sich der Aufforderungscharakter bzw. die Valenz eines Ziels (a) aus der Spannung eines korrespondierenden Bedürfnisses sowie (b) aus der Qualität des Zielobjektes bzw. der Zielaktivität. Mit letzterem gesteht Lewin auch Aktivitäten eine eigene Valenzkomponente zu. Diese Komponente spielt heute bei der Forschung zu tätigkeitseigenen Anreizen eine zentrale Rolle (s. Kapitel 6.4).

Bei der Analyse einer besonderen Situation, nämlich der „psychologischen Situation bei Lohn und Strafe" (Lewin 1931) entwickelte Lewin in einem Exkurs quasi nebenbei eine *Konflikttypologie,* die sich später als sehr fruchtbar erwies (Brown 1948; Dollard & Miller 1950, Miller 1944). Zunächst definierte Lewin Konflikt als „eine Situation, in der gleichzeitig entgegengesetzt gerichtete, dabei aber annähernd gleich starke Kräfte auf das Individuum einwirken" (Lewin 1931, S. 11). Er unterschied drei Konflikttypen:

Der *Appetenz-Konflikt* ist eine Situation, in der sich die Person zwischen zwei positiven Aufforderungscharakteren etwa gleicher Stärke befindet. Ein Beispiel wäre eine Studentin (S), die die Wahl zwischen zwei Studienplätzen hat, die sie sich gleichermaßen gewünscht hat. In der Darstellungsweise von Lewin (1931) stellt sich diese Situation wie folgt dar:

Diese Situation befindet sich, so Lewin, in einem labilen Gleichgewicht. Mit der Annäherung an das eine Ziel wird nämlich dessen anziehende Kraft wie bei einem Magneten stärker, die des jetzt entfernteren Zieles dagegen schwächer. Damit hätte unsere Studentin ihren Konflikt in dem Moment schon gelöst,

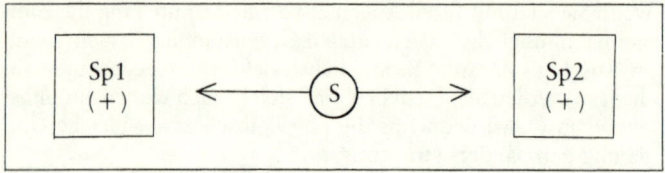

Abb. 3.2: Der Appetenzkonflikt einer Studentin (S) mit zwei gleich attraktiven Studienplätzen (Sp1 und Sp2) (vgl. Lewin 1931, S. 11)

wenn sie dem einen Studienplatz gedanklich oder räumlich näher getreten ist. In der Realität lösen sich solche Konflikte aber nicht immer so schnell, wie hier behauptet. Es kommt statt dessen häufig zu einem Pendeln, bei dem der Studentin mal der eine und mal der andere Studienort attraktiver erscheint. Ein solches Pendeln ist ein ziemlich sicheres Zeichen dafür, daß die Struktur komplexer ist und daß beide Ziele sowohl positive wie negative Seiten haben. So mag bei Studienort A die Stadt reizvoll sein, dafür sind aber die Mieten extrem hoch. Bei Studienort B mag es umgekehrt sein. Zudem wohnt dort bereits eine gute Freundin, die aber gehört hat, daß in Studienort A die Ausbildung besser sein soll etc. Bei solchen komplexen Strukturen haben wir es nicht mehr mit einem einfachen Appetenzkonflikt zu tun, sondern mit einem doppelten Ambivalenzkonflikt, auf den erst später Miller (1944) aufmerksam gemacht hat (s. u.).

Beim *Aversions-Konflikt* steht die Person zwischen zwei etwa gleichstarken negativen Aufforderungscharakteren. Dies ist die psychologische Situation eines Kindes (K), das entweder eine verhaßte *Aufgabe* (A) erledigen muß oder eine *Strafe* (St) zu erleiden hat. Zum Konflikt kommt es aber nur dann, wenn das Kind nicht seitlich aus dem Feld gehen und sich so beiden Übeln entziehen kann. Von daher muß die Situation eine *Außenbarriere* (B) haben. Das Kind kann die Situation nur durch den Bereich „Aufgabe" oder „Strafe" verlassen.

Wie spätere experimentelle Forschung zeigte, führt dieser Konflikttyp vermehrt zur Inaktivität und Verharren in der Mitte zwischen beiden Abstoßungsregionen (Hoshiko & Grundstaff 1967; Hovland & Sears 1938; Sorgatz & Rheinberg 1976). Dieses Verfahren, jemanden zur Aufnahme einer aversiven Aktivität zu bewegen, ist also nicht sehr effektiv – es sei denn, man verfügt über die Macht, (1) eine besonders schwere Strafe anwenden zu können, und (2) über genügend starke Barrieren. Ge-

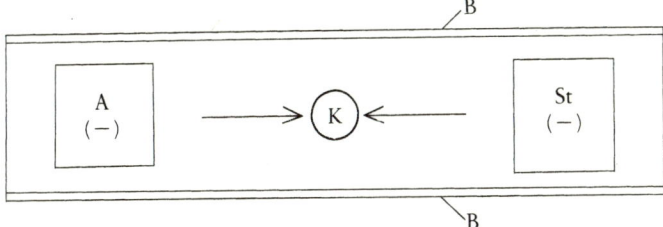

Abb. 3.3: Der Aversionskonflikt eines Kindes (K), das zwischen einer verhaßten Aufgabe (A) und einer Strafe (St) steht und wegen einer Barriere (B) nicht seitwärts aus dem Feld gehen kann (vgl. Lewin 1931, S. 14)

rade letzteres ist schwierig, weil man zumindest nie verhindern kann, daß jemand in der Phantasie, also auf der Irrealitätsebene, aus dem Feld geht. Auf der Realitätsebene verharrt das Kind dann in Inaktivität und malt sich in der Phantasie aus, was es alles Schönes tun könnte oder wie es sich an der mächtigen erwachsenen Person rächen kann (Lewin 1931, S. 58 ff.).

Beim *Appetenz-Aversionskonflikt* steht die Person einem Objekt gegenüber, das sowohl positive wie negative Aspekte hat: Ein Kind möchte einen Hund streicheln, hat aber Angst, gebissen zu werden.

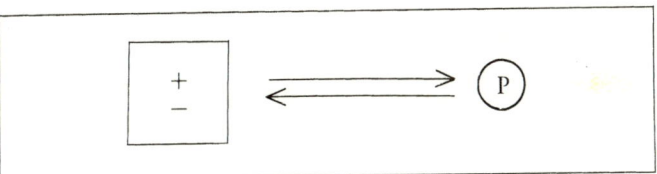

Abb. 3.4: Der Appetenz-Aversionskonflikt einer Person (P) gegenüber einem ambivalenten Objekt (vgl. Lewin 1931, S. 12)

Diese Struktur kann man auch auf den Fall erweitern, daß eine Aktivität und ihr Ergebnis entgegengesetzten Aufforderungscharakter haben: Man wünscht sich eine ordentliche Wohnung, haßt aber die Tätigkeit des Aufräumens; man würde gerne genußfähige Noxen auskosten, fürchtet aber deren gesundheitliche Folgen etc.

Der Ambivalenzkonflikt wurde experimentell auch von behavioristisch orientierten Forschern untersucht (z. B. Brown 1948;

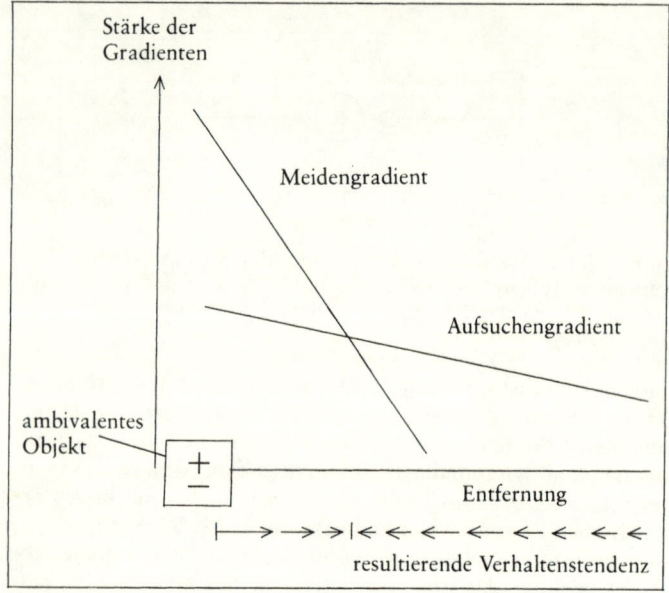

Abb. 3.5: Aufsuchen – und Meidengradienten in einem Ambivalenz-konflikt (modifiziert nach Miller 1944)

Miller 1944). Albinoratten hatten gelernt, daß es am Ende eines Laufgangs unangenehme Elektrostöße gibt. Dort gab es aber auch Futter. In Abhängigkeit von der Dauer des Nahrungsent-zuges und der Höhe der Stromstärke konnte man das Verhalten der Tiere im Ambivalenzkonflikt registrieren. In diesem Fall scheinen die wichtigsten Ergebnisse der Tierforschung auch auf verschiedene Konflikte im menschlichen Verhalten übertragbar: (1) Der Aufsuchungsgradient setzt schon in großer Entfernung vom Ziel ein. Anders formuliert: Aus größerer (räumlicher oder zeitlicher) Entfernung sieht man zunächst nur die positiven Sei-ten einer ambivalenten Sache. (2) Der Meidengradient setzt spä-ter ein, steigt dafür aber schneller an. (3) Schneiden sich beide Gradienten, so kommt es an dieser Stelle zum Pendeln. Bei wei-terer Annäherung überwiegt die Abschreckung des Meidengra-dienten, bei größerer Entfernung lockt wieder der Aufsuchungs-gradient. Das ist die sprichwörtliche Situation der Katze, die um den heißen Brei schleicht. Der in der Entfernung dominierende

Aufsuchungsgradient verhindert, daß man eine Sache gänzlich fallen läßt, der in der Nähe dominierende Meidengradient verhindert, daß man sie realisiert.

Dollard & Miller (1950) haben das theoretische Kunststück fertiggebracht, in (neo-)behavioristischer Umformulierung das feldtheoretische Konzept von Lewin auf neurotische Konflikte anzuwenden, die Freud in psychoanalytischer Darstellung beschrieben hat. Dies kann man als Beispiel dafür werten, daß bestimmte Motivationsphänomene so robust und unabweislich sind, daß sie unterschiedlichsten theoretischen Voreingenommenheiten und Menschenbildern standhalten können.

Der *doppelte Appetenz-Aversionskonflikt*. Miller (1944) hat den drei Lewinschen Konflikttypen einen vierten hinzugefügt. Die Person steht zwischen zwei Zielen, von denen jedes positive wie negative Komponenten hat. Dieser Fall war oben bereits bei der Studentin mit zwei Studienplätzen erwähnt worden. Aus der unterschiedlichen Reichweite und Steigerung von Aufsuchungs- und Meidengradienten ergibt sich eine komplexe und auf Dauer unangenehme Situationsstruktur: Nähert man sich (räumlich, zeitlich oder gedanklich) der einen Alternative, so setzt in Zielnähe der Aversionsgradient ein. Die Studentin sieht plötzlich deutlicher und konkreter die Nachteile von Studienort A. Relativ dazu erscheint jetzt Studienort B attraktiver, weil sie jetzt ja weit entfernt von ihm vornehmlich seine positiven Seiten sieht. Nähert sie sich deshalb ihm an, so setzt auch hier wieder der Meidengradient in Zielnähe ein, und Studienort A erscheint wieder attraktiver. Typischerweise resultiert daraus ein Pendeln. Auf Dauer kann damit die Entscheidungssituation insgesamt einen negativen Aufforderungscharakter bekommen, obwohl sie im einzelnen positive Gradienten enthält. Wie und durch welche Prozesse solche Ambivalenzkonflikte zumeist doch gelöst werden, das hat insbesondere die Forschung zu Willensphänomenen und zur Handlungskontrolle untersucht (s. Kapitel 7).

Lewins Beitrag zur heutigen Motivationspsychologie ist erheblich. Dies gilt insbesondere für seine Forderung, Verhalten stets von Faktoren der Person *und* der Situation abhängig zu sehen. Diese Sichtweise ging in die „klassische" Motivationspsychologie von McClelland, Atkinson oder Heckhausen ein. Richtunggebend war auch seine Strategie, sich von physikalischen Situationsbeschreibungen zu lösen und bei der Analyse davon auszugehen, wie die Person die Situation sieht. Diese Analyseperspektive ist so überzeugend, daß zeitgenössische Autoren sie immer mal wieder neu entdecken und für sich reklamieren, wenn sie etwa ein eigenes kognitivistisches Forschungsprogramm gegenüber dem Behaviorismus abgrenzen wollen. Neben seinen konzeptionellen Leistungen waren auch die komplexen Experimente wegweisend, die menschlichem Alltagshandeln so sehr viel näher standen als ausgehungerte Albinoratten in einem Laufgang.

Natürlich bleiben Wünsche offen (vgl. Heckhausen 1989, S. 143 ff.). Die Lewinsche Konzeptualisierungsweise eignet sich zwar gut, um aufgetretenes Verhalten und seine mutmaßlichen Kräfte in einer bestimmten Weise zu beschreiben. Vorhersagen sind aber kaum möglich. Dazu sind seine Analysen zu sehr an das je einmalige Geschehen und den je aktuellen Spannungszustand einer einzelnen Person gebunden. Zur ökonomischen Vorhersage wären aber verallgemeinernde Person- und Situationsmerkmale samt der Möglichkeit, sie im vorhinein zu messen, erforderlich. Solche Dinge hat Lewin nicht in Angriff genommen. Genau betrachtet ist er auf der Beschreibungsebene stehengeblieben. Die unerledigten Aufgaben der Bestimmung motivational bedeutsamer Personmerkmale, ihre theoretische Verknüpfung mit verallgemeinerten Situationsmerkmalen und schließlich die Überprüfung von theoretisch abgeleiteten Verhaltensvorhersagen blieb der nachfolgenden Motivationsforschung vorbehalten.

3.2 Klassifikation von Person-Umweltbezügen

3.2.1 Individuelle Analyse und allgemeine Aussagen

Aus einer bestimmten Perspektive betrachtet hatte Lewin zunächst einmal recht, wenn er sich wenig darum kümmerte, aus welchen Bedürfnisstrukturen ein aktuell „gespanntes System" jeweils gespeist wurde. Schließlich hat jede Person ihren eigenen Lebensweg hinter sich, der aus einer je einzigartigen Kette von Erlebnissen und Lernerfahrungen besteht. Aufgrund dieser individuell ganz verschiedenen Erfahrungsgeschichte müßten sich auch je einzigartige Strukturen dazu herausbilden, was jemandem attraktiv erscheint und Befriedigung verspricht und was ihm Angst macht oder sonstwie aversiv ist. So gesehen macht man zumindest keinen gravierenden Fehler, wenn man Bedürfnisstrukturen stets auf individueller Ebene behandelt.

Die Nachteile dieses Vorgehens liegen natürlich auf der Hand und wurden oben schon angesprochen. Insbesondere verzichtet man auf verallgemeinerbare Aussagen. Man kann immer nur etwas über die eine intensiver untersuchte Person in der einen betrachteten Situation aussagen. Auch wenn am Einzelfall orientierte Motivationsanalysen durchaus ihre Berechtigung haben und später in anderer Form wieder aufgegriffen werden (s. Kapitel 6.3 und 6.4), bleibt es stets ein vordringliches Ziel wissenschaftlicher Psychologie, auch zu Aussagen zu kommen, die zumindest für einen näher definierbaren Personenkreis, wenn nicht für alle Menschen gelten. Ansonsten würde Forschung ja höchst unökonomisch und zudem langweilig für alle, die mit der gerade behandelten Person nichts zu tun haben.

Unter diesem Gesichtspunkt erscheint die Frage lohnend, ob es trotz aller zugestandener individueller Einzigartigkeit nicht doch Bedürfnisse gibt, die in mehr oder weniger ähnlicher Form bei vielen Menschen beobachtbar sind. Diese Frage bringt uns wieder zurück zu den frühen Ansätzen, bei denen es um mutmaßlich universell auftretende Instinkte ging (s. Kapitel 2). Diese Forschung war leider über die Sammlung von langen Instinktlisten nicht hinausgekommen. Vor allem fehlten ausgearbeitete Konzepte, wie solche Instinkte/Bedürfnisse unter welchen Situationsbedingungen welches Verhalten und Erleben beeinflußten. Erst wenn solche Konzepte entwickelt sind, kann Motivationsforschung zu Aussagen kommen, die über das hinausgehen, was man dem beobachtbaren Verhalten ohnehin entnehmen kann.

Zudem wäre es für die Bedeutung der Forschung wünschenswert, daß sie sich Bedürfnissen zuwendet, die (a) in der gegebenen sozialen und gegenständlichen Umwelt wichtig sind und zu denen (b) noch Klärungsbedarf besteht, weil die beteiligten Strukturen und Prozesse in unserer Alltagspsychologie nicht hinreichend bekannt sind. Daß beispielsweise Menschen im allgemeinen mit steigender Fastendauer Hunger bekommen und ihre Umgebung dann nach Eßbarem absuchen, wäre sicher kein Forschungsergebnis, das sonderliches Interesse für die Motivationspsychologie wecken würde. Dies ist jedermann klar. Wenn hingegen bestimmte Personen bei ihren beruflichen oder schulischen Routineanforderungen ausgesprochen arbeitsunwillig sein können, sich aber bei „nutzlosen" Herausforderungen im

Freizeitbereich bis zur Erschöpfung verausgaben, während es bei anderen Personen vielleicht gerade umgekehrt ist, das wären Beispiele für Phänomene, deren motivationale Grundlage der Alltagspsychologie nicht ohne weiteres offen liegt, gleichwohl unter gegebenen Bedingungen bedeutsam sind.

3.2.2 Person und Situation als need and press: H. A. Murray

Daß sich komplexe wie bedeutsame Phänomene des Lebensvollzuges erst aufklären lassen, wenn man zugleich Merkmale der Person und der Situation berücksichtigt, das hatte Lewin ja bereits betont. Aber welche Merkmale sollten das sein? Einen entscheidenden Beitrag hierzu lieferte Murray (1938). Murray unterschied zunächst primäre Bedürfnisse wie Hunger, Durst etc. von den „höheren" sekundären Bedürfnissen wie Leistungsbedürfnis (need Achievement), Anschlußbedürfnis (need Affiliation), Unabhängigkeitsbedürfnis (need Autonomy) etc. Letztere werden im Verlauf der individuellen Entwicklung erworben, und zwar durch Lernerfahrung in einer Welt, in der es bestimmte physikalische, soziale und kulturelle Strukturen gibt. In dem Maß, in dem diese Strukturen für viele Personen ähnlich sind, macht es Sinn, allgemeinere Klassen von sekundären Bedürfnissen zu formulieren. Diese Universalität von Strukturen ist also die entscheidende Begründung dafür, nach Bedürfnissen zu suchen, die bei vielen Personen in ähnlicher Weise vorliegen.

Murray ordnete die Bedürfnisse nach der Art bzw. dem Thema der Beziehung, die zwischen Person und Umwelt besteht. Wenn z. B. nahezu alles, woran jemand zur Zeit denkt, wonach er sich sehnt, worauf er in seiner Umwelt achtet, und was er in ihr tut, etwas mit der Herstellung oder Aufrechterhaltung einer engen freundschaftlichen Beziehung zu tun hat, so wäre dies ein inhaltlich abgrenzbares Thema eines Person-Umweltbezuges. Das entscheidende Element bei der Bestimmung des Themas eines Person-Umweltbezuges ist das Ziel, auf das ein jeweiliges Verhalten der Person gerichtet ist und nicht Merkmale des Verhaltens selbst. Letztere sind nur insofern von Belang, als man aus ihnen mitunter das Ziel entnehmen kann. Wenn es nun gelingt, allgemeinere Klassen von Zielen auszumachen, die unter gegebenen Lebensbedingungen im Entwicklungsverlauf nahezu jeder Person auftreten und wichtig werden, dann lassen sich trotz aller individuellen und situativen Besonderheiten des beobachtbaren Verhaltens allgemeinere Aussagen zur Motivation des fraglichen Verhaltens machen.

Murray und seine Mitarbeiter untersuchten eine Stichprobe von Versuchspersonen intensiv in vielen Situationen und mit unterschiedlichsten Methoden. Aufgrund der anfallenden Beobachtungen und Testdaten wurden mehr und mehr Themenklassen von Person-Umweltbezügen abgegrenzt und näher definiert (bis zu 20). Korrespondierend zu den auf diese Weise gewonnenen *needs* wurde nun auf der Situationsseite ein thematisch entsprechender Druck (*press*) postuliert. Press ist das, was durch die Situationsstruktur als Verlockung oder Bedrohung bedürfnisspezifisch in Aussicht gestellt ist. Im Fall des erwähnten Anschlußbedürfnisses könnte ein solch situationsseitiger *press* etwa sein, daß eine enge Beziehung durch bestimmte Umstände oder das Verhalten des Partners gefährdet erscheint. Die dazu objektiv registrierbaren Situationsmerkmale nennt Murray „*alpha press*". Interessanter ist der „*beta press*". Wie schon bei Lewin ist das die Situation, wie sie die Person aufgrund ihrer Bedürfnisse interpretiert.

Die Vorstellung, daß die Wahrnehmung und Interpretation einer Situation systematisch von der Bedürfnisstärke der wahrnehmenden Person abhängt, führte zu einem Meßverfahren, das sich für die Motivationspsychologie als höchst fruchtbar erwies. Es handelt sich um den *Thematischen Auffassungstest* (TAT). Bei diesem Verfahren werden den Probanden mehrdeutige Bilder vorgelegt, zu denen sie Geschichten erfinden sollen. Man geht davon aus, daß die Interpretationen und Phantasien des Probanden erheblich beeinflußt werden von seiner momentanen Bedürfnislage (sog. projektives Meßverfahren). Wenn man jetzt einen geeigneten Auswertungsschlüssel für die erfundenen Geschichten und Interpretationen hat, sollte ein Rückschluß auf die Bedürfnislage der Person möglich sein.

Die Tauglichkeit des Meßverfahrens hängt vor allem von der Qualität des Auswertungsschlüssels ab. Um diesen erstellen zu können, muß man aber eine genaue Vorstellung davon haben, was denn das fragliche Bedürfnis ausmacht. In diesem Punkt waren nun die Arbeitsergebnisse der Forschergruppe um Murray nicht immer von hinreichender Klarheit. Das überrascht insofern nicht, als sich diese Gruppe mit einer größeren Zahl (bis zu 20) Bedürfnissen befaßte, so daß nicht die Zeit blieb, um die einzelnen Bedürfnisse in gesonderten Untersuchungen bis ins letzte abzuklären. Hier wurden die entscheidenden Fortschritte gemacht, als eine Forschergruppe um McClelland und Atkinson ihre ganze Kapazität auf ein einzelnes Bedürfnis konzentrierte, das *need Achievement* (Leistungsmotiv). Von dieser Forschung handelt das nächste Kapitel.

4. Leistungsmotivation

4.1 Das Phänomen leistungsmotivierten Verhaltens

Die Leistungsmotivation ist die mit Abstand besterforschte Klasse von Person-Umweltbezügen. Zwar hatte schon Murray (1938) versucht, das Leistungsbedürfnis näher zu definieren. Die zusammengetragenen Bestimmungsstücke waren aber zu heterogen, als daß sie eine brauchbare psychische Funktionseinheit bilden konnten (s. Murray 1938, S. 164). Als Urheber der Leistungsmotivationsforschung gelten McClelland und Atkinson (McClelland, Atkinson, Clark & Lowell 1953; Atkinson 1957, 1958). Diese Forscher berücksichtigten auf der einen Seite die Forderung Lewins, daß man Verhalten stets als Wechselwirkungsprodukt von Person und Situation konzipieren muß. Auf der anderen Seite griffen sie Murrays Idee auf, daß man allgemeine Klassen von Person-Umweltbezügen bilden kann, die jeweils durch ein bestimmtes Thema definiert sind. Als drittes fühlten sich McClelland (als Schüler von Hull) und Atkinson einer empirisch-experimentellen Forschung in der Psychologie verpflichtet. Schließlich findet sich als viertes bei ihnen die Freudsche Vorstellung wieder, daß die Antriebe unseres Verhaltens uns selbst durchaus nicht immer klar sein müssen, sondern auch unbewußter Natur sind und sich in Phantasien und Situationsinterpretationen niederschlagen (McClelland 1980, 1987). Die aus diesen vier Quellen entstandenen Denkmodelle und Forschungsstrategien haben die nachfolgende Motivationsforschung entscheidend geprägt und eine aus heutiger Sicht „klassische" Motivationspsychologie begründet. Von daher ist es angezeigt, auf dieses Forschungsgebiet ausführlicher einzugehen.

Um diese Schlüsselstelle der klassischen Motivationspsychologie besser verstehen zu können, wird zunächst der interessierende Phänomenbereich näher eingegrenzt. Dies ist erforderlich, weil der Leistungsmotivationsbegriff, wie ihn die psychologische Forschung als brauchbare Einheit herausbilden konnte, nicht deckungsgleich ist mit scheinbar ähnlichen Begriffen der Alltagssprache („Fleiß", „Eifer", „Arbeitswille", „Strebsamkeit" etc.). Zunächst ist festzustellen, daß keineswegs alles angestrengte Bemühen, etwas zu schaffen, leistungsmotiviert ist. Man kann nämlich ein Leistungsziel aus unterschiedlichsten Gründen anstreben: Man möchte ein höheres Gehalt bekommen, um sich mehr Annehmlichkeiten leisten zu können; man möchte durch gute Ergebnisse in eine höhere Position aufsteigen, um Prestige zu gewinnen und mehr Einfluß ausüben zu können; man möchte eine Prüfung bestehen, um endlich nicht mehr lernen zu müssen. All das und vieles mehr kann angestrengtes Arbeitsverhalten auslösen, ohne daß das etwas mit Leistungsmotivation zu tun hat. Leistungsmotiviert im psychologischen Sinn ist ein Verhalten nur dann, wenn es auf die Selbstbewertung eigener Tüchtigkeit zielt, und zwar in Auseinandersetzung mit einem Gütemaßstab, den es zu erreichen oder zu übertreffen gilt. Man will wissen, was einem in einem Aufgabenfeld gerade noch gelingt und was nicht, und strengt sich deshalb besonders an.

Kern der Leistungsmotivation ist nach der Kurzdefinition von McClelland et al. (1953) die „Auseinandersetzung mit einem Gütemaßstab" (S. 10). Wie wirksam solche Gütemaßstäbe sind, zeigt ein Blick auf Alltagsphänomene. Ein Videospiel oder ein „Flipper"-Automat verlieren umgehend ihre Attraktivität, wenn der Spieler nicht mehr angezeigt bekommt, wieviel Punkte er erreicht hat. Ein Freizeitjogger fängt schon nach wenigen Läufen an, seine Zeit zu messen, und freut sich, wenn er die Zeit des letzten Laufes übertreffen konnte. Ein Tachometer und mehr noch ein Computer, der die gefahrene Durchschnittsgeschwindigkeit berechnet, verändern meist umgehend die Erlebnisqualität und Fahrweise auf einem Fahrrad usw. Ob und wozu das jeweils Geschaffte dann weiterhin gut oder nützlich ist, das ist eine andere Frage und hat mit Leistungsmotivation im engeren Sinn nichts zu tun. Als Anreiz der Zielerreichung genügen also der Stolz, etwas persönlich Anspruchsvolles geschafft zu haben und die daraus resultierende Zufriedenheit mit der eigenen Tüchtigkeit (erlebt als „gutes Gefühl"). In der Alltagssprache ist der fragliche Sachverhalt als „Erfolgserlebnis" bekannt. Wie hoch der Aufforderungscharakter möglicher Erfolgserlebnisse sein kann, zeigt etwa der hochbezahlte Manager, der an seinem Schreibtisch sitzt und trotz chronischen Zeitmangels verbissen versucht, mit Schere und Taschenmesser das defekte Armband seiner Uhr zu reparieren. Bei seinem Gehalt hätte er sich für die hierzu verbrauchte halbe Arbeitsstunde viele schöne neue Armbänder kaufen können. Doch darum geht es ja nicht: Er will sehen, ob er so etwas nicht auch selbst kann – so irrational das unter ökonomischen Gesichtspunkten auch sein mag.

Anders als etwa die Freude über einen schönen Effekt per se oder über ergebnisvermittelte Nützlichkeiten stellt sich die leistungsthematische Freude über die eigene Tüchtigkeit nur dann ein, wenn man ein Resultat sich selbst, also der eigenen Fähigkeit und/oder dem eigenen Bemühen zuschreiben kann (s. u.) und nicht etwa äußere Ursachen wie Glück, Hilfe von anderen, geringe Anforderungen etc. für ein gutes Gelingen verantwortlich macht (s. u.). Zweifellos bilden diese leistungsthematischen Selbstbewertungsaffekte von Freude/Stolz über die eigene Tüchtigkeit eine sinnvoll abgrenzbare Erlebnis- und Funktionseinheit. Sie macht uns eine Vielzahl ergebnisorientierter Anstrengungen erklärlich, die ansonsten unverständlich bleiben oder Fehlinterpretationen veranlassen würden.

Ein Vorläufer dieser Motivation ist übrigens im *„Selbermachen-wollen"* zu sehen, auf dem Kinder insbesondere dann bestehen, wenn ihnen etwas fast, aber eben noch nicht ganz sicher gelingt. Ohnehin ist die Bevorzugung solcher Anforderungen bei Kindern recht früh (meist schon mit dem ersten Lebensjahr) zu beobachten, wenn sie, oft gegen den Wunsch der besorgten Eltern, sich immer wieder von Aktivitäten faszinieren lassen, deren Gelingen möglich, aber nicht ganz sicher ist (aufrechtes Gehen, Hantieren mit Geschirr und Bestecken, Balancieren auf Mauern und Rohren etc.). Wenn auch ohne diesbezüglich bewußte Absicht, versorgen sie sich auf diese Weise mit den Trainingsgelegenheiten, von denen sie am meisten profitieren. Zu einem guten Teil betreiben sie damit ihre Entwicklung selbst (Heckhausen 1974 a).

Die Bevorzugung von Anforderungen, die man vielleicht gerade noch schaffen könnte, ist zu späteren Entwicklungszeitpunkten ein typisches Merkmal leistungsmotivierten Verhaltens. Alltagssprachlich werden Anforderungen dieser Art meist als „Herausforderungen" bezeichnet. In den theoretischen Modellen zur Leistungsmotivation spielen diese Anforderungen, bei denen Erfolg und Mißerfolg gleichermaßen möglich sind, eine zentrale Rolle. Mit Hilfe dieser Modelle wird es möglich zu

erklären, warum ein und dieselbe Person bei einfachen Routinetätigkeiten keinerlei Lust zur Arbeit verspürt, bei anspruchsvol-
len Aufgaben hingegen sehr engagiert ist (s. u.).

4.2 Motiv und Motivation

4.2.1 Konzeption und Erfassung des Leistungsmotivs

Um Leistungsmotivation wissenschaftlich untersuchen zu können, mußte man zunächst auf seiten der Person wie der Situation diejenigen Faktoren definieren und meßbar machen, von
denen die „Auseinandersetzung mit einem Gütemaßstab" abhängt. Was die Definition anbetraf, so traf sie sicher den Kern
des interessierenden Sachverhalts, war aber doch sehr knapp gefaßt. Eine ausführliche Bestimmung stammt von Heckhausen
(1965), der Leistungsmotivation definierte als „das Bestreben,
die eigene Tüchtigkeit in all jenen Tätigkeiten zu steigern oder
möglichst hoch zu halten, in denen man einen Gütemaßstab für
verbindlich hält, und deren Ausführung deshalb gelingen oder
mißlingen kann" (S. 604).

Lewin folgend, wurde diese Motivation als abhängig von der
Person und Situation konzipiert. Auf seiten der Person wurde
ein bedürfnisähnlicher Faktor umschrieben und als *Leistungsmotiv* bezeichnet. Dieses Motiv ist als eine personspezifische
Konstante gedacht, hinsichtlich derer sich Menschen unterscheiden. Motive beeinflussen, wie jemand eine bestimmte
Klasse von Handlungssituationen wahrnimmt und bewertet. Im
Fall des Leistungsmotivs ist die Klasse von Handlungssituationen vor allem dadurch definiert, daß dort Gütemaßstäbe eine
wichtige Rolle spielen bzw. spielen können. Um es plakativ zu
verdeutlichen: Eine Person mit einem stark ausgeprägten Leistungsmotiv nimmt in einer Handlungssituation eher wahr, daß
man hier etwas besser oder schlechter machen kann, sie sieht
viel häufiger Gelegenheiten, ihre Tüchtigkeit zu erproben und
zu steigern und erlebt diese Gelegenheiten auch als anregender
und wichtiger, als wenn sie statt dessen ein stark ausgeprägtes
Machtmotiv besäße. Im letzteren Fall würden ihr statt Gütemaßstäben und persönlichen Tüchtigkeitstests bei der Bemeiste-
rung von Aufgaben viel eher auffallen, wo sich Chancen auf
Einflußnahme und Prestigegewinn bieten könnten, wer gerade

mit welchen Plänen und Intrigen befaßt sein könnte und ob diese für die eigene Position eher günstige oder ungünstige Konsequenzen hätten etc. Das Motiv ist also so etwas wie eine spezifisch eingefärbte Brille, die ganz bestimmte Aspekte von Situationen auffällig macht und als wichtig hervorhebt (vgl. auch den obigen Selbstversuch mit den willkürlich gesetzten Quasi-Bedürfnissen zur Wahrnehmung runder bzw. roter Gegenstände, S. 47).

Um die plakative Vereinfachung nicht zu übertreiben: Natürlich können bei einer Person diese beiden (und noch weitere) Motive zugleich stark ausgeprägt sein oder auch keines von beiden. Die Ausprägung der Motive scheint stark von frühen Erfahrungen abzuhängen, die eine Person in der jeweiligen Klasse von Handlungssituationen gemacht hat. Beim Leistungsmotiv konnten deutliche Einflüsse der vorschulischen Selbständigkeitsanforderungen der Mutter nachgewiesen werden (Winterbottom 1958). Wie sich zeigte, kommt es hier allerdings nicht auf die reine Frühzeitigkeit solcher Forderungen an („je früher desto besser"), sondern darauf, daß sie entwicklungsangemessen sind (Meyer 1973; Trudewind 1975; Veroff 1965). Das Kind muß vor Aufgaben stehen, die es je nach Entwicklungsstand mit eigener Anstrengung schaffen kann. Auf diese Weise erlebt es frühzeitig und nachhaltig den Zusammenhang zwischen eigenem Bemühen und wertgeschätztem Erfolg. Allerdings ist zu beachten, daß das Erleben von Erfolg oder Mißerfolg (z. B. beim Wetteifern) erst ab dem Alter von 2,5–3 Jahren auftritt (Heckhausen & Roelofsen 1962). Selbständigkeitsforderungen bei Routinetätigkeiten standen mit der späteren Ausprägung des Leistungsmotivs übrigens nicht in Zusammenhang. Die starken frühkindlichen Einflüsse sind allerdings nicht als unveränderliche Prägung zu verstehen. Deutliche Veränderungen des Lebensraumes, vor allem aber motivationspsychologische Interventionen können das Leistungsmotiv auch noch von Jugendlichen und Erwachsenen beeinflussen (Krug 1983; Rheinberg & Krug 1993, s. u.).

Zur Erfassung des Leistungsmotivs griffen McClelland et al. (1953) auf den schon erwähnten *Thematischen Auffassungs-Test (TAT)* von Murray (1938, 1943) zurück. Bei diesem Verfahren wird den Probanden zunächst gesagt, es ginge darum, einen wichtigen Teil ihrer Persönlichkeit, nämlich ihre Phantasie und ihr Vorstellungsvermögen, zum Ausdruck zu bringen. Diese Ankündigung trifft in gewisser Weise sogar zu. Danach wird kurz (ca. 15–20 Sekunden) ein Bild gezeigt, das eine oder mehrere Personen in einer Situation darstellt, die man leistungsthematisch interpretieren kann, aber nicht muß (Abbildung 4.1 zeigt eine solche Bildvorlage). Die Probanden haben nach jedem Bild 4–5 Minuten Gelegenheit, eine Geschichte zu schreiben, aus der hervorgeht, (1) was auf dem Bild geschieht, (2) was die beteiligten Personen denken, fühlen und wollen, (3) wie es zu der jetzigen Situation gekommen ist und (4) wie die Geschichte ausgehen wird. Dieser Vorgang wird mit meist 6–7 verschiedenen Bildern wiederholt.

Zweifellos kommt diese Art, ein Motiv zu erfassen, der obigen Vorstellung vom Motiv als „spezifisch eingefärbter Brille" nahe. Schließlich wird ja genau diese interpretierende Situationswahrnehmung zur Grundlage der Motivmessung gemacht. Entscheidend ist aber jetzt der Schritt, mit dem man von den Geschichten zu Meßwerten kommt. Hierzu wird ein Auswertungsschlüssel benötigt, der aus verallgemeinerten Inhaltskategorien besteht, denen man dann die konkreten Aussagen aus den Geschichten zuordnen kann. Aber woher kommen diese Kategorien?

Statt sich auf bloße geisteswissenschaftliche Definitionsübungen und Mutmaßungen zu verlassen, wählten McClelland et al. (1953) ein experimentelles Vorgehen. Sie ließen einige Stichproben die TAT-Geschichten in neutraler oder entspannter Situation schreiben, während andere Stichproben sich unmittelbar vor dem TAT intensiv mit Gütemaßstäben auseinandergesetzt hatten, also leistungsthematisch angeregt waren. So hatten einige gerade einen Test absolviert, bei dem jeder sein Bestes geben wollte, weil der Test angeblich wichtige Fähigkeiten messen würde. Andere hatten (experimentell manipuliert) unmittelbar zuvor Erfolg oder Mißerfolg erlebt. Zwischen den so leistungsthematisch angeregten und den nicht angeregten Stichproben konnte man nun die TAT-Geschichten vergleichen. Inhalte, die gehäuft nur in den Geschichten der leistungsthematisch angeregten Personen auftraten, mußten typisch sein für eine Situationsinterpretation im Zustand hoher Leistungsmotivation. Dies traf auf Inhalte zu wie: „Bedürfnis, ein Leistungsziel zu erreichen", „Erfolgs-/Mißerfolgserwartungen", „positive oder negative Gefühlszustände", „instrumentelle Aktivitäten zur Zielerreichung", „Hindernisse auf dem Weg zum Ziel" und „hilfreiche Unterstützung" (vgl. Heckhausen 1963).

Wenn nun jemand ohne besondere situative Anregungen Geschichten schreibt, in denen viele dieser Inhaltskategorien auf-

Abb. 4.1: Ein Beispiel aus dem TAT-Bildersatz zur Erfassung des Leistungsmotivs (in Anlehnung an Heckhausen 1963)

treten, so muß bei ihm die Leistungsmotivation schon unter neutralen Bedingungen ähnlich stark ausgeprägt sein wie sonst nur bei Stichproben, die zuvor systematisch in Richtung Leistungserleben beeinflußt wurden. Von daher ließ man in der Folge Geschichten unter neutralen Bedingungen schreiben und zählte aus, wie oft solche Kategorien auftraten, die erwiesenermaßen häufiger im Zustand hoher Leistungsmotivation auftraten. Diese Häufigkeiten wurden dann noch in hier nicht interessierender Weise umgerechnet, so daß auf der Basis solcher über Bilder angeregter Phantasiestichproben Punktwerte vergeben werden konnten. Auf diese Weise gelang es, auf wissenschaftlich experimentellem Weg die Messung der Leistungsmotivation vorzunehmen. (Ein deutschsprachiger Auswertungsschlüssel findet sich bei Heckhausen 1963, sowie Blickle 1996.)

Um von der so gemessenen aktuellen Leistungsmotivation auf das Leistungs*motiv* als konstantes Personmerkmal zurückzuschließen, muß man die nicht unproblematische Annahme machen, daß die Person zum Zeitpunkt der Messung tatsächlich in einem neutralen Zustand ist und nicht durch ein vorangegangenes Erlebnis in besonderer Weise angeregt ist. Dieses Problem, wie auch das der suboptimalen Objektivität bei der Geschichtenauswertung, ist bis heute nicht restlos gelöst. Deshalb hat die Motivationsforschung stets mit Schwierigkeiten bei der Meßgenauigkeit zu kämpfen und muß von daher mit größeren Fehlerquellen und Ungenauigkeiten rechnen als etwa die Intelligenzforschung mit ihren sehr viel präziseren Meßverfahren. Um diesen Mangel zu beheben, wurden in der Motivationsforschung auch andere Meßverfahren entwickelt (Fragebögen, semiprojektive Verfahren, s. Heckhausen 1989, Schmalt 1973, 1976), wobei aber insbesondere die Fragebögen etwas anderes messen als die motivspezifische Interpretation von Handlungssituationen (McClelland 1980).

Das so gemessene Motiv ist auf sehr hohem Allgemeinheitsgrad konzipiert. Auseinandersetzungen mit Gütemaßstäben können in der Realität in verschiedensten Bereichen auftreten: in Beruf, Schule, Ausbildung, Sport, Kunst und überall sonst, wo man etwas besser oder schlechter machen kann. Das „Guinessbuch der Rekorde" liefert einen Beleg dafür, daß man nahezu alles leistungsthematisch strukturieren kann.

Anders gewendet zeigt diese Heterogenität potentiell betroffener Tätigkeitsfelder, daß es das Leistungsmotiv bzw. die Leistungsmotivation als unmittelbar beobachtbaren Bestandteil von Realität nicht gibt. Dort gibt es immer nur die konkreten Erscheinungsformen, also z. B. das intensive Bemühen, das eigene Verkaufsergebnis des letzten Jahres zu übertreffen; das ausdauernde Training, um im Sport eine bestimmte Höhe zu überspringen; das stundenlange Üben, um ein schwieriges Musikstück fehlerfrei spielen zu können; die vielen Freizeitstunden, die der Hobbyprogrammierer ohne erkennbaren Verwertungsnutzen an seinem Computer zubringt etc. In allem ein gemeinsames Charakteristikum, nämlich die Auseinandersetzung mit einem Gütemaßstab zu sehen, ist eine Abstraktionsleistung, die eine bestimmte Kategorie schafft, eben das Konstrukt der Leistungsmotivation. Die nachfolgende Forschung versuchte, in dieser hoch generalisierten und abstrahierten Klasse von Person-Umweltbezügen charakteristische Strukturkomponenten genauer zu bestimmen und in ihren Wechselbeziehungen zu erfassen.

4.2.2 Leistungsmotivation auf gesellschaftlicher Ebene

Zuvor ist jedoch kurz auf einen bemerkenswerten Forschungszweig einzugehen, der die Abstraktion dadurch noch weiter trieb, daß dort Leistungsmotivation als Analysekategorie nicht nur auf einzelne Individuen, sondern auf ganze gesellschaftliche Gruppen, ja Nationen angewandt wurde. Begründer dieser fachübergreifenden Forschung war McClelland mit dem Buch „Die Leistungsgesellschaft" (1961, 1966).

Mit einem Mitarbeiterstab analysierte McClelland zunächst Schrifttum, das in einem Kulturkreis in einer bestimmten Epoche weit verbreitet war und einen Rückschluß auf vorherrschende Wertorientierungen erlaubte. Dazu zählen im Fall jüngerer Geschichte vor allem Lesebuchgeschichten aus Schulbüchern. In ihnen – so mutmaßte McClelland – müßte sich am stärksten ausdrücken, welche Wertvorstellungen eine Gesellschaft an die nächste Generation weitergeben will. Diese Geschichten wurden nun mit dem TAT-Schlüssel daraufhin analysiert, wie stark sie Leistungsthematik beinhalten. Daraus ließ sich ein nationaler Motiv-Index errechnen, der mit Indices wirtschaftlicher Aktivität (z. B. Zunahme des Elektrizitätsverbrauches oder Zahl der Patentanmeldungen) in Zusammenhang gebracht wurde.

Die Zusammenhänge zwischen je aktuellen wirtschaftlichen Indices und nationalen Motivindices sind bei einer Untersuchung von 39 Nationen unbedeutend. Danach sind es nicht die jeweiligen wirtschaftlichen Verhältnisse, die bestimmen, ob Leistungsstreben in einem Kulturkreis höher oder geringer geschätzt wird. Nimmt man aber die Leistungsthematik in den Lesebuchgeschichten von 1925 und korreliert sie mit der wirtschaftlichen Entwicklung 25 Jahre später, so ergibt sich ein Koeffizient[1] von immerhin r = + .53 (McClelland 1961, vgl. Frey 1984). Natürlich sind es nicht die Lesebuchgeschichten per se, denen solche Effekte auf die Produktivität der nachwachsenden Generation zugeschrieben werden. Ursache seien statt dessen Erziehungspraktiken, die mit einer hohen Wertschätzung für individuelles Tüchtigkeitsstreben verbunden sind, wie z. B. die Forderung nach Selbständigkeit und Selbstverantwortung.

Aber nicht nur aus der jüngeren Vergangenheit, sondern auch aus der Antike berichtet McClelland (1961) von Zusammenhängen zwischen den Motivindices einer Geschichtsepoche und Indices wirtschaftlicher Aktivität. So wurden auf der einen Seite Begräbnisreden, Legenden, Mythen, Lyrik, Romane, Dramen etc. von der Antike bis in die Neuzeit mit dem TAT-Schlüssel ausgewertet und in Zusammenhang gebracht mit passenden Wirtschaftsindikatoren, wie z. B. dem Export von Olivenöl oder sonstigem Transportaufkommen. Jedesmal ging ein Anstieg des nationalen Leistungsmotivindex dem wirtschaftlichen Aufschwung voraus und nicht etwa umgekehrt.

Auf solche und ähnliche Untersuchungsergebnisse gründet McClellands Überzeugung, daß es langfristig nicht ausreicht, wirtschaftlich unterentwickelten Staaten materielle Hilfe zukommen zu lassen. Eigenständiges und dauerhaftes Wirtschaftswachstum sei dort nur dann zu erwarten, wenn auch die Wertschätzung für individuelle Leistung und die Freude an eigener Tüchtigkeit erhöht wird. Aus diesem Grunde entwickelte und erprobte McClelland schon in den sechziger Jahren Programme, mit denen das Leistungsmotiv von Unternehmern in Entwicklungsländern (z. B. Indien) gesteigert wurde (McClelland & Winter 1969).

Die Programme erwiesen sich als durchaus erfolgreich. Vor-

---

[1] Bei völliger Unabhängigkeit beider Größen hätte sich ein Koeffizient vor r = .00 ergeben; bei perfekter Abhängigkeit beider Größen hätte dieser Koeffizient r = 1.00 betragen.

aussetzung war aber, daß die trainierten Personen Spielraum für eigene Entscheidungen und Aktivitätsentfaltungen hatten. Ist dies nicht gegeben, muß man bei einem erhöhten Leistungsmotiv statt mit gesteigerter Aktivität mit gesteigerter Unzufriedenheit rechnen. Hierfür führt McClelland (1975) nicht allein die Anekdote an, daß es zum ersten Polizistenstreik auf einer Karibikinsel kam, nachdem dort die Polizeioffiziere ein Leistungsmotivtraining absolviert hatten. Er kann auch hier auf Forschungsergebnisse verweisen. Es ergaben sich nämlich signifikante Zusammenhänge zwischen den Leistungsmotivindices der USA und der Zahl gewalttätiger Protestaktionen in Epochen, in denen die Entfaltung wirtschaftlicher Aktivität behindert war. Im Unterschied zu machtthematisch motivierten Gewalttätigkeiten seien die leistungsthematisch motivierten aber rational. Sie seien leicht zu besänftigen, wenn man den Unzufriedenen erlaubte, einige ihrer wirtschaftlichen Ziele zu erreichen.

Die hier dargestellten Analysen von McClelland sind interessant, aber auch etwas riskant. Schließlich dürfte es von dem zufällig noch verfügbaren Literaturmaterial und den ausgewählten Wirtschaftsindikatoren mit abhängen, wie deutlich die Zusammenhänge zwischen nationalem Leistungsmotiv und späterer Wirtschaftsentwicklung ausfallen. Trotz solcher Bedenken ist nicht zu übersehen, daß McClellands detailliert berichtete Befunde theoretisch plausibel sind. Zugleich ist diese Forschung ein anregender Versuch, Motivationskonzepte auch außerhalb traditioneller psychologischer Anwendungsbereiche fruchtbar zu machen. Weiterentwicklungen des theoretischen Motivkonzeptes haben sich aus diesen molaren Anwendungsversuchen allerdings nicht ergeben. Die ergaben sich statt dessen aus der genaueren Analyse leistungsthematischer Person-Umweltbeziehungen, bei der die Analyseeinheit nicht ganze Nationen, sondern die handelnde und erlebende Person ist. Das nachfolgend dargestellte Risikowahl-Modell ist ein Beispiel für eine besonders fruchtbare Weiterentwicklung der Leistungsmotivationsforschung.

4.2.3 Das Risikowahl-Modell

Anders als etwa bei Instinkten oder Trieben wird vom Leistungsmotiv *nicht* erwartet, daß es sozusagen von sich aus aktiv und dranghaft wird. Heckhausen (1974 b) bezeichnet es als

„*wiederkehrendes Anliegen*" in universell auftretenden Grundsituationen des Lebensvollzuges. Dabei wird angenommen, daß
die Person für diese Grundsituationen verallgemeinerte Zielvor-
stellungen und Erwartungen entwickelt hat. So kann sie aufgrund früher Erfahrungen in solchen Situationen eher zuver-
sichtlich oder besorgt auf den weiteren Geschehensverlauf blik-
ken und kann emotional mehr oder weniger beteiligt sein. Diese
und andere individuelle Motivausprägungen schlagen sich aber
erst dann im Verhalten nieder, wenn die Person in einer motiv-
passenden Situation ist. Erst dann wird aus dem Personmerkmal Motiv eine Motivation, die ihrerseits das Verhalten und Erleben beeinflußt. Abb. 4.2 schematisiert diese Vorstellung.

Typisch für die klassische Motivationspsychologie ist also
eine Trennung von Motiv als überdauerndem Personmerkmal
und der je aktuellen Motivation, die aus der Wechselbeziehung
zwischen jeweiliger Situation und Motiv resultiert. Zum Motiv
und seiner Erfassung als Wahrnehmungs- und Bewertungsdis-
position wurde oben schon einiges ausgeführt. Aber worauf
kommt es bei der Situation an? Atkinson (1957, 1958) legte
hierzu ein außerordentlich fruchtbares Modell vor, das als *Risikowahl-Modell* bekannt wurde.

Nehmen wir an, jemand ist in einer Situation, in der er Aufgaben verschiedener Schwierigkeit wählen kann: ein leichteres
oder schwierigeres Musikstück, das er üben will; eine „schnel-
lere" oder eher „langsame" Zeit, die er sich als Ziel seines sport-

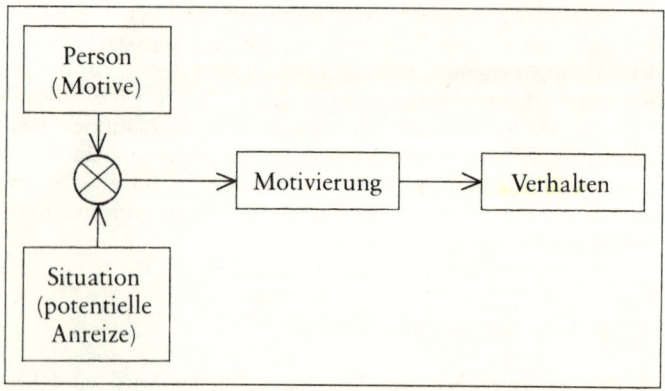

Abb. 4.2: Das Grundmodell der „klassischen" Motivationspsychologie

lichen Trainings vornimmt; ein einfaches oder intellektuell anspruchsvolleres Referatthema etc. Das, was sich die Person zu schaffen vornimmt, bezeichnet man als *Anspruchsniveau*. Schon die ersten Experimente des Lewin-Schülers Hoppe (1930) hatten gezeigt, daß das Erleben von Erfolg und Mißerfolg nicht direkt von der gemeisterten Aufgabe oder der Güte des erzielten Resultats abhängt, sondern vom zuvor gesetzten Anspruchsniveau. Wird es erreicht oder übertroffen, kann Erfolg erlebt werden; wird es verfehlt, können sich Mißerfolgserlebnisse einstellen.

Wovon hängt nun die offenbar so wichtige Anspruchsniveausetzung ab? Atkinson (1957) nimmt an, daß sich Menschen zum einen nach der Wahrscheinlichkeit richten, das gesetzte Ziel erreichen zu können bzw. die gewählte Aufgabenschwierigkeit zu schaffen. Trivialerweise steigt diese *Erfolgswahrscheinlichkeit*, je leichter die Aufgabe bzw. je anspruchsloser das Ziel ist. Würden Menschen kühl kalkulierend sich ausschließlich nach Wahrscheinlichkeiten richten, so müßten bei freier Aufgabenwahl sich alle die leichteste Aufgabe aussuchen. Das trifft aber so nicht zu, vor allem dann nicht, wenn es „um nichts geht", wenn also Erfolg und Mißerfolg keine gravierenden weiteren Folgen haben. Frei von andersthematischen Folgen wird dann ungestört sichtbar, daß es für das Erfolgserleben nicht beliebig ist, welche Aufgabe man geschafft hat. Der leistungsthematische Anreiz eines Erfolges ist nämlich um so größer, je schwieriger die bewältigte Aufgabe, mithin je geringer die Erfolgswahrscheinlichkeit ist. Ausgedrückt in formalisierter Sprache besteht also zwischen Erfolgswahrscheinlichkeit und Erfolgsanreiz eine invers lineare Beziehung: Je größer das eine, um so kleiner das andere.

Atkinson nimmt an, daß die Zielsetzung sowohl von der Erfolgswahrscheinlichkeit als auch von dem Erfolgsanreiz abhängt (*Erwartungs- mal Wert-Modell*). Eine extrem schwierige Aufgabe hätte zwar einen sehr hohen Erfolgsanreiz. Sie bleibt aber unattraktiv und löst keine Leistungsmotivation aus, weil die Erfolgswahrscheinlichkeit Null ist. Umgekehrt ist eine extrem leichte Aufgabe zwar mit 100%iger Sicherheit zu schaffen. Gerade deshalb ist aber ihr Erfolgsanreiz Null. Man weiß ja, daß man so etwas „im Schlaf" kann. Was attraktiv ist und Leistungsmotivation anregt, sind dagegen mittelschwere Anforderungen. Das sind Aufgaben bzw. Ziele, bei denen sowohl Erfolg als auch Mißerfolg möglich sind. Sie sind zwar anspruchsvoll,

69

aber noch erreichbar und entsprechen am ehesten dem, was der Person mit vollem Einsatz gerade noch gelingt, ohne Anstrengung jedoch nicht. Diese Aufgaben markieren somit den momentanen Stand der eigenen Tüchtigkeit auf dem fraglichen Gebiet. Man spricht deshalb auch von *„realistischer Zielsetzung"*.

Man kann die bisherigen Überlegungen formalisiert darstellen, wenn man zwischen Erfolgsanreiz und Erfolgswahrscheinlichkeit eine multiplikative Verknüpfung annimmt. Da beide ihrerseits in einem umgekehrt proportionalen Verhältnis stehen, resultiert aus dieser multiplikativen Verknüpfung eine umgekehrte U-Funktion. Abb. 4.3 stellt diesen Sachverhalt graphisch dar. Natürlich wird nicht angenommen, jemand würde diese Multiplikation aus Erwartung und Anreiz tatsächlich durchführen, bevor er sich von einer bestimmten Aufgabe angezogen fühlt. Die formalisierte Darstellung bietet lediglich eine hoch verdichtete Möglichkeit, die gemeinten Phänomene auszudrükken.

Insbesondere für spätere Anwendungen in Lehr-Lernsituationen (s. u.) ist es wichtig, daß die Aufgabenschwierigkeit nicht absolut gefaßt ist, sondern als subjektive Aufgabenschwierigkeit bezogen wird auf die Fähigkeit des Handelns. Trivialer-

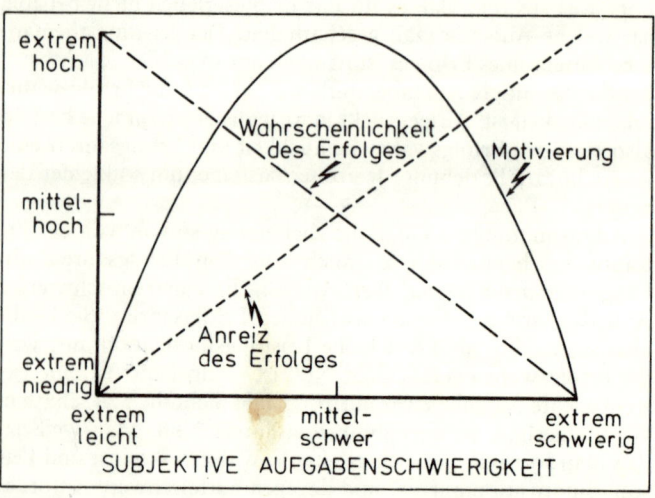

Abb. 4.3: Die Kurve aufsuchender Leistungsmotivation („Motivierung") im Risikowahl-Modell, modifiziert nach Atkinson (1957)

weise kann die gleiche Aufgabe je nach individueller Fähigkeit sehr leicht oder sehr schwer oder gerade richtig erscheinen.

Wenn nun alle Personen in Aufgabensituationen in gleicher Weise die Selbstbewertung eigener Tüchtigkeit nach einem Erfolg im Auge hätten, müßten sich für alle Personen Motivierungskurven wie in Abb. 4.3 ergeben. Das ist aber nicht der Fall. Hier kommt jetzt das Motiv als Personkonstante ins Spiel. Eine hoch anschlußmotivierte Person wird statt auf realistische Anforderungen an die eigene Tüchtigkeit vielleicht mehr darauf achten, bei welcher Aufgabe sie allein und bei welcher Aufgabe sie mit anderen zusammenarbeiten kann. Eine hoch machtmotivierte Person wird vielleicht mehr darauf achten, bei welchem Aufgabentyp Erfolg mehr Aufsehen erregen wird und Prestige einbringt. Wäre das z. B. bei einer für sie sehr leichten Aufgabe gesichert, so würde sie wohl die bevorzugen. Voraussetzung für die umgekehrte U-Funktion in Abb. 4.3 ist also, daß die Aufgabensituation überhaupt leistungsthematisch strukturiert wird. Abgesehen von einigen situativen Faktoren muß hierzu der Personfaktor Leistungsmotiv hinreichend stark ausgeprägt sein.

Es stellte sich allerdings schon bald heraus, daß es nicht nur auf die Stärke, sondern auch auf die Richtung des Leistungsmotivs ankommt. Statt einen möglichen Erfolg und die Zufriedenheit mit der eigenen Tüchtigkeit im Auge zu haben, kann man in Anforderungssituationen ja auch in erster Linie an einen möglichen Mißerfolg und seine affektiven Konsequenzen denken. Das kann zum Teil an der Situation liegen. In Situationen, in denen man kaum etwas gewinnen, aber viel verlieren kann, werden die meisten Menschen eher an einen Mißerfolg denken und schon im vorhinein Möglichkeiten abwägen, wie sich schädliche Folgen eingrenzen lassen. Umgekehrt verhält es sich in Situationen, in denen es nichts zu verlieren, sondern nur etwas zu gewinnen gibt. So gesehen, wird den meisten Personen sowohl ein erfolgszuversichtliches als auch ein mißerfolgsängstliches Erleben in Anforderungssituationen bekannt sein.

Es gibt allerdings relativ zeitstabile individuelle Unterschiede darin, wie sehr jemand von vornherein die Tendenz hat, Anforderungssituationen eher erfolgszuversichtlich oder eher mißerfolgsmeidend zu sehen. Atkinson (1957) und Heckhausen (1963) tragen solchen Unterschieden damit Rechnung, daß sie das Leistungsmotiv in zwei Komponenten zerlegen: das Erfolgsmotiv und das Mißerfolgsmotiv. Beide Komponenten können getrennt erfaßt werden, und zwar als HE-Wert für *„Hoffnung auf Erfolg"* und als FM-Wert für *„Furcht vor Mißerfolg"*. Die Summe aus beiden Werten drückt als *„Gesamtmotivation"* aus, wie sehr jemand Leistungssituationen überhaupt in leistungsthematischen Kategorien wahrnimmt und erlebt. Die Differenz aus beiden Werten drückt dagegen als *„Netto-Hoffnung"* die überwiegende Richtung des Motivs aus. Sie zeigt, ob jemand insgesamt eher zu erfolgszuversichtlicher oder eher zu mißerfolgsvermeidender Sicht tendiert. Individuelle Unterschiede in diesen Netto-Hoffnung-Werten werden auf einem Kontinuum abgetragen und sind nicht als typologisches Konzept gedacht. Nur der Einfachheit halber wird im Folgenden von „Erfolgszuversichtlichen" und „Mißerfolgsängstlichen" (bzw. „Mißerfolgsmotivierten") gesprochen.

Nunmehr kann auch der Gültigkeitsbereich der Motivationskurve aus Abb. 4.3 näher festgelegt werden. Sie gilt für überwiegend erfolgszuversichtliche Personen – sofern sie eine jeweilige Anforderungssituation überhaupt leistungsthematisch auffassen. Aber was wäre das Pendant dazu bei überwiegend mißerfolgsängstlichen Personen? Wenn jemand insgesamt eher Mißerfolg als Erfolg erwartet und wenn ihn die negativen Erlebnisse eines Mißerfolgs stärker bedrücken als ihn die positiven Erlebnisse eines Erfolges erfreuen, dann wäre es nur folgerichtig, wenn diese Person in Anforderungssituationen defensiv agiert. Das sicherste wäre zunächst, Anforderungssituationen, wo es geht, ganz zu vermeiden. Das ist aber beispielsweise in Schule, Ausbildung und Beruf kaum möglich. Selbst bei Freizeitaktivitäten (Sport, Kunst, Musik) läßt sich nicht immer vermeiden, daß man mit Gütemaßstäben konfrontiert wird.

Atkinson postuliert, daß bei unausweichlichen Anforderungssituationen mißerfolgsmotivierte Personen eine gegenüber erfolgszuversichtlichen genau spiegelbildliche Motivationskurve zeigen. Mittelschwere Aufgaben sollten am ehesten die Tüchtigkeit einer Person erkennbar machen. Deshalb werden sie ja von Erfolgszuversichtlichen bevorzugt. Für jemanden aber, der ohnehin Mißerfolg befürchtet, sollten gerade diese Aufgaben am bedrohlichsten sein. Er müßte mittelschwere Aufgaben besonders meiden. Relativ attraktiv sollen dagegen sehr leichte Aufgaben sein. Bei diesen, von Erfolgszuversichtlichen wenig geschätzten Aufgaben hat man wegen der Aufgabenleichtigkeit zwar kein Erfolgserlebnis, hat dafür Mißerfolg aber fast sicher ausgeschlossen. Etwas Negatives abgewendet zu haben, wird hier schon als relativ positiv erlebt. Auf den ersten Blick überraschend, sollten Mißerfolgsängstliche sich auch noch bei extrem schwierigen Anforderungen relativ wenig beeinträchtigt fühlen. Wie insbesondere die kognitive Reinterpretation der Leistungsmotivation (s. u.) plausibel machen konnte, hat hier der sichere Mißerfolg keine Bedrohungsqualitäten: „Diese Aufgabe hätte ja keiner geschafft.“

Das Risikowahl-Modell regte eine Vielzahl empirischer Untersuchungen an (zusammenfassend Heckhausen, Schmalt & Schneider 1985, Schneider 1973). In unterschiedlichsten Experimenten konnten Probanden entweder zwischen erkennbar verschiedenen Aufgabenschwierigkeiten wählen oder konnten sich bei der gleichen Aufgabe verschieden anspruchsvolle Ziele (Anspruchsniveaus) setzen. Meist wurde zudem die subjektive Erfolgswahrscheinlichkeit erhoben. Bei einem Ringwurfexperiment beispielsweise legten sich die Probanden fest, von welcher Entfernung sie Treffer (= Ring über einen Pflock geworfen) erzielen wollten (Atkinson & Litwin 1960). Bei Zielübungen mit einer Art Tischfußballspiel konnten die Probanden die Größe des zu treffenden Tores und damit die Aufgabenschwierigkeit wählen (Schneider 1973). Bei einem aufgezeichneten Labyrinth legten sich die Probanden fest, wie weit sie in einer bestimmten Zeit kommen werden, wenn sie das Labyrinth mit dem Bleistift durchfahren (Heckhausen 1963). Das gleiche wurde bei der Aufgabe gemacht, auf einem Fahrradheimtrainer in einer bestimmten Zeit möglichst große Entfernungen zurückzulegen (Krug, Hage & Hieber 1978), und dergleichen mehr.

Bei solchen und anderen Aufgaben zeigte sich, daß die Modellvorhersagen für Erfolgszuversichtliche durchweg zutrafen. Sie bevorzugten in der Tat Anforderungen, bei denen sie glauben, eine mittlere Erfolgschance zu haben und geben sich auch hier die größte Mühe. In gewisser Weise setzt sich bei ihnen die Vorliebe für mittlere Anforderungen fort, die schon bei Kleinkindern zu beobachten ist und dort die Entwicklung von Kompetenzen fördert. Bei genauer Erfassung der subjektiven Erfolgswahrscheinlichkeiten zeigte sich in den Experimenten allerdings, daß Erfolgszuversichtliche nicht exakt das 50prozentige Erfolgsrisiko bevorzugen, sondern oft etwas riskanter sind und 30% bis 40% Erfolgswahrscheinlichkeiten akzeptieren. Vermutlich kommt hier ein „Hoffnungsbonus“ zum Tragen, aufgrund dessen die Erfolgszuversichtlichen glauben, sich im anstehenden Versuchsdurchgang noch steigern zu können, so daß eine jetzt vielleicht noch 30%ige Erfolgschance dann doch zu einem 50 : 50 wird (Schneider 1973).

Die Modellvorhersagen für Mißerfolgsmotivierte trafen dagegen weniger gut zu. Sie zeigen meist nicht die postulierte Bevorzugung zu leichten und zu schweren Aufgaben, sondern weisen als Gruppe insgesamt keine klaren Wahlpräferenzen auf. Da die Erfolgszuversichtlichen die für sie postulierten Präferenzen aber zeigen (s. o.), treffen die Modellvorhersagen dann doch in relativierter Form zu: Im Vergleich zu den Erfolgszuversichtlichen wählen Mißerfolgsmotivierte häufiger extrem schwere bzw. leichte Anforderungen und seltener die mittelschweren.

Das postulierte Ausweichen auf die Extrembereiche der Schwierigkeitsskala ließ sich am ehesten dann beobachten, wenn es um bedeutsame und „ich-nahe" Leistungen ging. So fand Jopt (1974), daß Mißerfolgsmotivierte bei einer motorischen Geschicklichkeitsaufgabe dann die Randbereiche der Schwierigkeitsskala wählten, wenn diese Aufgabe überzeugend als einschlägiger Test für die Eignung zum eigenen Beruf ausgegeben wurde. Möglicherweise reicht ohne solch verschärfte Bedeutsamkeitssteigerung der bloße (negative) Selbstbewertungsanreiz eines befürchteten Mißerfolgs nicht aus, um Mißerfolgsmotivierte durchgängig zu der sachlich eher unvernünftigen Wahl der viel zu schweren oder langweilig leichten Aufgaben zu bringen.

Genauere Analysen brachten zu den Mißerfolgsmotivierten weitere Aufklärungen. Heckhausen (1963) hatte zunächst festgestellt, daß einige von ihnen insgesamt eher zu extrem schwierigen, andere hingegen zu extrem leichten Aufgaben tendierten. Eine Inspektion der Motivkennwerte beider Gruppen machte auf eine Beziehung zur Gesamtmotivation (= Summe der Werte für „Hoffnung auf Erfolg" und „Furcht vor Mißerfolg") aufmerksam. In der Gesamtmotivation drückt sich aus, wie sehr jemand Handlungssituationen überhaupt leistungsthematisch wahrnimmt und interpretiert – gleichgültig, ob überwiegend erfolgszuversichtlich oder mißerfolgsbefürchtend (s. S. 72). Plausiblerweise zeigte sich, daß Mißerfolgsmotivierte mit niedriger Gesamtmotivation eher die ganz leichten Anforderungen wählten. Wozu soll man sich in einem Experiment ohne Belohnung abmühen, wenn einem die Selbstbewertung eigener Tüchtigkeit kein sonderliches Anliegen ist und wenn man bei ernsthaften Anforderungen ohnehin nur Mißerfolg erwartet? Die Probanden mit dauerhaft überfordernder Zielsetzung zeichneten sich dagegen durch hohe Gesamtwerte für das Leistungsmotiv aus. Für sie ist Leistungsthematik also ein dominantes Thema der Situationsinterpretation, aber leider gepaart mit der generalisierten Befürchtung, unter Anforderungsbedingungen doch wieder zu versagen. Mit der Wahl extrem schwieriger Aufgaben kann man sich auf die Arbeitsanforderung einer Leistungssituation einlassen und gleichzeitig die Selbstbewertungsfolgen eines ohnehin befürchteten Mißerfolges abschwächen: „Hier zu versagen ist keine Schande – aber ich habe es wenigstens versucht und mein Bestes gegeben".

Das Risikowahl-Modell wurde auch auf Verhalten unter Alltagsbedingungen angewandt. Isaacson (1964) untersuchte bei Studenten, welche Schwerpunktstudienprogramme sie wählten. Diese Programme galten als verschieden schwierig. Die Befundstruktur ähnelt der aus den Laborexperimenten: Erfolgszuversichtliche wählten bevorzugt die mittelschweren Kurse, während die Mißerfolgsmotivierten keine klaren Präferenzen zeigten. Bei der Berufswahl von College-Studenten wurden dagegen für *beide* Motivgruppen die modellvorhergesagten Präferenzmuster gefunden: Erfolgszuversichtliche wählten zu 94% Berufe, die bezogen auf ihre zurückliegenden Leistungen von Beratungspsychologen als realistisch eingeschätzt wurden. Bei Mißerfolgsmotivierten waren dagegen die Wahlen zu 83% unrealistisch. Gemessen an ihren Fähigkeiten waren die Berufe entweder über- oder unterfordernd (Mahone 1960). Eine solche Übereinstimmung mit einem Modell der Leistungsmotivation muß schon fast als erstaunlich gelten, weil unter Alltagsbedingungen neben der leistungsthematischen Selbstbewertung viele andere Anreize und Erwägungen ins Spiel kommen, die auf so wichtige Dinge wie Studien- und Berufswahlentscheidungen Einfluß nehmen (s. zusammenfassend Rand 1987).

Neben der Wahl von Aufgabenschwierigkeiten und von Anspruchsniveaus wurden auch einige andere motivationale Verhaltensbesonderheiten untersucht. Ein interessanter wie auch praktisch bedeutsamer Motivationsaspekt ist die *Ausdauer.* Zunächst verweisen einige Befunde darauf, daß hoch leistungsmotivierte Kinder (Winterbottom 1958), Studenten (Atkinson & Litwin 1960) und Erwachsene (French & Thomas 1958) in Leistungssituationen ausdauernder bei der Sache sind und weniger Pausen machen. Nach dem Risikowahl-Modell müßte aber hierbei die Aufgabenschwierigkeit eine entscheidende Rolle spielen. Hierzu hat Feather (1961) eine interessante Versuchstechnik entwickelt. Feather hat untersucht, wie lange jemand bei der Sache bleibt, wenn er Mißerfolg hat und wann er die Aufgabe aufgibt und mit einer anderen anfängt. Wenn eine Aufgabe zu Beginn als leicht dargestellt wurde, blieben 75% der Erfolgszuversichtlichen bei der Sache, wenn sie (fingierte) Mißerfolgsrückmeldungen erhielten. War die Aufgabe schon zu Beginn als schwierig dargestellt, blieben lediglich 23% von dieser Motivgruppe ausdauernd bei dieser Aufgabe. 77% wechselten statt dessen zu einer Alternativaufgabe, die ebenfalls bearbeitet werden konnte.

Dieses Ergebnismuster ist in voller Übereinstimmung mit dem Risikowahl-Modell. Durch die Mißerfolge werden die ursprünglich für leicht gehaltenen Aufgaben schwieriger und nähern sich dem mittelschweren Bereich. Sie werden dadurch für Erfolgszuversichtliche zunehmend interessant, sofern man diese Behandlung nicht überzieht und diese Aufgaben irgendwann als unlösbar erscheinen. Bei Aufgaben, die schon zu Beginn für schwierig gehalten werden, zeigt jeder Mißerfolg, daß diese Aufgabe sogar noch schwieriger als ohnehin schon gedacht ist. Da Erfolgszuversichtliche solche Extrembereiche meiden, wird für sie die Aufgabe noch unattraktiver.

Bezogen auf Alltagssituationen spricht dieses Ausdauermuster für einen effektiven Einsatz eigener Anstrengungen und Arbeitszeit. Sich bei Projekten zu verbeißen, die sich mit jedem Bearbeitungsversuch als unlösbarer erweisen, bringt meist weniger, als wenn man sich in solchen Situationen einer Alternativtätigkeit zuwendet. Dagegen lohnt ein erneuter Versuch nach einem Mißerfolg bei einer leichten Aufgabe meist sehr wohl. Anders als im Experiment von Feather wird im Leben Mißerfolg ja nur selten willkürlich verabreicht, so daß bei solchen Aufgaben ein erneuter Anlauf mit gesteigerter Anstrengung in der Regel zu einem Erfolg führen wird.

Gerade mit Blick auf solche Alltagsübertragungen erscheint die Ausdauer bei Mißerfolgsmotivierten problematisch. Nur 33% von ihnen machten ausdauernd weiter, wenn sie Mißerfolge bei leichten Aufgaben hatten, hingegen blieben 75% bei der Sache, wenn sie bei der schwierigen Aufgabe erfolglos waren. Dieses vorherzusagende Ausdauermuster verweist auf einen wenig effizienten Umgang mit der eigenen Anstrengung. Gleichwohl macht es Sinn, sofern man annimmt, daß es den Mißerfolgsmotivierten in dieser Situation in erster Linie darum ging, potentiell bedrohliche Rückmeldungen zur eigenen (Un-)

Fähigkeit abzuwenden. Wenn man sich nicht sehr sicher ist, es mit gesteigerter Anstrengung doch noch zu schaffen, sind eingetretene Mißerfolge bei leichten Aufgaben höchst bedrohlich für das Selbstbild eigener Fähigkeit. Sollte man tatsächlich noch unfähiger sein, als ohnehin schon befürchtet? Die Aufgaben werden durch die Mißerfolge abschreckend und zunehmend gemieden. Mißerfolge bei schweren Aufgaben sind dagegen nicht bedrohlich. Solche Aufgaben schafft ohnehin kaum jemand.

Natürlich wurden auch *Leistungsdaten* als abhängige Variablen herangezogen. Die Vorhersage von Leistung erwies sich aber als schwierig. Eine Bestätigung des Risikowahl-Modells ergab sich bei einem Experiment von Karabenick & Yousseff (1968), in dem Studenten Paarassoziationen lernen mußten. Die (tatsächlich gleichschweren) Paare wurden willkürlich als leicht, mittel oder schwer zu lernen deklariert. Wie vorhergesagt, lernten Erfolgszuversichtliche die scheinbar mittelschweren Paare am besten, Mißerfolgsmotivierte lernten sie am schlechtesten. Deren Leistung war bei den als leicht bzw. schwer deklarierten Aufgaben deutlich besser.

Daß solch klar bestätigende Befunde die Ausnahme blieben, hat verschiedene Gründe. Der wichtigste ist wohl der, daß Motivationsmodelle eben Motivation und motivationsnahe Verhaltensmerkmale wie Anstrengung oder Ausdauer vorhersagen. Wie sich diese dann auf die Verhaltenseffizienz und die Leistung auswirken, ist eine andere Frage. Hierzu werden Ausführungstheorien benötigt. Keineswegs ist es so, daß mit steigender Anstrengung notwendig auch die Leistung steigt. Schon Yerkes & Dodson (1908) haben auf die Möglichkeit leistungsbeeinträchtigender Übererregung aufmerksam gemacht. Insbesondere Schneider (1973, 1978) und Mitarbeiter (Schneider & Heggemeier 1978; Schneider & Kreuz 1979) konnten wiederholt zeigen, daß sich motivational induzierte Anstrengungssteigerungen unterschiedlich auswirken auf die Menge und auf die Güte einer Leistung: Eine Anstrengungssteigerung führt meist zur Steigerung der Mengenleistung. Die Leistungsgüte kann parallel dazu aber absinken – ein Austausch von Güte und Menge, der schon seit langem bekannt ist (z. B. Hunn 1925). Das Ganze wird noch davon moderiert, ob es sich um komplexere oder einfache Aufgaben handelt, welche sachinhärenten Prozesse zur Aufgabenbearbeitung erforderlich sind und wie sehr diese Prozesse durch Anstrengungs- bzw. Erregungssteigerung gefördert oder beeinträchtigt werden (Atkinson 1974). Der Zusammenhang zwischen Motivation und Leistung ist also hoch komplex, so daß es nicht verwundert, wenn sich mit reinen Motivationsmodellen Leistung kaum vorhersagen läßt – selbst dann nicht, wenn es sich bei der fraglichen Motivation um *Leistungs*motivation handelt. Ein weitgreifendes hierarchisch organisiertes Rahmenmodell zum Zusammenhang zwischen Motivation und Leistung wurde von Schneider, Wegge & Konradt (1993) vorgestellt. Detaillierte Prozeßanalysen zu Motivationseinflüssen speziell bei *Lern*-Leistungen finden sich bei Rheinberg (1996 a) sowie Schiefele & Rheinberg (1998).

4.3 Die „kognitive Wende" und das Selbstbewertungsmodell

Das Risikowahl-Modell war wohl nicht zuletzt deshalb so forschungsfruchtbar, weil es auf der einen Seite schon recht komplex war und Verhalten als Wechselwirkungsprodukt aus Person und Situation vorhersagte. Das war gewiß ein Fortschritt gegenüber Theorien, die Verhalten allein aus der Person und ihren Triebzuständen oder allein aus situativ gesetzten Reizen verstehen wollten. Auf der anderen Seite war die Komplexität aber nicht so groß, daß das Modell empirisch nicht mehr überprüfbar gewesen wäre. Im Gegenteil: Es gab ein Meßverfahren, mit dem sich Personen theorierelevant unterscheiden ließen, es gab klare Aussagen, worauf es auf seiten der Situation ankommt, und es gab eindeutige Hypothesen, welche Personen unter welchen Situationsbedingungen stärker oder schwächer motiviert sein sollten.

Relativ dunkel blieb allerdings, was im einzelnen dazu führt, daß eine bestimmte Person unter bestimmten Situationsbedingungen so und nicht anders agiert. Solche Vermittlungsprozesse waren allenfalls auf höchst allgemeinem Niveau abgebildet. McClelland et al. (1953) hatten hierzu angenommen, daß die Person in ihrer Vergangenheit gelernt hat, welche situativen Hinweisreize zu einem Wechsel in der Affektlage führen. Dieser Wechsel soll durch Antizipation wiederhergestellt (redintegriert) werden, wenn die Person dem Hinweisreiz erneut begegnet. War der früher aufgetretene Affektwechsel als angenehm erlebt worden (Wechsel von Unlust zu Lust), so löst der jetzige

Hinweisreiz eine Erwartungsemotion vom Typ Hoffnung aus. War dagegen der frühere Affektwechsel unlustvoll, wird jetzt Furcht erlebt. Somit sind für McClelland et al. (1953) Motive assoziative Netzwerke, die bei geeigneten Hinweisreizen einen früher erlebten Wechsel der Affektlage in der jetzt aktuellen Situation wiederherstellen.

Diese Vorstellungen waren so allgemein, daß sich daraus wenig Konkretes zu den Vermittlungsprozessen im Motivationsgeschehen ableiten ließ. Gerade solche Vermittlungsprozesse müßte man aber genauer kennen, wenn man die Anwendung von Motivationspsychologie ins Auge faßt und in das Motivationsgeschehen eingreifen oder gar Motivausprägungen verändern will. Entscheidende Fortschritte wurden hier erzielt, als im Zuge der „kognitiven Wende" Forscher sich genauer um die Gedanken kümmerten, die sich Personen in bestimmten Situationen typischerweise machen. Eine besondere Klasse solcher Kognitionen, nämlich naivpsychologische Ursachenerklärungen, erwiesen sich für die Leistungsmotivation als bedeutsam.

4.3.1 Ursachenerklärungen von Erfolg und Mißerfolg

Wie sich Erfolg oder Mißerfolg auswirken, hängt entscheidend davon ab, welche Ursachen man für das eigene Abschneiden verantwortlich macht. Sieht man etwa „mangelnde Fähigkeit" als Ursache, wird der gleiche Mißerfolg ganz andere Konsequenzen haben, als wenn man „Pech" oder „hohe Aufgabenschwierigkeit" verantwortlich macht. Heider (1958) hat als erster solche „naiven" Ursachenerklärungen (Fachterminus: *Kausalattributionen*) analysiert und systematisiert. Für die Leistungsmotivationsforschung haben Weiner, Frieze, Kukla, Reed, Rest & Rosenbaum (1971) diesen Ansatz fruchtbar gemacht. Sie schlugen ein Klassifikationsschema vor, in dem die jeweils herangezogenen Kausalfaktoren zum einen nach ihrer *zeitlichen Stabilität* eingestuft werden und zum anderen danach, ob es sich um Faktoren der Person (*internal*) oder der Umwelt (*external*) handelt. In Tabelle 4.1 sind in dieses 2 × 2-Schema bereits diejenigen Faktoren eingetragen, die nach Weiner et al. (1971) in Leistungssituationen typischerweise herangezogen werden.

Tabelle 4.1: Ein Schema zur Klassifikation von Ursachen, mit denen häufig Leistungen erklärt werden (modifiziert nach Weiner et al. 1971)

| Zeitstabilität | Verankerung der Ursache (Lokation) | |
	in der Person	in der Umwelt
stabil	Fähigkeit	Aufgabenschwierigkeit
variabel	Anstrengung	Zufall (Glück/Pech)

Von der Zeitstabilität einer zugeschriebenen Ursache hängt die *Erwartung* ab, wie man künftig abschneiden wird. Wer sich einen Mißerfolg mit zeitstabilen Faktoren, also geringer Fähigkeit oder mit hoher Schwierigkeit der Aufgabe erklärt, wird kaum erwarten, beim nächsten Versuch diese Aufgabe zu schaffen. Seine Erfolgserwartungen sinken (Meyer 1973). Attribuiert man statt dessen zeitvariable Faktoren wie Pech oder zu geringe Anstrengung, so werden die Erfolgserwartungen weit weniger beeinträchtigt (Weiner, Nierenberg & Goldstein 1976). Man kann sich beim nächsten Versuch ja mehr anstrengen, und Pech kann man auch nicht ständig haben.

Die *Selbstbewertungsaffekte* (Stolz, Beschämung) nach Erfolg und Mißerfolg hängen dagegen davon ab, ob ich die Ursachen in mir selbst oder in der Umwelt sehe (Weiner 1972). Macht man Umweltfaktoren verantwortlich, haben Leistungsresultate weniger Auswirkungen auf die Selbstbewertung, als wenn die Ursachen in der Person lokalisiert sind. Zwar wird man sich auch dann noch über ein Ergebnis freuen oder ärgern können, weil es z. B. für weitere Ziele nützlich oder schädlich ist. Das ist aber qualitativ etwas anderes als der Stolz auf die eigene Tüchtigkeit.

Besonders intensiv sind Freude und Zufriedenheit nach Erfolg, wenn man ihn der eigenen Fähigkeit zuschreibt (Heckhausen 1978, Meyer 1973). In der Fremdbewertung ist statt dessen die Anstrengungsattribution entscheidend. Lob und Tadel fallen besonders dann ausgeprägt aus, wenn man das Ergebnis einer anderen Person mit hoher bzw. zu niedriger Anstrengung und *nicht* mit der Fähigkeit erklärt (Weiner & Kukla 1970). Dieser Unterschied zwischen Selbst- und Fremdbewertung bei der Lokationsdimension geht darauf zurück, daß (1) Anstrengung, nicht jedoch Fähigkeit für kontrollierbar gehalten wird, und daß wir (2) in der Fremdbewertung danach sanktionieren, ob jemand ein Ereignis beeinflussen konnte oder nicht (Rheinberg 1975, Rosenbaum 1972). Für die Selbstbewertung gilt Punkt 2 in entgegengesetzter Weise: Hier sind Eigenschaften gravierender, die die eigene Leistung beeinflussen, aber außerhalb der eigenen Kontrolle liegen, die uns also zeitüberdauernd anhaften. Dies trifft besonders auf den Kausalfaktor Fähigkeit zu (Heckhausen 1978).

Nimmt man mit der klassischen Motivationspsychologie an, daß sich eine je aktuelle Motivation aus dem Produkt von Erwartung × Wert bzw. Anreiz bestimmen läßt (s. S. 69), so wird die Bedeutung der Kausalattribution unmittelbar klar: Die Stabilitätsdimension nimmt Einfluß auf die Erwartung, die Lokationsdimension auf den Anreiz. Damit müßten Kausalattributionen in vorhersagbarer Weise die Motivationskonsequenzen eines vorliegenden Leistungsresultates beeinflussen (Weiner et al. 1971).

Die Theoriebildung kam nun einen entscheidenden Schritt weiter, als sich zeigte, daß Erfolgs- und Mißerfolgmotivierte sich systematisch darin unterscheiden, welche Kausalfaktoren sie für Erfolg und Mißerfolg bevorzugt heranziehen – sofern die Situationsbedingungen einen gewissen Erklärungsspielraum bieten. Die ersten Befunde hierzu lieferten Weiner (zusammenfassend Weiner et al. 1971) und vor allem Meyer (1973). Danach haben Erfolgsmotivierte die Tendenz, eigene Erfolge internalen Faktoren, insbesondere der eigenen Fähigkeit zuzuschreiben. Bei Mißerfolg ist dagegen die Stabilitätsdimension entscheidend. Erfolgszuversichtliche schreiben Mißerfolge zeitvariablen Faktoren (z. B. mangelnder Anstrengung, Pech) zu. Diese Voreingenommenheit der Ursachenerklärung macht Leistungssituationen zu Gelegenheiten, bei denen man im Erfolgsfall hoch positive Selbstbewertungsaffekte erlebt. Im Mißerfolgsfall kann zwar auch Ärger auftreten. Wegen der Zeitvariabilität der Attribution bleibt aber die Aussicht auf Erfolg bei einem erneuten Versuch. Dieses Attributionsmuster wirkt also auf Erwartung und Anreiz motivational ausgesprochen günstig.

Die typische Ursachenerklärung von Mißerfolgsmotivierten fällt dagegen deutlich ungünstiger aus. Im Vergleich zu Erfolgszuversichtlichen erklären sie eigenen Mißerfolg häufiger mit einem Mangel an Fähigkeit. Eigene Erfolge werden dagegen häufiger dem Glück oder der Aufgabenleichtigkeit zugeschrieben. Damit haben Leistungssituationen im Erfolgsfall geringen Belohnungswert. Im Mißerfolgsfall führt dagegen dieses Attributionsmuster zu starker Betroffenheit und nimmt zugleich die Hoffnung auf künftig besseres Abschneiden.

Statt der höchst allgemein und abstrakt gefaßten Vorstellung eines „assoziativen Netzwerkes" und den „redintegrierten Affekten" (s. o.) eröffnet die attributionstheoretische Klärung des Motivkonstruktes eine nachvollziehbare Möglichkeit, individuelle Unterschiede der Leistungsmotivation verstehbar zu machen. Es war ganz so, als hätte man in ein dunkles Motivkonzept mit klarer Ratio hineingeleuchtet. Im Schwung der damit eingeleiteten *„kognitiven Wende"* (Heckhausen & Weiner 1972) wurde dann das Motivkonstrukt zeitweise gänzlich als kognitive Disposition verstanden. Weiner et al. (1971) beispielsweise definierten das Leistungsmotiv als „capacity for perceiving success as caused by internal factors" (S. 18). Dabei wurde übersehen, daß die Ursachenerklärung natürlich nicht letztes Ziel leistungsmotivierten Handelns ist, sondern nur ein wichtiger vermittelnder Prozeß bei der Selbstbewertung. Neben den kognitiven sind hier auch affektive Komponenten zu berücksichtigen sowie eingeschliffene Handlungsstrategien.

4.3.2 Das Selbstbewertungsmodell

Heckhausen (1972, 1975) hat mit dem *Selbstbewertungsmodell der Leistungsmotivation* ein Modell vorgelegt, das die Fortschritte der kognitiven Leistungsmotivationsforschung mit dem bislang gesicherten Forschungsstand zusammenführte. In diesem Modell wird das Motiv nicht mehr eigenschaftsähnlich als ein stabiles und in sich einheitliches Personmerkmal aufgefaßt. Statt dessen wird es als ein sich selbst stabilisierendes System aus drei Teilprozessen der Selbstbewertung beschrieben. Bei diesen Teilprozessen handelt es sich (1) um den Vergleich eines Resultates mit einem Standard (z. B. Anspruchsniveau, s. o.), (2) um die gerade behandelte Kausalattribution des Resultates und (3) um den Selbstbewertungsaffekt von Zufriedenheit/Unzufriedenheit mit der eigenen Tüchtigkeit.

Diese drei Teilprozesse wirken wechselseitig aufeinander ein. Wenn sich Erfolgszuversichtliche realistische Ziele setzen, so sehen sie eher, wie der Handlungsausgang von der eigenen Anstrengung abhängt und wie sich als Folge von Übung die eigene Tüchtigkeit weiter steigert. Diese Wahrnehmung ist in Einklang mit dem oben beschriebenen Attributionsmuster, Erfolge der eigenen Fähigkeit, Mißerfolge hingegen zeitvariablen Faktoren, insbesondere mangelnder Anstrengung zuzuschreiben. Dieses Erklärungsmuster würde selbst bei einer Gleichverteilung von Erfolg und Mißerfolg dazu führen, daß die Selbstbewertungsbilanz insgesamt positiv ausfällt: mehr Stolz und Zufriedenheit nach Erfolg als Betroffenheit und Niedergeschlagenheit nach Mißerfolg. Diese Asymmetrie der Selbstbekräftigung wiederum macht Leistungssituationen insgesamt eher anziehend und legt nahe, die eigene Tüchtigkeit an realistischen Anforderungen zu erproben, was die gerade geschilderten erfolgszuversichtlichen Besonderheiten der Kausalattribution und Selbstbekräftigung weiter stabilisiert.

Bei Mißerfolgsmotivierten läuft das Zusammenspiel der drei Teilprozesse in typisch anderer Weise ab. Wenn man realistische Anforderungen meidet, sieht man weder den Zusammenhang zwischen eigener Anstrengung und Handlungsresultat noch das Wachstum der eigenen Tüchtigkeit – sofern es stattfindet. Erfolge sind bei unrealistischen Anforderungen Glückssache oder eine Frage der Aufgabenleichtigkeit, haben also nichts mit der eigenen Fähigkeit oder Anstrengung zu tun. Befürchtet man, in Leistungssituationen von vornherein unfähig zu sein, so bestätigt jeder Mißerfolg dagegen das schlechte Selbstbild eigener Tüchtigkeit. Entsprechend sind die oben beschriebenen Attributionsmuster der Mißerfolgsängstlichen, nämlich Erfolge externalen Faktoren zuzuschreiben und Mißerfolge mit zeitstabilen Faktoren, besonders mit mangelnder Fähigkeit zu erklären. Selbst bei einer Gleichverteilung von Erfolg und Mißerfolg resultieren aus diesem Erklärungsmuster negative Selbstbekräftigungsbilanzen: Ein Erfolg bedeutet wenig, ein Mißerfolg belastet sehr. Von daher erscheinen Leistungssituationen als unerfreulich und bedrohlich. Das gilt besonders für realistische Anforderungen, die ja den Stand der befürchteten eigenen Untüchtigkeit besonders erkennbar machen. Sie werden deshalb zugunsten unrealistischer Anforderungen gemieden, was das Selbstbewertungssystem in seinem ungünstigen Funktionszustand weiter stabilisiert und verhindert, daß die eigene Selbstwirksamkeit erlebt werden kann. Tabelle 4.2 zeigt diese Zusammenhänge im Überblick.

Tab. 4.2: Das Selbstbewertungsmodell der Leistungsmotivation (Heckhausen 1972)

| 3 Komponenten | Motivausprägung | |
	erfolgszuversichtlich	mißerfolgsmeidend
1) Zielsetzung/Anspruchsniveau	realistisch, mittelschwere Aufgaben	unrealistisch, Aufgaben zu schwer oder zu leicht
2) Ursachenzuschreibung — Erfolg	Anstrengung, gute eigene Tüchtigkeit	Glück, leichte Aufgabe
2) Ursachenzuschreibung — Mißerfolg	mangelnde Anstrengung/Pech	mangelnde eigene Fähigkeit/„Begabung"
3) Selbstbewertung	Erfolgs-/Mißerfolgsbilanz positiv	Erfolgs-/Mißerfolgsbilanz negativ

4.3.3 Motivtrainingsprogramme und Unterricht

Diese Vorstellung vom Motiv als einem sich selbst stabilisierenden System dreier motivationaler Prozesse war insbesondere für die Anwendung außerordentlich fruchtbar. Schon McClelland hatte Trainings durchgeführt, die das Leistungsmotiv von Führungskräften aus Wirtschaft und Verwaltung steigern sollten (s. o.). Diese Trainings waren allerdings höchst aufwendig. Da man vom Motiv zunächst lediglich die allgemeine Vorstellung eines assoziativen Netzwerkes für Leistungssituationen hatte, konnte man nicht gezielt zugreifen. Stattdessen mußte man eine Vielzahl teils therapieähnlicher Maßnahmen einsetzen, um dieses assoziative Netzwerk zu verändern (Krug 1976). Trotz des erheblichen Aufwandes wurden diese Programme in einer Reihe von Entwicklungsländern eingesetzt (McClelland 1978, Varga 1977). Zum Teil wurden sie modifiziert, so daß sie auch mit Schülern durchgeführt werden konnten (Alschuler 1973, Kolb 1965, Mehta 1968).

Für die Konzeption und Durchführung von Motivtrainings brachte das Selbstbewertungsmodell eine deutliche Verbesserung. Man kannte jetzt die drei Prozesse, deren Ablauf und Zusammenspiel zu verändern sind, wenn Personen erfolgszuversichtlicher werden sollen. Vor allem Krug (zusammenfassend 1983) entwickelte auf der Basis des Selbstbewertungsmodells Motivtrainingsprogramme für Schüler. Bei Krug & Hanel (1976) lernten mißerfolgsängstliche Grundschüler im geleiteten Selbsterleben den Zusammenhang zwischen Zielsetzung, Ursachenerklärung und Selbstbewertung. Bei zunächst schulfernen Aufgaben (z. B. aus frei gewählter Entfernung Ringe über einen Pflock zu werfen, wobei man sich im vorhinein festlegt, wieviele Treffer man erzielen wird) wurden mit einem Trainer realistische Zielsetzung, günstige Attributionsmuster und Selbstbewertungsüberlegungen eingeübt. Dabei fungierte der Trainer als Modell. Er machte die Übungen vor, verbalisierte laut seine Überlegungen zum Anspruchsniveau und zur Kausalattribution und zeigte deutlich die relevanten Selbstbewertungsaffekte. Anschließend machten die Schüler die Übungen selbst und verbalisierten ebenfalls laut ihre Überlegungen. So konnte der Trainer gegebenenfalls eingreifen oder auf wichtige Punkte aufmerksam machen. Nachdem so die erfolgszuversichtlichen Strategien und Kognitionsstrukturen bedrohungsfrei in spielerischer Situation eingeübt waren, wurden die Aufgaben zunehmend schulnäher (z. B. schwierigkeitsgestaffelte Rechen- oder Rechtschreibaufgaben), bis sich die Aufgaben direkt auf die im laufenden Unterricht behandelten Lerngegenstände bezogen.

Nach dem viermonatigen Training fielen nicht nur die drei beeinflußten Teilprozesse der Selbstbewertung günstiger aus. Darüber hinaus zeigte sich, daß sich auch die Meßwerte für das Leistungsmotiv der Schüler in erfolgszuversichtlicher Richtung verändert hatten. Dieser Befund ist nicht nur von praktischer, sondern auch von theoretischer Bedeutung. Schließlich war das semiprojektive Motivmeßverfahren (LM-Gitter von Schmalt 1976) *nicht* Gegenstand des Trainings, sondern nur die drei Teilprozesse, die nach Heckhausen (1972) das Motiv konstituieren sollten. Wenn jetzt eine Änderung dieser Teilprozesse zu einer Änderung der Motivausprägung führt, so spricht das für die Angemessenheit der theoretischen Rekonstruktion des Leistungsmotivs.

Die Trainingseffekte stellten sich bei einer Reihe von Nachfolgestudien recht zuverlässig ein (Krug & Heckhausen 1982). Eine andere Nutzung des Selbstbewertungsmodells bestand darin, Lehrer dazu zu bringen, ihren *Unterricht* so zu gestalten, daß bei Schülern realistische Zielsetzungen, günstige Attributionen und Selbstbewertungen angeregt werden. Eine Strategie besteht für Lehrer darin, Schülern vermehrt intraindividuelle Leistungsvergleiche rückzumelden, statt Leistungen immer nur im Vergleich mit dem Klassendurchschnitt zu bewerten. Im zeitlichen Längsschnittvergleich mit sich selbst wird den Schülern am ehesten deutlich, wie sehr eigener Lernzuwachs oder Stagnation vom eigenen Bemühen und Lernanstrengungen abhängen (sogenannte *individuelle Bezugsnorm-Orientierung,* Rheinberg 1980). In einer Vielzahl von Unterrichtsexperimenten und Interventionsstudien zeigte sich immer wieder, daß ein derart ausgerichteter Unterricht mittelfristig Schüler erfolgszuversichtlicher machen kann (zusammenfassend Rheinberg & Krug 1993). Im Sport scheint die unterrichtliche Motivförderung besonders gut möglich (Hecker 1984, Kleine 1980, Weßling-Lünnemann 1985, Winterstein 1991).

Schon frühzeitig hatte sich gezeigt, daß es Lehrer gab, die auch ohne solche Trainings individuelle Bezugsnormen quasi „naturwüchsig" verwandten. Bei ihnen wurden die Schüler also nicht immer nur mit dem Klassendurchschnitt, sondern auch mit ihren eigenen früheren Leistungen verglichen. Demgegenüber fanden sich Lehrer, die die Leistungen ihrer Schüler nahezu ausschließlich im Vergleich mit dem Klassendurchschnitt oder einer „Normalleistung" bewerteten (sogenannte *soziale Bezugsnorm-Orientierung*; Rheinberg 1980). Wie zu erwarten, ließen sich in den Klassen von ersteren durchweg die günstigeren Entwicklungen der Lern- und Leistungsmotivation beobachten, insbesondere im Fall leistungsschwächerer Schüler.

Die Herkunft dieses Lehrerunterschieds ist erst unbefriedigend geklärt. Während der praktischen Lehrerausbildung nahm die Tendenz zur sozialen Bezugsnorm-Orientierung zwar insgesamt zu. Andererseits ließ sich bei einzelnen Lehrern im ersten Praxiskontakt aber auch eine Verstärkung der individuellen Bezugsnorm-Orientierung beobachten (Rheinberg 1982). Nachgewiesen ist inzwischen, daß die individuelle Bezugsnorm-Orientierung bei Lehrern zusammenhängt mit ihren verbindlich erlebten Erziehungszielen (s. im einzelnen Mischo & Rheinberg 1995). Ansonsten besitzt die Bezugsnorm-Orientierung aber offenbar auch eine starke Eigenwertigkeit: jemanden nur daran messen zu wollen, was ihm persönlich möglich ist, vs. daran, was von allen Mitgliedern einer Bezugsgruppe erwartet werden kann. Solche schon „naturwüchsig" vorliegenden Unterschiede der Bezugsnorm-Orientierung unterstützen oder erschweren Motivationsinterventionen, die den Unterricht mit individuellen Bezugsnormen anreichern sollen (Rheinberg & Krug 1993).

Abgesehen davon, scheint es in der Praxis bei solchen Motivationsinterventionen wichtig, Prinzipien des sogenannten *Origin-Trainings* von DeCharms (1976) zu berücksichtigen. Danach müssen die Trainingsbedingungen insgesamt so gestaltet werden, daß sich Lehrer und Schüler als Urheber eigenen Handelns wahrnehmen können. Ohne solch erlebte kausale Autonomie geraten die Trainingsteilnehmer unter dem Einfluß eines sachkompetenten Trainers nämlich leicht in den Zustand einer Person, die sich von äußeren Kräften bewegt fühlt, ganz so wie ein Bauer, der auf dem Schachbrett hin und hergeschoben wird (Zustand des *Origin* vs. *Pawn* nach DeCharms 1976). Dieser Pawn-Zustand behindert Engagement und erlebte Selbstverantwortlichkeit für eingetretene Veränderungen.

Dem Aspekt der erlebten Urheberschaft ist im Selbstbewertungsmodell zwar schon mit der internalen Kausalattribution Rechnung getragen (s. o.). Das Konzept der kausalen Autonomie von DeCharms greift aber weiter. Als eine Art Metaprinzip bezieht es sich nicht nur auf Leistungssituationen, sondern ganz allgemein auf die Gestaltung eigenen Lebens. Dieser Gedanke wurde von Deci & Ryan (1985, 1993) aufgegriffen und verknüpft mit weiteren Annahmen zu einer allgemeiner gefaßten „Selbstbestimmungstheorie der Motivation" erweitert (s. u.).

4.3.4 Verwandte Theoriekonzepte

Das Selbstbewertungsmodell markiert den vorläufigen Endpunkt der Theoriebildung zur Leistungsmotivation im engeren Sinne. Theoretische Weiterentwicklungen zur Motivation in Leistungssituationen revidierten dieses bis heute bewährte Modell nicht. Statt dessen wurden andere Modelle entweder danebengestellt, oder das Selbstbewertungsmodell wurde in ein übergreifendes Modell integriert. („Erweitertes Kognitives Motivationsmodell", Heckhausen 1977, 1981; s. Kapitel 6.3).

Für den ersteren Fall ist das Konzept der *motivationalen Orientierungen* ein aktuelles Beispiel. Die Forschung zur Bezugsnorm-Orientierung hatte bereits gefunden, daß unter individuellen Bezugsnormen eigene Lernzuwächse besonders beachtet und die aufgabenbezogenen Zielsetzungen realistischer werden. Überdies werden eigene Mißerfolge motivational günstiger, d. h. eher mit mangelnder Anstrengung als mit mangelnder Begabung erklärt (Rheinberg 1980, Rheinberg & Krug 1993). So überrascht nicht, daß eine erfolgszuversichtliche Motivausprägung auch in der Selbstbewertung mit einer stärkeren Orientierung an individuellen Bezugsnormen einherging (Rheinberg, Duscha & Michels 1980). Unter sozialen Bezugsnormen wird dagegen der Vergleich mit anderen besonders beachtet und legt Fähigkeitsunterschiede als Erklärung bei der ‚naiven' Ursachenzuschreibung nahe. Im Fall von Mißerfolg sind solche Ursachenzuschreibungen motivational ungünstig.

Solche und andere Beziehungen zwischen Bezugsnormen und motivationalen Variablen wurden später auch im angloamerikanischen Sprachraum gefunden und in konzeptueller Weiterentwicklung kontrastiv gegenübergestellt. Zunächst unterschied Nicholls (1984) zwischen einer Aufgaben- vs. Ego-Orientierung (*task vs. ego involvement*). In nur leichter Variation schlug Dweck (1986) die Unterscheidung Lern- vs. Leistungszielorientierung (*learning vs. performance goals*) vor. Tabelle 4.3 stellt die wesentlichen Unterschiede vereinfacht dar.

Tab. 4.3: Motivationale Orientierungen nach Nicholls (1984) und Dweck (1986)

Aufgaben-Orientierung Lernziel-Orientierung	Ego-Orientierung Leistungsziel-Orientierung
• Ziel: Lernzuwachs, Kompetenzsteigerung zu erreichen.	• Ziel: Fähigkeiten vor anderen zu demonstrieren bzw. Unfähigkeiten zu verbergen.
• Fähigkeiten werden als veränderbar gesehen.	• Fähigkeiten werden als stabil gesehen.
• Rückmeldungen gelten als lernrelevante Information (Mißerfolg ist informativ).	• Mißerfolgsrückmeldungen sind bedrohlich.
• Orientierung an individuellen bzw. sachlichen Bezugsnormen.	• Orientierung an sozialen Bezugsnormen.

Insbesondere nach Mißerfolg oder bei auftretenden Schwierigkeiten soll eine starke Ego- bzw. Leistungsziel-Orientierung ungünstige Motivations- und Leistungsfolgen (*Hilflosigkeit*, s. unten) haben. Stiensmeier-Pelster & Schlangen (1996) fanden allerdings, daß diese Annahme nur für Personen gilt, die sich im fraglichen Leistungsbereich für wenig begabt halten. Eine deutschsprachige Skala zur Erfassung der motivationalen Orientierung wurde inzwischen von Balke & Stiensmeier-Pelster (1995) entwickelt. Um bei Schülern eine Aufgaben- und Lernziel-Orientierung zu fördern, empfehlen Stiensmeier-Pelster & Schlangen (1996) einen Unterricht mit individuellen Bezugsnormen (s. S. 86).

Ein zweites, dem Selbstbewertungsmodell nahestehendes Forschungsfeld betrifft das *Selbstkonzept eigener Fähigkeit* (Meyer, 1984). Nachdem sich gezeigt hatte, daß Erfolgszuversichtliche eher Erfolg, Mißerfolgsmotivierte dagegen eher Mißerfolg mit der eigenen Fähigkeit in Zusammenhang bringen, lag die Vermutung nahe, daß sich die Motivgruppen im Selbstkonzept ihrer Fähigkeit unterscheiden. Zeitweise wurden Motivunterschiede fast mit Selbstkonzeptunterschieden gleichgesetzt, und zwar derart, daß Erfolgszuversichtliche Personen mit einem Selbstkonzept guter eigener Begabung und Mißerfolgsängstliche Personen mit einem Selbstkonzept schlechter eigener Begabung seien (Kukla 1972).

Die empirischen Zusammenhänge zwischen dem projektiv per TAT gemessenen Leistungsmotiv und dem per Fragebogen erfaßten Selbstkonzept eigener Fähigkeit waren zwar nicht immer, aber des öfteren positiv. Sie waren aber keineswegs so hoch, daß man das eine durch das andere ersetzen könnte (zusammenfassend Meyer 1984). Gleichwohl wurde das *Selbstkonzept eigener Begabung* als eigenständige Variable im Leistungskontext interessant.

Dabei wurde ein Prinzip wiederentdeckt, das bereits Hillgruber (1912) als Schwierigkeitsgesetz der Motivation formuliert hatte. Danach paßt sich die Anstrengung quasi automatisch der Schwierigkeit einer Aufgabe an (s. Kapitel 7). Dieses Prinzip wurde von Meyer (1973) und Kukla (1972) als *Anstrengungskalkulationsprinzip* mit Bezug zum Selbstkonzept der Begabung formuliert: Mit steigender Aufgabenschwierigkeit planen Personen, sich zunehmend mehr anzustrengen. Dieser Anstieg in der beabsichtigten Anstrengung setzt sich allerdings nur bis zu der Aufgabe fort, bei der die Person glaubt, sie mit maximaler Anstrengung gerade noch schaffen zu können. Jenseits dieses Punktes fällt die beabsichtigte Anstrengung auf Null. Sie wäre ja auch zwecklos. Dieses Prinzip der rationalen Anstrengungskalkulation schließt das Selbstkonzept eigener Begabung mit ein. Sind die Aufgabenschwierigkeiten objektiv vorgegeben (z. B. wieviel Prozent einer Vergleichsgruppe welchen Schwierigkeitsgrad schafft), so sollen sich Personen mit schlechterem Begabungsselbstkonzept schon bei leichteren Aufgaben stärker anstrengen wollen und schon eher den Punkt maximal erforderlicher Anstrengung erreichen als Personen mit einem guten Begabungsselbstkonzept. Letztere kalkulieren auch noch bei den schwierigen Aufgaben eine Chance, sie mit (hoher) Anstrengung schaffen zu können.

Dieses streng rationale Kalkulationsmodell ist relativ gut zu bestätigen, wenn man Personen für hypothetische Situationen urteilen läßt, sie also danach fragt, bei welcher Aufgabenschwierigkeit sie sich wie sehr anstrengen würden, wenn sie in einer entsprechenden Aufgabensituation wären. Möglicherweise begünstigt eine solche handlungsdistante vorstellungsmäßige Informationsverarbeitung die Abgabe rationaler Urteile, wie sie das Anstrengungskalkulationsmodell vorsieht. Experimente mit real ausgeführten motorischen Aufgaben (z. B. tatsächlich zu erfüllende Leistungsanforderungen auf einem Fahrradergometer) bestätigen die Modellvorhersagen nämlich weniger gut (Krug, Hage & Hieber 1978). Nach zusätzlichen Analysen kommen diese Autoren zu dem Schluß, daß dieses rationale Modell des Leistungsverhaltens wohl nur für Personen auf einem höheren kognitiven Entwicklungsstand gilt, und vor allem dann, wenn die geforderten Tätigkeiten aversiv sind und man ein gutes Abschneiden in diesem Tätigkeitsfeld für unwichtig hält. Personen dagegen, denen die Tätigkeit an sich Spaß machte und wichtig erschien, strengten sich im Experiment von Krug, Hage & Hieber (1978) auch noch bei Aufgaben an, die schwierigkeitsmäßig bereits über dem lagen, was für sie zur Zeit maximal möglich war (vgl. Meyer 1973, S. 262). Möglicherweise folgt das freudige und engagierte Aufgehen in einer Tätigkeit anderen Prinzipien als allein rationalen Nützlichkeitsabwägungen (s. Kapitel 6.4 und 6.6).

Die von der Selbstkonzeptforschung behandelten Fragen sind in jüngerer Zeit von Helmke (1992) aufgegriffen und weitergeführt worden. Helmke entwickelte ein Konzept zum „leistungsbezogenen Selbstvertrauen". Die Fruchtbarkeit dieses Ansatzes wurde bislang vornehmlich im Bereich schulischen Lernens erprobt.

Ein anderes verwandtes Theoriekonzept ist die attributionstheoretische Fassung der *Erlernten Hilflosigkeit*. Hier ergeben sich Parallelen zu Heckhausens (1972, 1975) Rekonstruktion des Mißerfolgsmotivs. Das Phänomen der erlernten Hilflosigkeit war zunächst im Tierversuch aufgefallen (Overmier & Seligman 1967). Bei diesen Experimenten erhielten Hunde Elektroschocks, die durch ein Signal angekündigt wurden. In der ersten Versuchsphase waren die Tiere dabei in einem Pawlowschen Geschirr festgezurrt. Sie konnten also trotz der Ankündigung dem unangenehmen Reiz nicht entfliehen. Konnten sich die Tiere in einer zweiten Versuchsphase dann frei bewegen, lernten sie überraschenderweise nicht, einem angekündigten Elektroschock durch Sprung über eine Barriere zu entkommen. Sie ließen die Schocks über sich ergehen. Tiere, die diese Vorerfahrung *nicht* gemacht hatten, lernten dagegen schnell, die Schocks zu vermeiden.

Seligman (1975) erklärt dieses Phänomen damit, daß die Tiere in der ersten Versuchsphase wahrgenommen hatten, daß die unangenehmen Ereignisse unkontrollierbar sind, also unabhängig von eigenen, willentlichen Reaktionen auftraten. Diese Wahrnehmung führte in der zweiten Versuchsphase zu der Erwartung, daß auch hier die fraglichen Ereignisse unkontrollierbar sind. Obwohl die objektiven Bedingungen jetzt ein erfolgreiches Reagieren ermöglichen würden, ist das Tier aufgrund einer vorangegangenen Lernerfahrung hilflos. Von daher die Bezeichnung: „Erlernte Hilflosigkeit".

Tritt eine derart Erlernte Hilflosigkeit bei Menschen auf, so führt sie nach Seligman (1975) zu drei Defiziten: (1) Zunächst ergibt sich ein *motivationales Defizit*. Die Initiative, Dinge durch eigenes Handeln unter Kontrolle zu bringen, ist stark verringert. (2) Daneben zeigt sich als *kognitives Defizit*, daß die Person aufgrund ihrer anderslautenden Erwartung kaum sieht, wenn Ereignisse tatsächlich vom eigenen Handeln abhängen. (3) Schließlich ergeben sich als *emotionales Defizit* negative Affekte in Form von Ängsten bis hin zu depressiven Verstimmungen. Das emotionale Defizit ist um so ausgeprägter, je wichtiger der Person das (scheinbar) unkontrollierbare Ereignis erscheint.

Wortman & Brehm (1975) stellten allerdings Befunde aus Humanexperimenten zusammen, die dem Konzept der Erlernten Hilflosigkeit scheinbar widersprachen. Danach kommt es unmittelbar nach einem erlebten Kontrollverlust nicht zu einer verminderten, sondern zu einer gesteigerten Anstrengung. Dieses Phänomen ist als *Reaktanz* bekannt. Erst wenn auch die verstärkten Lösungsbemühungen dauerhaft nicht zur Rückgewinnung von Kontrolle führen, setzen die Defizite der Erlernten Hilflosigkeit ein. Somit ist von einem zweiphasigen Prozeßmodell auszugehen, bei dem zunächst Reaktanz und dann erst Hilflosigkeit auftreten.

Nun waren die Hilflosigkeitsexperimente mit Menschen weniger drastisch angelegt als die Tierexperimente. Meist wurde Hilflosigkeit in Leistungssituationen erzeugt. Das aversive Ereignis ist hier ein unkontrollierbarer Mißerfolg. In der ersten Versuchsphase erlebten die Probanden, daß das Ergebnis ihrer Lösungsbemühungen für sie unkontrollierbar ist. Bei tatsächlich unlösbaren Anagramm- oder Diskriminationsaufgaben bekamen sie auf undurchschaubare Weise Rückmeldungen, daß die abgelieferte Lösung mal richtig, mal falsch bzw. immer falsch war. In der zweiten Versuchsphase erhielten die Probanden vergleichbare, aber formal unähnliche Aufgaben zur Bearbeitung, die jetzt aber lösbar waren. Im Vergleich zu Probanden, die in der ersten Phase keine Unkontrollierbarkeitserlebnisse hatten, läßt sich bestimmen, wie sehr die jetzige Leistung, das Bemühen, die Erfolgserwartung und die Stimmung durch die vorangegangenen Unkontrollierbarkeitserlebnisse beeinträchtigt werden.

Allerdings traten die Hilflosigkeitseffekte nicht so zuverlässig auf wie erwartet. Die Wahrnehmung jetziger unkontrollierbarer Mißerfolge führt keineswegs zwingend zur Erwartung auch künftiger Unkontrollierbarkeit. Wie die attributionstheoretische Leistungsmotivationsforschung und das Selbstbewertungsmodell ja längst gezeigt hatten, hängen Erwartungseffekte und affektive Auswirkungen von Erfolg und Mißerfolg von den Ursachen ab, denen das jetzige Resultat zugeschrieben wird. Damit im Einklang zeigt sich, daß Hilflosigkeitsdefizite besonders dann auftreten, wenn man die eingetretenen Mißerfolge eigenem Fähigkeitsmangel und nicht etwa mangelnder Anstrengung oder hoher Aufgabenschwierigkeit zuschreibt (zusammenfassend Stiensmeier-Pelster 1988).

Entsprechend erweiterten Abramson, Seligman & Teasdale (1978) die Hilflosigkeitstheorie. Sie fügten zwischen wahrgenommener und erwarteter (Un-)Kontrollierbarkeit Prozesse der Kausalattribution ein, von denen die Hilflosigkeitseffekte vorangegangener Mißerfolge abhängen. Den schon bekannten Dimensionen der Ursachenerklärung, nämlich zeitliche Stabilität und Lokation (s. S. 80), fügte Seligman die Dimension „Globalität" hinzu. Auf dieser Dimension wird eine Ursache danach charakterisiert, ob sie in vielen Situationen, also global, wirksam ist oder spezifisch nur hier und jetzt. Die Defizite unkontrollierbarer Mißerfolge sind dann stark ausgeprägt, wenn man sie einem Kausalfaktor zuschreibt, der zeitstabil, internal und global ist. In Leistungssituationen trifft dies besonders auf den Faktor mangelnde Fähigkeiten zu. Wird mit diesem Faktor erklärt, treten negative Affekte auf (Selbstbewertung s. o.), die Erfolgserwartungen und Motivation sinken, und man beachtet kaum noch einen möglichen Zusammenhang zwischen eigenem Bemühen und Resultat.

Zwar bezieht sich das Konzept der Erlernten Hilflosigkeit in erster Linie auf das Phänomen erlebter Unkontrollierbarkeit, jedoch ist insbesondere bei der späteren attributionstheoretischen Fassung eine konzeptuelle Nähe zu kognitiven Leistungsmotivationskonzepten unverkennbar (vergleiche das Mißerfolgsmotiv im Selbstbewertungsmodell von Heckhausen 1972, 1975). Die Hilflosigkeitsforschung ihrerseits hat sich auf verschiedene Weise weiterentwickelt. Kuhl (1981, 1985) zeigte, daß Hilflosigkeit vor allem dann auftritt, wenn die Person in einen Zustand gerät, in dem sie über Ursachen und Folgen ihrer mißlichen Lage nachdenkt („*Lageorientierung*"), statt nach Möglichkeiten zu suchen, wie man aus der jetzigen Situation wieder herauskommt („*Handlungsorientierung*": s. Kapitel 7.2). So gesehen ist für die Erlernte Hilflosigkeit weniger ein motivationales, sondern ein funktionales Defizit charakteristisch. Im Zustand der Lageorientierung ist effektives Handeln nämlich nicht möglich. Natürlich müssen sich motivationale und funktionale Defizite nicht ausschließen. Stiensmeier-Pelster (1988) konnte experimentell zeigen, daß in Leistungssituationen beide Defizitformen der Erlernten Hilflosigkeit auftreten. Eine detaillierte Analyse von leistungsthematischen Belastungssituationen und ihren Auswirkungen findet sich bei Jerusalem (1990).

Die Forschung zu motivationalen Orientierungen, zum Selbstkonzept und zur Hilflosigkeit stehen, wie gesagt, in konzeptueller Nachbarschaft zum Selbstbewertungsmodell der Leistungsmotivation. Dieses Modell seinerseits ist dann später in ein umfassendes Modell integriert worden, und zwar in das „*Erweiterte Kognitive Motivationsmodell*" (Heckhausen 1977, 1981). Letzeres umfaßt nicht nur leistungsthematische Selbstbewertungsanreize, sondern alle möglichen Folgen, um deretwillen man ein Ergebnis anstreben kann. Dieses Modell wird in Kapitel 6 dargestellt.

5. Machtmotivation

5.1 Machtthematik als soziale Grundsituation

Für die gerade behandelte Leistungsmotivation ist charakteristisch, daß es um die Auseinandersetzung mit Anforderungen einer Aufgabe, einer Sache, eines Problems geht. Dabei ist Leistungsmotivation – so McClelland (1975) – ein „Ein-Personen-Spiel". Je höher die gemeisterten Anforderungen, um so größer kann der Stolz auf die eigene Tüchtigkeit sein und die Zuversicht, auch künftig mit einer Vielzahl von Aufgabenstellungen fertig zu werden. Auch wenn die Meisterung sachbezogener Probleme eine besonders wichtige und häufig wiederkehrende Grundsituation im Lebensvollzug ist, so ist sie natürlich nicht die einzige. Weitere ergeben sich daraus, daß Menschen im Regelfall ja nicht als Einsiedler leben und völlig allein sich ihren allfälligen Aufgaben stellen. Vielmehr stehen sie in mehr oder weniger enger Wechselbeziehung mit anderen Personen.

Aus diesem Sachverhalt leiten sich eine Reihe unterschiedlicher Grundsituationen ab, so etwa die der engen vertrauensvollen Kontaktaufnahme (Anschlußmotivation), der Hilfeleistung, der Sexualität und anderes mehr. Eine dieser Grundsituationen ist dadurch charakterisiert, daß in sozialen Beziehungen Person A absichtlich versuchen kann, das Verhalten und Erleben von Person B zu beeinflussen. Person B soll Dinge in einer Weise tun, bewerten oder erleben, wie sie es ohne diese Einflußnahme nicht getan hätte. Gelingt dies, so hat A Macht über B – zumindest in dieser Handlungsepisode. „Macht bedeutet jede Chance, innerhalb einer sozialen Beziehung den eigenen Willen auch gegen Widerstreben durchzusetzen, gleichviel worauf diese Chance besteht" (Max Weber 1964, S. 38).

In einem Kulturkreis, in dem Selbstbestimmung und individuelle Freiheit besonders hoch geschätzte Werte sind, wird Machtausübung und erst recht der Spaß daran eher kritisch gesehen. Das ändert natürlich nichts daran, daß Machtphänomene fast überall im menschlichen Zusammenleben anzutreffen sind. Im übrigen ist bei genauem Hinsehen keineswegs völlig klar, daß jede Form des Machthandelns negativ zu bewerten wäre.

5.2 Die Struktur des Machthandelns

Kurt Lewin (1951) definiert Macht als Quotient der maximalen Kraft, die B über A hat, und des maximalen Widerstands, den A aufbieten kann. Daß solche Quotienten für verschiedene Mitglieder einer Lebensgemeinschaft unterschiedlich ausfallen können, ist nicht nur im menschlichen Zusammenleben festzustellen. Schielderup-Ebbes (1922) Beobachtungen auf dem Hühnerhof hatten ja schon sehr früh auf die später popularisierte „Hackordnung" aufmerksam gemacht. Gemeint ist eine Hierarchie, in der ranghöhere Tiere Schnabelhiebe an rangniedrigere Tiere ungestraft austeilen können, was letzteren gegenüber ersteren nicht möglich ist. Derartige Dominanzstrukturen wurden später auch bei anderen Tierarten festgestellt und mit Blick auf ihren arterhaltenden Nutzen diskutiert (Eibl-Eibesfeldt 1978).

Nun eröffnen Beobachtungen auf dem Hühnerhof sicher nur begrenzte Einsichten in die Vielfalt und Anpassungsfähigkeit des Machthandelns von Menschen. Hier erscheint es fruchtbarer, zunächst einmal die Faktoren zusammenzutragen, mit denen sich Machthandeln als zwischenmenschliches Geschehen charakterisieren läßt. Cartwright (1965) und Kipnis (1974) haben solche Zusammenstellungen vorgeschlagen. Auch wenn dabei die Macht*motivation* selbst nicht sehr scharf gefaßt wurde, so kommt solcher Komponentensammlung zumindest das Verdienst zu, die Komplexität des Machthandelns sichtbar zu machen. Von daher werden die Komponenten im folgenden kurz skizziert.

Motivation des Machthandelns: Ausgangspunkt des Machthandelns ist ein Bedürfniszustand in Person A, der nur dadurch zu befriedigen ist, daß eine oder mehrere Personen B ein bestimmtes Verhalten zeigen. Auf diesen, hier noch etwas oberflächlich angesprochenen Punkt gehen wir später genauer ein.

Widerstand: Damit ein dynamisches Machtgeschehen in Gang kommt, ist es erforderlich, daß Person B sich widersetzt, also die A befriedigende Handlung nicht widerstandslos ausführen will.

Machtquellen: Der Widerstand führt bei A zur Mobilisierung von Machtquellen. Diese Machtquellen können sich aus persönlichen Merkmalen wie körperlicher oder geistiger Überlegenheit, Attraktivität, Ausstrahlungskraft und ähnlichem ergeben. Sie können aber auch institutionellen Ursprungs sein, sich also aus der Rolle von A und ihren rechtlichen oder wirtschaftlichen Möglichkeiten ergeben. (Zur weiteren Aufschlüsselung von Machtquellen s. French & Raven 1959 sowie Raven & Kruglanski 1970.)

Machthemmung: Nun werden solche Machtquellen in der Regel nicht blindlings eingesetzt. Verschiedene Faktoren können der Verhaltensumsetzung von Machtquellen entgegenstehen. So können eigene Wertüberzeugungen vor einer möglichen Beeinflussung anderer Menschen zurückschrecken lassen. Selbiges gilt für ein geringes Vertrauen in die eigene Wirkung bei anderen oder auch dem Respekt vor der Gegenmacht von B. Solche und andere Hemmungen können die Machtausübung gänzlich verhindern oder aber die Wahl der Machtmittel beeinflussen.

Machtmittel: Die Machtmittel ergeben sich zum Teil sachlogisch aus der Wahl der eingesetzten Machtquelle. Wer mit seiner körperlichen Attraktivität als Machtquelle operieren will, wird kaum die Mittel Drohung oder Zwang anwenden können. Statt dessen bieten sich hier Überredung kombiniert mit Versprechung an. Abgesehen davon hängt die Wahl der Mittel von der erwarteten Wirkung beim anderen ab sowie von den entstehenden Kosten und anderem mehr.

Machtwirkungen: Zur Beschreibung des Machtgeschehens gehören auch die Auswirkungen des Machthandelns. Beim anderen können Nachgeben, Zustimmung, Respekt, Zorn oder Vergeltungsvorsätze auftreten, beim Machtausübenden die Befriedigung des auslösenden Bedürfniszustandes, aber auch das Gefühl, mächtig zu sein, oder Angst vor Vergeltung.

5.3 Die Suche nach dem Machtmotiv

Auch wenn solche Komponentenzerlegungen helfen, Machtausübung zu rekonstruieren, bleibt unter motivationalen Gesichtspunkten eine erhebliche Unschärfe. Die Motivation zur Machtausübung wurde ja dadurch bestimmt, daß jemand seine eigenen Bedürfnisse nur durch ein bestimmtes Verhalten anderer befriedigen kann. Eine solche Definition mag genügen, wenn im Einzelfall interessiert, warum jemand sich zur Einflußnahme gedrängt fühlt. Man müßte dann herausfinden, um welche Bedürfnisse es sich bei der fraglichen Person im einzelnen handelt und welches spezifische Verhalten anderer Personen für sie befriedigend wäre.

Wissenschaftlich entsteht allerdings das Problem, daß damit Machtmotivation als theoretische Kategorie höchst heterogen würde. Es können ja die unterschiedlichsten Bedürfnisse sein, deren Befriedigung vom Verhalten anderer abhängen. Wir haben hier den vergleichbaren Fall wie bei der Leistungsmotivation. Auch dort hatten wir gefunden, daß angestrengtes Arbeitsverhalten aus unterschiedlichsten Gründen auftreten kann (s. S. 58). Als leistungsmotiviert im psychologischen Sinn gilt ein solches Streben aber nur dann, wenn es auf Selbstbewertung in der Auseinandersetzung mit Gütemaßstäben gerichtet ist. Eine Motivationsklasse wird also durch das Anreizthema des angestrebten Zielzustandes und nicht durch Merkmale des Verhaltens bestimmt. So gesehen, würde keineswegs jede engagierte Einflußnahme als „machtmotiviert" gelten müssen. Ob sie es ist oder nicht, müßte vom Anreiz des Zielzustandes abhängen.

Was aber wäre die Anreizqualität, die wir sinnvollerweise der Machtmotivation zuordnen sollten? Genau diese Frage erwies sich als schwierig und hat die Forschung lange beschäftigt. Allgemein formuliert, müßte es etwas sein, das die Machtausübung um ihrer selbst willen anziehend und genußvoll macht. Schon McDougall hatte mit dem „*Selbstbehauptungsstreben*" einen machtthematischen Instinkt postuliert („andere zu dominieren und zu führen"; s. Tab. 2.1, S. 23). Der Psychoanalytiker Alfred Adler (1922) konstruierte sogar eine komplette Persönlichkeitslehre auf der Basis des „*Macht- und Geltungsstrebens*", wobei die Grundlage dieses Strebens in Kompensationswünschen für eigene Defizite bestehen sollte (Adler 1927). Auch Murray (1938) hatte mit dem *need Dominance* ein machtmotivähnliches Konstrukt vorgeschlagen, nämlich das Bedürfnis, die eigene soziale Umwelt zu kontrollieren. Folgt man diesen und anderen Autoren, so müßte Ausübung von Macht zumindest in Anteilen auf ein eigenständiges Bedürfnis zurückgehen, also um ihrer selbst willen befriedigend sein. Der Anreiz bestünde darin, festgestellt zu haben, daß man andere Personen auch gegen deren Willen beeinflussen konnte – gleichgültig, für welche weiteren Zwecke diese Beeinflussung noch dienlich sein mag.

Nun können Theoretiker an ihrem Schreibtisch sich allerlei Bedürfnisse oder Instinkte ausdenken. Um mehr als bloße Gedankenspiele zu sein, müssen sich die postulierten Konstrukte wissenschaftlich bewähren. Eine notwendige Voraussetzung dazu ist zunächst, daß sich solche Konstrukte auf empirischer Basis abgrenzen und messen lassen. Die Pionierarbeit hat hier Veroff (1957) geleistet. Veroff übertrug das Vorgehen der Leistungsmotivationsmessung direkt auf den Bereich der Machtmotivation. Er übernahm also die Idee, Phantasiegeschichten von Personen, die motivspezifisch angeregt sein müßten, mit Geschichten einer neutralen Kontrollgruppe zu vergleichen. Systematische Unterschiede zwischen den Geschichten sollten dann die Grundlage für ein Meßverfahren zum Machtmotiv abgeben (s. S. 64).

Aber was bedeutet hier genau „motivspezifisch angeregt"? Dazu muß man zumindest ein Vorverständnis von dem haben, was angeregt werden soll. Ansonsten dürfte es kaum möglich sein, eine geeignete Anregungssituation zu finden. Veroff (1957) ging unglücklicherweise von einer etwas engen Motivdefinition aus. Er sah im Machtmotiv die Disposition, Befriedigung dann zu erleben, wenn man Kontrolle über die Mittel hat, mit denen sich andere Personen beeinflussen lassen (Veroff 1957, S. 2). Der machtthematische Anreiz ist demnach an die Verfügbarkeit von Machtmitteln geknüpft und nicht an die Machtausübung oder -wirkung selbst. Diese Vorstellung brachte Veroff zu einer bestimmten Anregungssituation. Er nahm zunächst an, daß einflußreiche Ämter ein gutes Beispiel für die Verfügbarkeit von Machtmitteln sind. Bei Personen, die sich ohne berufliche Notwendigkeiten oder materielle Vorteile um solche Ämter bemühen, wäre demnach ein stärker ausgeprägtes Machtmotiv zu vermuten. Dieses Motiv müßte besonders dann angeregt sein, wenn die fragliche Person das einflußreiche Amt noch nicht sicher hat, sondern sich gerade darum bemüht.

Entsprechend wählte Veroff seine Experimentalgruppe. 34 Kandidaten, die sich zur Wahl um studentische Ämter gestellt hatten, warteten gespannt auf die Stimmenauszählung und die Bekanntgabe der wenigen Namen, die eines dieser Ämter erhalten würden. In dieser Wartesituation ließ Veroff die Kandidaten TAT-Geschichten schreiben. Wie bei der Messung des Lei-

stungsmotivs sollten sie zu kurz gezeigten Bildern schreiben,
worum es auf dem Bild jeweils geht, wie es zu der Situation gekommen ist, was die Personen auf dem Bild denken und wollen
und wie das Ganze wohl enden wird. Die Bilder sind so gewählt,
daß man zu ihnen machtthematische Geschichten schreiben
kann, aber nicht muß. Abbildung 5.1 zeigt ein Beispiel aus dem
Bildersatz, zu dem von Schnackers (1973) ein deutsches Aus-
wertungsverfahren entwickelt und validiert wurde (vgl. Schnak-
kers & Kleinbeck 1975).

Abb. 5.1: Ein Beispiel aus dem TAT-Bildersatz zur Erfassung des
Machtmotivs (aus Schnackers 1973, Winter 1967)

Die Geschichten, die diese auf das Wahlergebnis wartenden Studenten (Experimentalgruppe) schrieben, wurden verglichen mit Geschichten einer Studentenstichprobe, die nicht spezifisch angeregt worden war (Kontrollgruppe). Es zeigte sich, daß in der Tat die Geschichten der angeregten Experimentalgruppe häufiger Themen wie Erhalt oder Gewinn von Einflußmitteln enthielten und Dinge wie Status, Kontrolle oder Dominanz ansprachen. Allerdings traten diese Kategorien gehäuft in eher defensiver Form auf: Man fürchtet um den eigenen Status, muß ihn verteidigen; man möchte Schwäche vermeiden; man schafft es nicht, dominant zu sein; man wehrt sich gegen den Einfluß eines anderen etc. Offenbar hat die Situation, sich bei vielen Konkurrenten nur wenig Hoffnung auf den Gewinn von Machtquellen machen zu können, eine eher abwehrende Form der Machtmotivation hervortreten lassen, die die Furcht vor eigener Schwäche gegenüber der Macht anderer betrifft.

Entsprechend defensiv akzentuiert ist der Auswertungsschlüssel zu den Phantasiegeschichten, den Veroff auf der Grundlage dieser Ergebnisse zur Messung des Machtmotivs entwickelt hat. In ihn gehen diejenigen Inhalte ein, die in der Experimentalgruppe besonders häufig aufgetreten waren. So wundert es nicht, wenn gerade in Gruppen von Unterprivilegierten (geringes Einkommen, niedriges Bildungsniveau, Farbige, ältere Witwen etc.) besonders hohe Mittelwerte auftreten, wenn das Machtmotiv mit dem Verfahren von Veroff gemessen wird. Für solche Bevölkerungsgruppen dürfte es ja nicht ungewöhnlich sein, daß sie sich gegen die Einflußnahme anderer zu wehren haben. Auch wenn insoweit die Arbeit von Veroff vielleicht in sich stimmig ist, bleibt der Zweifel, ob mit dieser defensiven Machtkategorie das Phänomen einer in sich selbst befriedigenden Machtmotivation hinreichend erfaßt ist.

Einen Machtmotivschlüssel ganz anderer Art wurde von Uleman (1966, 1972) entwickelt. In Abhebung von Veroff wollte Uleman die aktiven und offensiven Komponenten des Machthandelns erfassen. Dieser Versuch liegt durchaus nahe. Immerhin ist ja schon in der vorwissenschaftlichen und alltagssprachlichen Bedeutung von „Macht" mehr enthalten, als das Streben nach Machtquellen und die Abwehr der Macht anderer Personen.

Ulemans erster Versuch, offensive Machtmotivation anzuregen, bestand darin, eine Hypnosedemonstration durchzuführen, bei der sich die Zuschauer mit dem ohne Zweifel einflußreichen Hypnotiseur identifizieren sollten. Die danach geschriebenen TAT-Geschichten erwiesen sich wider Erwarten aber als wenig brauchbar, einen Machtmotivschlüssel abzuleiten. Die zweite Anregungssituation war in dieser Hinsicht ergiebiger. Hier wurden die Probanden selbst aktiv. Sie nahmen an einem Experiment teil, in dem angeblich die Auswirkungen von Frustrationen untersucht werden sollten. Sie selbst hatten (vermeintlich) die Rolle des Versuchsleiters zugewiesen bekommen, der für die Frustrationen beim Spielpartner zu sorgen hatte. Damit den Versuchsleitern das Frustrieren möglich wurde, erhielten sie eine Einführung, wie man bei den anstehenden Spielen durch einige (auch unfaire) Tricks dafür sorgen kann, daß der Partner verliert, wann immer man will. Ohne Zweifel war das eine mächtige Position, die man in der sozialen Interaktion unmittelbar erleben konnte.

Vor und nach dieser überlegenheitsinduzierenden Einführung schrieben die vermeintlichen Versuchsleiter TAT-Geschichten zu Bildern, die zur Machtthematik paßten (vgl. Abb. 5.1, S. 99). Aus dem Vorher-Nachher-Vergleich sowie aus dem Vergleich mit einer nicht angeregten Kontrollgruppe wurde ein Auswertungsschlüssel zur Erfassung von Machtmotivation in den Geschichten abgeleitet. In diesem Schlüssel werden als machtthematisch solche Handlungen einer Partei/Person gewertet, die offen und willkürlich ausgeführt, bei einer anderen Partei/Person eine Reaktion hervorrufen. Unter anderem geht es dabei um den sozialen Status, um Prestige und Ruf sowie um die Bedrohung von Interessen. Positiv verrechnet wird in dem Schlüssel, wenn keine Äußerungen zu demütigem Unterwerfen, zu Verlegenheit, Furcht, Scheu etc. in den Geschichten auftreten, sondern die aktive Auseinandersetzung mit der anderen Partei thematisiert wird.

Von Personen, die auch unter neutralen Bedingungen gehäuft Geschichten mit solchen Inhaltsmerkmalen schreiben, wurde angenommen, daß sie ein starkes offensives Machtmotiv haben. Hierfür gibt es einige empirische Belege. So zeigte sich, daß nach diesem TAT-Schlüssel hoch Machtmotivierte sich in einer Paardiskussion häufiger mit ihrer Meinung durchsetzen oder daß sie in manipulativen Spielsituationen erfolgreicher und zufriedener sind (Uleman 1971, 1972). Wohl um die aktive Komponente seines Motivkonzeptes zu betonen, sprach Uleman (1972) später nicht mehr von Machtmotiv (*need Power*), sondern vom Einflußmotiv (*need Influence*). Diese Unterscheidung macht psychologisch übrigens durchaus Sinn. Wie wir insbesondere bei McClelland (1975) noch sehen werden, ist die Ausübung von Einfluß lediglich eine (von mehreren) Möglichkeiten, sich mächtig zu fühlen.

Der heute wohl am meisten verwandte Auswertungsschlüssel wurde von Winter (1973) entwickelt. Für Winter ist *Macht die Fähigkeit, beabsichtigte Wirkungen im Verhalten oder in den Gefühlen einer anderen Person zu erzeugen.* Winter wählte als Anregungssituation die mitreißende Antrittsrede von John F. Kennedy, also dem jungen amerikanischen Präsidenten, dem charismatische Züge zugeschrieben wurden. Personen, die gerade einen Film dieser Rede gesehen hatten und noch ganz unter ihrem Eindruck standen, schrieben wie bei Veroff oder Uleman TAT-Geschichten. Die Kontrollgruppe hatte gerade einen Film gesehen, in dem wissenschaftliche Demonstrationsapparate vorgeführt wurden.

Es zeigte sich, daß neben den schon bekannten machtthematischen Inhaltskategorien insbesondere Aussagen zu einem starken Machtgefühl und zu in sich starken und heftigen Handlungen mit Wirkung auf andere Menschen auftraten. Winter (1973) reicherte den so gewonnenen Auswertungsschlüssel mit Komponenten an, die Veroff und Uleman gefunden hatten, so daß dieser in gewisser Weise integrative Schlüssel thematisch am weitesten greift. Dieser Schlüssel hat sich dann in der Forschung auch durchgesetzt. (Eine aktuelle deutschsprachige Version hat Blickle 1995 vorgelegt. Ein weiteres deutschsprachiges Meßverfahren zum Machtmotiv wurde von Schmalt 1979 in der sog. Gittertechnik entwickelt.)

Der Wintersche TAT-Schlüssel enthält die gerade erwähnten kraftvollen, heftigen Akte (z. B. Aggressionen), aber auch Handlungen wie Hilfe und Unterstützungen. Daneben sind offensive Einflußkomponenten vertreten, wie Überredung und Kontrolle. Registriert werden zudem Hinweise auf emotionsauslösende Aktionen und Geschichtenanteile, in denen es um Reputation und Status, also das Bemühen um Ansehen geht. Schließlich treten auch noch furchtthematische Machtkomponenten hinzu wie geäußerte Zweifel, daß Einflußversuche gelingen werden. Auch wenn das alles mehr oder weniger eng mit den Themen Machtbesitz, Machtausübung oder Machtauswirkungen zu tun hat, ist diese Sammlung doch recht heterogen. Immerhin soll mit diesem Verfahren ja *ein* Motiv erfaßt werden. Offensichtlich ist Macht als Motivklasse komplexer, als auf den ersten Blick vermutet.

Trotz der offenkundigen Heterogenität wurden mit diesem Verfahren vielfältige Beziehungen zu Verhaltensweisen aufgespürt (Winter 1973). *Männer* mit hohen Machtmotivwerten lesen häufiger machtorientierte Lektüre (zu der auch sog. Herrenmagazine gehören) und berichten häufiger von eigenen ausbeuterischen Sexualkontakten. Ihre Beziehungen zu Frauen waren eher instabil mit der Tendenz, Frauen zu unterdrücken (Stewart & Rubin 1976). Machtmotivierte Männer erwerben häufiger prestigeträchtigen Besitz, wie z. B. wendige Sportwagen, damals teure Farbfernseher, Waffen und andere Dinge mehr, um deretwillen man bewundert werden kann. Weiterhin korreliert das Machtmotiv mit dem Alkoholkonsum, aber auch mit einer Vorliebe für Wettkampfsport. Letzeres gilt insbesondere für Sportarten mit direkter Gegnerschaft wie Football, Baseball oder Tennis, weniger für Sportarten wie Leichtathletik oder Schwimmen. Weitere Korrelate sind beispielsweise die Mitgliedschaft in Organisationen oder die Zahl von Ämtern, die jemand innehat. Es wurden sogar Beziehungen zu physiologischen Variablen gefunden. Insbesondere Männer, die ihr dominantes Machtmotiv nicht ungehemmt ausleben konnten (sog. *blocked power motive syndrom;* McClelland 1982), litten häufiger unter chronischer Sympathikuserregung, die ihrerseits zu Bluthochdruck und einer Schwächung des Immunsystems führten (McClelland 1989). Diese Zusammenhänge ließen sich auch in experimentellen Untersuchungen absichern (Fodor 1984, 1985).

Eher bei *Frauen* als bei Männern korrelierte die Anzahl mitgeführter Kreditkarten (als Mittel, um zu beeindrucken wie auch Einfluß zu realisieren) mit dem Machtmotiv. Das gleiche gilt für die Anzahl durchgeführter Schlankheitskuren (die den Körper als attraktives Beeinflussungsmittel erhalten), aber auch für die Bereitschaft zur Organspende. Zu letzterem sieht McClelland (1975) im Schenken, Geben und Teilen eine geradezu typische weibliche Form der Machtmotivation, die durch gesellschaftliche Rollenerwartungen (insbesondere bezüglich der Kinderaufzucht) geprägt sei.

Wie eine Übersicht zu 27 Untersuchungen zeigt (Winter 1988), sind insgesamt aber die Äußerungsformen des Machtmotivs bei Männern und Frauen in weiten Bereichen ähnlich. Die deutlichsten geschlechtsspezifischen Unterschiede ergeben sich hinsichtlich zügelloser, rüder und verantwortungsignorierender Verhaltensweisen. Bei Männern gibt es hier positive Zusammenhänge mit dem Machtmotiv, bei Frauen jedoch nicht.

Wie schon McClelland (1975) vermutete, scheint dies mit der zugedachten Rolle verantwortungsbewußter Kinderaufzucht zusammenzuhängen. Wenn nämlich Männer schon früh mit der Beaufsichtigung jüngerer Geschwister und/oder mit der Erziehung der eigenen Kinder befaßt waren, ergeben sich bei ihnen ähnliche Zusammenhangsmuster zwischen Machtmotiv und Verhalten, wie sie bei Frauen gefunden wurden (Winter 1988).

Wie schon der integrative TAT-Schlüssel selbst, so sind auch die Verhaltenskorrelate also außerordentlich heterogen und fordern nach theoretischer Klärung. Ein erster Ansatz hierzu ergab sich aus einer Faktorenanalyse, die Winter (1972) über solche Verhaltenskorrelate gerechnet hat. Hierbei zeigte sich, daß neben einem Faktor für Machtmotivation ein zweiter auftauchte. Er ordnet die Verhaltensweisen danach, ob hier Machtimpulse ungehemmt ausgelebt werden (z. B. beim Alkoholkonsum oder ausbeuterischen Sexualkontakten) oder ob sie in stärker kontrollierter oder gehemmter Form auftreten (z. B. bei Kriterien wie Anzahl von Ämtern oder der Vorliebe für Wettkampfsport). Unabhängig von der Stärke des Machtmotivs kann man also machtbezogenes Verhalten nach dem Grad seiner Kontrolle bzw. Hemmung unterscheiden.

Dieser Gedanke der Hemmung unmittelbarer Machtimpulse wurde von McClelland aufgegriffen. McClelland & Davis (1972) fanden ein simples Maß für die Hemmung von Machtimpulsen. Sie zählten einfach die Häufigkeit von „Nein"-Aussagen in den TAT-Geschichten zur Machtmotivmessung. In einer theoretischen Präzisierung wurden dann zwei Machttypen gegenübergestellt: die *personalisierte* und die *sozialisierte Machtorientierung* (McClelland, Davis, Kalin & Wanner 1972). Erstere ist ungehemmt und eigennützig auf die Stärkung der eigenen Position aus: Jemand genießt es, andere zu beeinflussen, zu kontrollieren oder zu zwingen, weil er dabei seine eigene Stärke erleben kann. Dies ist ethisch die sicher problematische Seite der Machtmotivation. Nach der Zusammenstellung von Winter (1988) zeigt sie sich eher bei machtmotivierten Männern als bei Frauen (s. o.). Eine sozialisierte Machtorientierung ist dagegen durch eine starke Hemmungstendenz charakterisiert und ist darüber hinaus fremddienlich: Machtausübung soll anderen nutzen. Dieser Fall kann etwa auf Erziehungsbemühungen von Eltern und Lehrern zutreffen oder auf Einflußnahmen, die ein Therapeut bei seinen Klienten versucht. Dies wäre also die eher positiv zu bewertende Seite der Machtmotivation. Mit dieser

Unterscheidung wurde eine erste Möglichkeit gefunden, eine ordnungschaffende Struktur zu dem recht heterogenen Phänomenkomplex der Machtmotivation zu schaffen. (Zu einem deutschsprachigen Erfassungsversuch der sozialisierten Machtmotivation siehe Erdmann 1979.)

Ein Problem der Machtmotivationskorrelate bleibt jedoch: Es liegt in den durchweg schwachen Zusammenhängen zwischen der Motivstärke und den Verhaltensmerkmalen. Die Korrelationskoeffizienten sind nur selten höher als $r = .35$. Man würde sie vernachlässigen können, wenn sie nicht immer wieder gefunden würden. McClelland (1975) verweist auf einige Gründe für diese nur schwachen bis mäßigen Zusammenhänge. Zunächst scheinen soziale Normen mitzubestimmen, in welcher Weise sich ein starkes Machtmotiv im Verhalten zeigt bzw. zeigen darf. So findet Winter (1973) bei einer Stichprobe amerikanischer Arbeiter eine Korrelation von $r = .36$ ($p < .05$) zwischen Machtmotiv und aggressiven Akten, kleinen Diebstählen und anderen Regelverletzungen. Dieses Ergebnis wurde für die gleiche Population in einer anderen Untersuchung bestätigt (Boyatzis 1973). Bei Versuchspersonen aus der Mittelschicht zeigte sich dieser Zusammenhang dagegen nicht. Offenbar stehen soziale Normen hier solchem Verhalten entgegen.

Einen anderen Grund für die eher mäßigen Zusammenhänge sieht McClelland (1975) darin, daß man natürlich auch in der Lage sein muß, die fraglichen Handlungen auszuführen. Trivialerweise ist es beispielsweise nicht jedem gegeben, Wettkampfsport zu treiben – selbst wenn ihm die kämpferische Auseinandersetzung mit anderen Menschen sowie die öffentliche Aufmerksamkeit dabei noch so sehr gefallen würde. Statt dessen wird er dann vielleicht mehr in machtorientierter Lektüre aufgehen oder in öffentlichen Diskussionen Streitgespräche suchen oder einflußreiche Ämter anstreben. So gesehen ist es nach McClelland gar nicht zu erwarten, daß zwischen je einzelnen Verhaltensweisen und dem Machtmotiv hohe Korrelationen auftreten.

Als weitere Besonderheit tritt hinzu, daß die einzelnen Verhaltenskorrelate untereinander gar nicht oder nur vereinzelt in Zusammenhang stehen (McClelland 1978 S. 24 f.). Sie sind damit offenbar alternative Äußerungsformen des Machtmotivs: Wenn sich das Machtmotiv in der einen Weise im Verhalten äußert (z. B. häufige offene Aggressionen), so muß es das nicht mehr auf eine andere Weise tun (z. B. Streben nach öffentlichen Ämtern).

Das, was die Verhaltensäußerungen bei aller Unterschiedlichkeit aber gemein haben, ist das Eine: Ein *Gefühl* der Macht, Stärke, Bedeutung und Wichtigkeit. Nicht die reale Macht, nicht die tatsächlichen Machtmittel oder die wirklich erfolgte Machtausübung, sondern lediglich der Zustand des „Sich-groß-und-mächtig-Fühlens" ist der ausschlaggebende Punkt der Machtmotivation! Dieser innere Zustand ist der Anreiz, auf den hoch machtmotivierte Personen eigentlich aus sind. Um dies zu betonen, gibt McClelland (1975) seinem einflußreichen Machtmotivationsbuch auch den Titel: „Power. The Inner Experience". Anders als etwa bei der handlungstheoretischen Rekonstruktion der Machtausübung (siehe S. 95 f.) geht es hier also gar nicht in erster Linie um die Ausübung von Einfluß, sondern um die Erzeugung bestimmter innerer Zustände. Dies alles gilt für eine Machtmotivation, die in sich selbst befriedigend ist. Einflußnahmen im Dienst anderer Ziele können andere Anreize mit ins Spiel bringen.

Natürlich läßt sich der angestrebte innere Zustand gut über erfolgreich realisierte Einflußnahme herbeiführen. Ansonsten wäre ja auch der Begriff „Machtmotivation" gänzlich irreführend. Aber dieser Weg ist nur eine von mehreren Möglichkeiten. Der gleiche innere Zustand tritt bei einigen Personen auf, wenn sie Alkohol trinken oder wenn sie sich in Phantasien ergehen, zu denen ihnen machtorientierte Lektüre verhilft. So gesehen ist die Anreizklasse, die sich auf motivationspsychologischer Ebene bilden läßt, denn doch deutlich weiter als der übliche Machtbegriff, bei dem es ja darum geht, daß Person A trotz Widerstand Einfluß auf Person B nimmt.

5.4 Entwicklungsstadien der Machtorientierung

Mit der Klarstellung, daß das motivationspsychologisch entscheidende Phänomen im *Gefühl* der Macht/Stärke und nicht in der realen Macht liegt, wurde auch die Heterogenität des TAT-Schlüssels sowie der Verhaltenskorrelate im nachhinein verständlich. Zugleich eröffnete sich die Möglichkeit, weitere Äußerungsformen des Motivs zu erkunden, die vom alltagssprachlichen oder vom sozialwissenschaftlichen Machtbegriff noch weiter entfernt waren. McClelland ging hier sehr gründlich vor. Um sich nicht durch Sichtweisen unserer abendländischen Kultur einengen zu lassen, verbrachte er einige Zeit in Indien und Sri Lanka, um etwa an Gurus und ihren Gefolgsleuten Machtphänomenen nachzuspüren, die uns möglicherweise fremd sind.

Nun haben Erweiterungen wissenschaftlicher Kategorien den Nachteil, daß dabei die zugehörigen Konzepte ausufern und unscharf werden können. Zuviel könnte ungeschieden in die Kategorie „Macht" fallen. Von daher liegt es dann nahe, nach Binnenstrukturen zu suchen, die für eine prägnante Untergliederung der Großkategorien sorgen. Einen ersten Ansatz hierzu hatten wir mit der Unterscheidung von personalisierter vs. sozialisierter Machtausübung ja bereits kennengelernt.

McClelland (1975, 1978) geht nunmehr einen Schritt weiter. Er kombiniert Annahmen zu Stadien der Ich-Entwicklung, wie sie von Erikson (1963) in Anlehnung an Freud formuliert wurden (orale, anale, phallische und genitale Phase), mit den bis jetzt entwickelten Vorstellungen zur Machtmotivation. McClelland glaubt, auf diese Weise verschiedene Reifestadien des Machtmotivs ausmachen und beschreiben zu können. Je nach Reifestadium werden qualitativ unterschiedliche Zustände angestrebt, die jemandem zum Gefühl von Macht und Stärke verhelfen. Dabei decken sich diese Zustände nur zum Teil mit dem alltagssprachlichen oder sozialwissenschaftlichen Machtbegriff.

Die stadientypischen Zielzustände des Machtmotivs lassen sich in ein Vier-Felder-Schema einordnen. Dieses Schema ordnet die Zielzustände zum einen nach der Quelle der Macht: Liegt sie innerhalb oder außerhalb der Person? Die zweite Unterscheidung betrifft das Ziel der Machtwirkung, also das Objekt der Macht: Ist es das Selbst oder eine andere Person bzw. Sache außerhalb der Person? In Tabelle 5.1 sind die typischen Zielzustände und Machtthemen eingetragen.

Die vier Stadien bilden eine Entwicklungsfolge. Diese Folge ist aber nicht streng an das Lebensalter gekoppelt. Auch ältere Personen können also durchaus auf einem niedrigeren Entwicklungsstadium des Machtmotivs stehen. Im übrigen bedeutet das Erreichen einer höheren Entwicklungsstufe nicht, daß die darunter liegenden ab jetzt keine Rolle mehr spielen. Es ist vielmehr so, daß die vorherigen Weisen, Macht und Stärke zu erleben, erhalten bleiben, wodurch sich der Spielraum und die Variabilität solcher Erlebnisse im Entwicklungslängsschnitt erweitert. Allerdings unterscheiden sich Menschen darin, in welchem Stadium

Tabelle 5.1: Schema zur Klassifikation von vier Reifestadien des Machtmotivs nach McClelland (1978, S. 27)

Objekt/ Wirkungspunkt der Macht	Quelle der Macht	
	Andere	Selbst
Selbst	**Stadium I** *„Es (Mutter, Gott, Führer etc.) stärkt mich"* – Orales Entwicklungsstadium: Unterstützung erfahren – Verhaltenskorrelat: Machtorientierte Lektüre – Typische Berufe: Mystiker, Gefolgsleute, mächtige Personen – Pathologische Tendenzen: Hysterie, Suchtkrankheiten	**Stadium II** *„Ich stärke, kontrolliere, leite mich selbst"* – Anales Entwicklungsstadium: Autonomie, Wille – Verhaltenskorrelat: Anhäufung von Prestigegütern – Typische Berufe: Psychologe, Sammler – Pathologische Tendenzen: Zwangsneurose
Andere	**Stadium IV** *„Es (Religion, Gesetz, meine Gruppe etc.) hält mich an, anderen zu dienen und/oder sie zu beeinflussen"* – Genitales Entwicklungsstadium: Gegenseitigkeit, Pflichterfüllung, Orientierung an Prinzipien – Verhaltenskorrelat: Mitgliedschaft in Organisationen – Typische Berufe: Manager, Wissenschaftler – Pathologische Tendenzen: Messianismus	**Stadium III** *„Ich habe Wirkung/Einfluß auf andere"* – Phallisches Entwicklungsstadium: Selbstbehauptung – Verhaltenskorrelat: Wettkampfsport, Streitgespräch – Typische Berufe: Strafverteidiger, Politiker, Journalist, Lehrer – Pathologische Tendenzen: Kriminalität

sie ihre Machterlebnisse bevorzugt suchen. Solche individuellen Präferenzen lassen sich mit einem besonderen Meßverfahren von Steward (1973) erfassen. Im folgenden sind die Charakteristika der vier Entwicklungsstadien zusammengefaßt. Die Darstellung folgt McClelland (1978) und stützt sich zum Teil auf seine theoretischen Überlegungen, zum Teil auf empirische Befunde.

Machtstadium I: Entwicklungsmäßig entspricht diesem Stadium die orale Phase. Wie ein Säugling kann man Stärke dadurch gewinnen, daß man etwas Kräftigendes in sich aufnimmt. In Gegenwart einer besonders beeindruckenden und starken Person (z. B. einem charismatischen Führer, einem souveränen Chef, einem richtungsgebenden Ehepartner oder Freund etc.) kann man sich selbst stark, erhaben und wichtig fühlen. Man hat Teil an etwas Großem, nimmt es auf und fühlt sich entsprechend. Das, was das Stärkegefühl erzeugt, die Machtquelle also, liegt außerhalb von mir, die Wirkung ist in mir.

Dieses Stadium macht besonders deutlich, daß es bei den motivationspsychologisch faßbaren Machtanreizen tatsächlich um das *Gefühl* von Stärke, Größe, Bedeutsamkeit etc. geht und nicht allein um die wirkliche Ausübung von Einfluß auf andere. Schließlich wäre bei der letzteren Sicht Stadium I ja das genaue Gegenteil von Machtausübung: Man ist „Opfer" und nicht Urheber der Wirkung, die eine Person auf eine andere hat. Gleichwohl kann gerade dies immer wieder gesucht und geschätzt werden, daß jemand in mir das Gefühl von Kraft und Stärke erzeugt. So erklärt sich z. T. wohl auch die Wirkung charismatischer Führer. Es gelingt ihnen offenbar, ihren Anhängern und Gefolgsleuten das Erlebnis zu vermitteln, daß sie im Dienst dieses Führers unvergleichbar stark, bedeutsam und wertvoll sind und an etwas Großem teilhaben. Aus dieser Analyse ergibt sich sogar eine praktische Anweisung zu dauerhaftem Machtgewinn: Wenn Du willst, daß Dir Menschen folgen, zeige ihnen nicht, wie schwach sie im Vergleich zu Dir sind, sondern lasse sie möglichst oft erleben, wie stark und gut sie sind, wenn sie Dir folgen. (Zur Anwendung der Machtmotivationsforschung siehe unten.)

Die äußere Machtquelle muß übrigens nicht unbedingt eine andere Person sein. Bei religiösen Menschen kann typischerweise ein Gott als stärkende Kraftquelle fungieren, dessen „Macht und Herrlichkeit" verehrt wird und den man in Gebeten bittet, er möge einem Kraft und Stärke verleihen. Andere äußere Quellen können Drogen, Alkohol, bestimmte Lektüre, vielleicht auch Musik sein – kurzum alles, was relativ zuverlässig in mir Gefühle wie Größe, Stärke, Erhabenheit, Wichtigkeit, Inspiration und ähnliches erzeugen kann.

Als Winter (1973) bei der Entwicklung des TAT-Schlüssels seine Versuchspersonen der Antrittsrede von J. F. Kennedy aussetzte, hat er vermutlich gerade dieses Stadium I angesprochen. Personen, die auch ohne solche besonderen Einflußnahmen ein stark ausgeprägtes Machtmotiv im Stadium I haben, sind nach McClelland (1975) typischerweise Gefolgsleute mächtiger Personen, können zum Mystizismus tendieren oder auch anfällig für Suchtkrankheiten sein. Diese Sachverhalte erklären sich allesamt daraus, daß hier eine äußere Quelle benötigt wird, um das starke Bedürfnis nach Machterlebnissen befriedigen zu können.

Machtstadium II: In diesem Stadium geht es um Autonomie und Unabhängigkeit. Um sich stark zu fühlen, braucht man keinen mächtigen anderen. Man selbst ist die Quelle der Macht und kontrolliert die Dinge, die das eigene Leben betreffen. Dies kann nach McClelland besonders auf zwei Wegen geschehen. Zum einen kann man sein Selbst aufwerten und vergrößern, indem man sich mit wertvollen und/oder kraftvollen Objekten umgibt: teuren, PS-starken Autos, Waffen, Schmuck, Kreditkarten, Sammlungen prätentiöser Objekte etc. Ziel ist hier nicht, andere zu beeindrucken, sondern in erster Linie sich selbst: „Wie bedeutsam und stark muß ich doch sein, wenn dies alles mein Besitz ist!"

Die andere Möglichkeit, sich selbst als mächtig zu erleben, liegt in der Selbstkontrolle: „Ich habe mich fest im Griff, kann mich auf mich verlassen." Diese Form des Machtgefühls kann um so intensiver ausgekostet werden, je größer die erforderliche Selbstüberwindung und Willensleistung ist. Mutmaßliche Extremformen dürften z. B. in strenger Askese oder in fast schon gesundheitsgefährdenden Ausdauersportarten wie dem Ironman-Triathlon zu finden sein. (Bei letzterem dürfte zugleich auch ein hohes Leistungsmotiv erforderlich sein.) Menschen, die ein stark ausgeprägtes Machtmotiv im Stadium II haben, sind besonders dann betroffen, wenn ihre Möglichkeiten eingeschränkt werden, Kontrolle über ihre Lebensgestaltung und ihr Geschick zu haben. Abhängigkeit und Einfluß von anderen führt hier zu rebellischem Aufbegehren. Kollektivistische Lebensformen erscheinen als wenig attraktiv. In pathologischer Form kann der Kontrollwunsch zwangsneurotischen Charakter annehmen.

Bemerkenswerterweise attestiert McClelland den Vertretern des eigenen Berufsstandes, den Psychologen also, eine zumindest ideologische Affinität zum Machtstadium II. Zumeist Verfechter von Selbst-Aktualisierungs-Theorien, seien sie „Apostel der Doktrin, daß man die Quelle der Macht im Selbst finden müsse, damit dieses sich entwickeln kann" (McClelland 1978, S. 29). Mehr oder weniger implizit sei es das Anliegen von Psychologen, Menschen aus der Abhängigkeit des Stadiums I zu befreien, ohne sie zu Kampf und Konkurrenz des Stadiums III oder religiösen Orientierungen des Stadiums IV zu führen. Was bleibt, ist das Vertrauen auf sich selbst und das Wachsen aus eigener Kraft, wie es für eine Machtorientierung im Stadium II typisch ist. Empirisch belegt sind diese Mutmaßungen nur insoweit, als Winter (1973) bei Psychologiestudenten vergleichsweise hohe Meßwerte für das Machtmotiv fand. Eine stadienspezifische Auswertung erfolgte hier nicht.

Machtstadium III: Entwicklungsmäßig ist diesem Stadium die phallische Phase der Selbstbehauptung zugeordnet. In diesem Entwicklungsstadium des Machtmotivs erlebt die Person Stärke dadurch, daß sie Einfluß auf andere hat. Jemand fühlt sich deshalb groß und stark, weil er andere lenken, zwingen, beeindrucken, beunruhigen oder sonst welche Effekte in ihnen erzeugen kann. Dieses Gefühl läßt sich am sichersten dann erzeugen, wenn offenkundig ist, daß der Effekt in oder am anderen auf mich als Urheber zurückgeht und nicht etwa vom anderen selbst erzeugt und gewollt ist.

Diese Form der Machtmotivation deckt sich weitgehend mit dem alltagssprachlichen und dem sozialwissenschaftlichen Machtverständnis (siehe oben). Für McClelland (1975) ist dieses Stadium deswegen aber nicht irgendwie herausgehoben. Wie bei den anderen Stadien liegt auch hier der Anreiz im *Gefühl*, groß, stark, bedeutsam etc. zu sein. Besonders sind lediglich die bevorzugten Weisen, diesen Gefühlszustand zu erzeugen – eben durch Einfluß auf andere. Allerdings führt diese Strategie im gesellschaftlichen Zusammenleben zu Phänomenen, die höchst bedeutsam sind und besondere Beachtung finden. Schließlich geht es hier um nichts Geringeres, als daß eine oder mehrere Personen in ihren Freiheitsgraden eingeschränkt werden, weil jemand anderes das Gefühl eigener Größe und Stärke erleben möchte.

Menschen, die bei starker Ausprägung des Machtmotivs in diesem Stadium fixiert sind, sind nach McClelland „immer auf dem Sprung, andere Menschen auszuspielen, auszumanövrieren und zu besiegen – beim Sport, bei der Arbeit, im Gespräch und selbst in ganz normalen sozialen Beziehungen" (McClelland 1978, S. 31). Eine typische Situation ist die des sog. Gefangenen-Dilemma-Spiels (Deutsch 1960, 1973; Luce & Raiffa 1957). Bei diesem in der experimentellen Sozialpsychologie häufig verwendeten Spiel können beide Partner zusammen mäßige Gewinne erzielen, wenn sie vertrauensvoll kooperieren. Am meisten gewinnt man aber, wenn man seinen Partner zur Kooperation bewegt, dann aber plötzlich selbst die Konfrontation wählt. Solche und andere ausbeuterische und manipulative Strategien sind mit dem Machtmotiv korreliert (Terhune 1968; Schnackers & Kleinbeck 1975), wobei diese Korrelation nach McClelland auf das Stadium III zurückgeht. Der Archetypus des Mannes im Stadium III sei der Don Juan, der lügt, täuscht, betrügt, Frauen verführt – kurzum sich in allerlei Manipulationsakten ergeht (Winter 1973). Hier finden sich also die Verhaltensweisen wieder, die oben als personalisiertes Machtmotivbeschrieben worden sind (s. S. 103 f.).

Neben solchen, sozial eher wenig geschätzten Vorlieben wird auch ein höchst prosoziales Verhalten, nämlich die Hilfeleistung als mögliche Ausdrucksform des Stadiums III aufgeführt. Bei genauerer Betrachtung erscheint dies nicht widersinnig. Zunächst kann sich der Helfer relativ zum Hilfsbedürftigen als überlegen und stark fühlen. Zudem erzeugt er beim Hilfsbedürftigen meist ein Gefühl der Dankbarkeit, vielleicht sogar der Verpflichtung nach dem Gegenseitigkeitsprinzip (Homans 1961). Hilfeleistung ist also eine Möglichkeit, in sozial positiv bewerteter Weise sich selbst im Einfluß auf andere stark und einflußreich zu erleben. Überdies kann man durch Hilfsakte und Schenkungen zu einer gesellschaftlich wertgeschätzten und beachteten Person werden und Prestige gewinnen. Für letzteres ist es erforderlich, daß möglichst viele Personen von solchen Akten erfahren.

Natürlich ist deshalb nicht jede Hilfeleistung oder Schenkung in erster Linie machtmotiviert. Die Möglichkeit besteht indes. Daß in der Hilfeleistung ein Machtgefälle realisiert wird, ist mitunter auch Hilfsbedürftigen implizit klar, wenn sie es ablehnen, von bestimmten Personen oder überhaupt Hilfe anzunehmen.

Insbesondere bei der Analyse erfolgreicher Führerschaft sieht McClelland (1978, S. 185–206) die Notwendigkeit, dieses Stadium III noch in III a und III b zu unterteilen, und zwar im Rückgriff auf die obige Unterscheidung der personalisierten vs. sozialisierten Machtmotivation. Erste tritt im Stadium III a entwicklungsmäßig früher auf und zeigt sich in ungehemmter, manipulativer, auf den eigenen Vorteil bedachter Weise. Leben wird hier als „Null-Summen-Spiel" aufgefaßt („was ich gewinne, mußt Du verlieren"), bei dem der Stärkere zu recht siegt („Archetyp des Don Juan"). In Führungspositionen haben solche „Konquistadores" langfristig wenig Erfolg. Bei ihrem persönlichen Dominanzstreben ist es weder befriedigend noch effektiv, Gefolgsmann zu sein. Überdies kümmern sie sich in ihrer Selbstzentrierung zu wenig um den Aufbau oder Erhalt von Organisationen.

Stadium III b ist durch ein sozialisiertes, also kontrolliertes Machtmotiv gekennzeichnet. Zwar wird auch hier noch eigene Macht erlebt und angestrebt, aber nicht im Null-Summen-Spiel auf Kosten anderer, sondern zu deren Nutzen. Der Anreiz ist hier zu erfahren, wie andere durch meinen Einsatz besser, stärker, selbständiger werden. Hierzu paßt die eben dargestellte Strategie des Helfens, aber auch Maßnahmen des Erziehens und Belehrens. Führer in diesem Stadium III b sind nach McClelland längerfristig erfolgreich. Sie sind regelgeleitet und geben ihrer Gefolgschaft das Gefühl, selbst stark zu sein. Ihr Führertum besteht darin, lohnende Ziele für die Organisation zu formulieren und erfolgversprechende Wege dorthin aufzuzeigen. Zudem geben sie den Mitgliedern ihrer Organisation das Gefühl, sie selbst seien stark und kompetent genug, diese Ziele zu erreichen. Dieses Stadium III b ist bereits der Übergang zu Stadium IV.

Machtstadium IV: Die Phänomene, um die es hier geht, sind in reiner Form wohl am ehesten bei Religionsgründern oder visionären politischen Führern anzutreffen. McClelland führt als prototypische Vertreter nämlich Jesus Christus, Abraham Lincoln oder Malcolm X auf. In diesem Machtstadium haben weder die Quelle noch das Objekt der Macht etwas mit dem Selbst zu tun. Die Quelle der Macht liegt in einem übergeordneten Prinzip, einer Idee, einem Gott – kurzum in einer Autorität, die mich drängt, Einfluß auf andere zu nehmen. Ich selbst erlebe mich lediglich als Instrument im Dienst einer höheren Sache

(„Nicht mein Wille, sondern Dein Wille geschehe"). Auch die Wirkung der Macht liegt bei anderen. Wie im Stadium III b sollen sie (und nicht etwa ich) es sein, die größer, stärker, besser und wissender werden.

Wenngleich dieses Stadium Machtmotivation in der höchsten Entwicklungsform beschreiben soll und irgendwie besonders positiv erscheint, kann von Personen in diesem Stadium gerade wegen ihrer Überzeugungskraft eine besondere Gefahr ausgehen. McClelland weist darauf hin, daß im Stadium III a pathologische Auswüchse „lediglich" zu individuellen Gewalttätigkeiten, vielleicht auch einigen Morden führen können. Pathologische Übersteigerungen im Stadium IV können dagegen ganze Kriege im Dienst höchster Werte, Prinzipien, Religionsbekenntnisse, fundamentalistischer Dogmen etc. heraufbeschwören. Die pathologische Form bezeichnet er als Messianismus, der um so gefährlicher werden kann, je mehr Personen im Machtstadium I als Gefolgsleute gewonnen werden, die von solchen Führern Kraft und Stärke empfangen wollen.

Das Machtstadium IV soll in seiner Wirkung auf andere nicht zuletzt deshalb so stark sein, weil der Machtausübende anscheinend ohne jeden Eigennutz im Dienst höherer Mächte zum mutmaßlichen Wohle anderer agiert. Diese Selbstlosigkeit führt aber zu einem theoretischen Problem. Wie wir oben gesehen hatten, ist Machtmotivation durch den Anreiz charakterisiert, sich selbst groß und stark zu fühlen – entweder als Objekt ausgeübter Macht (Stadium I und II) oder als Quelle der Machtausübung (Stadium II und III). Würden im Stadium IV Quelle und Wirkung der Macht tatsächlich allein bei anderen liegen, so hätte dieses Stadium wohl nichts mehr mit Machtmotivation im definierten Sinne zu tun. Denkbar ist jedoch, daß die Person in ihrem Einfluß auf andere *zugleich* auch sich selbst als wirksam und kraftvoll erlebt. In diesem Fall wäre die Wirkung der Macht nicht nur bei anderen, sondern ebenso auch bei der Person selbst. Letzteres entspricht aber nicht mehr der Charakterisierung des Stadiums IV. So gesehen wäre die Einflußnahme vom Typ des Stadiums IV nur dann als machtmotiviert zu fassen, wenn sie in Kombination mit anderen Stadien dem Handelnden das Gefühl der Stärke erlaubt. Auf theoretischer Ebene wäre dann das Stärkegefühl eine nicht intendierte, vielleicht sogar geleugnete Nebenfolge eigener Einflußnahme, wobei diese „Nebenfolge" aber der eigentliche Antrieb zum Machthandeln ist.

Bei dieser Komplexität und Mutmaßung wundert nicht, daß sich auf empirischer Ebene erhebliche Schwierigkeiten ergeben. Entwicklungsmäßig wird dem Stadium IV die genitale Phase zugeordnet, in der Gegenseitigkeit, Bindung und Prinzipientreue die leitenden Vorstellungen sind. Hierfür gibt es allerdings wenig empirische Belege. Bei Männern wurden bislang überhaupt keine Zusammenhänge zu theoretisch passenden Verhaltensweisen gefunden. Bei Frauen ergaben sich hier zumindest einige Beziehungen. So etwa zur Mitgliedschaft in Organisationen oder zur Maxime, daß Handeln wichtiger sei als bloßes Wissen.

Die empirische Absicherung des Modells steht ohnehin noch nicht auf dem Niveau, wie es z. B. auf dem Feld der Leistungsmotivation erreicht wurde. Gemessen an dem theoretisch recht weitgreifenden Entwurf, nehmen sich einzelne korrelierende Verhaltensweisen eher bescheiden aus, zumal sie oft erst durch interpretierende Zusatzannahmen als Belege für das theoretische Konzept taugen. Allerdings ist zuzugestehen, daß auf dem Feld der Machtmotivation insgesamt weit weniger geforscht wurde, als das bei der Leistungsmotivation der Fall war. Die relevanten Situationsstrukturen sind hier deutlich komplexer als bei dem „Ein-Personen-Spiel" der Leistungsmotivation, so daß Forschung aufwendiger und interpretationsbedürftiger wird. Zudem ist gerade das eben dargestellte Machtmotivationsmodell in sich facettenreich und in einigen Punkten, wie dem Stadium IV, schwer greifbar. Schon die Messung der Machtstadien erfordert die Kombination zweier aufwendiger Tests, deren Meßgenauigkeit (Zuverlässigkeit) jeweils nur mäßig ist. Von daher überrascht es nicht, wenn die empirische Absicherung des Modells noch nicht voll befriedigt.

McClelland selbst überbrückt die Diskrepanz zwischen Theorie und Empirie z. T. mit Schilderung von Phänomenen, die ihm in Riten, Mythen und religiösen Praktiken fremder Kulturen begegnet sind. Auch machtthematisch interessante Lebensläufe von Freunden wie dem LSD-Protagonisten Timothy Leary oder ehemaligen Schülern wie dem Sektengründer Richard Alpert alias Ram Dass (Bekennerschrift: „Be Here Now!") werden ausführlich zur Illustration der Modellannahmen herangezogen. Solche Schilderungen sind reizvoll, aber wissenschaftlich unbefriedigend.

5.5 Motivstruktur von Führungskräften

Ein bevorzugter Gegenstand der Machtmotivationsforschung war und ist die Motivausprägung verschieden erfolgreicher Führungskräfte aus Wirtschaft und Politik. Diese Personengruppe ist ja häufig in Situationen, die als anregend für das Machtmotiv gelten können: Sie müssen weithin beachtete und folgenreiche Entscheidungen treffen, sie müssen sich behaupten und durchsetzen sowie ihre Mitarbeiter führen und motivieren.

Ursprünglich hatte McClelland angenommen, daß der Erfolg von Unternehmern von der Stärke ihres Leistungsmotivs abhängt. Dazu gab es auch einige empirische Hinweise: So hatten Personen in Führungspositionen überzufällig oft ein stark ausgeprägtes Leistungsmotiv (McClelland 1961); ein Training zur Erhöhung des Leistungsmotivs verstärkte die unternehmerischen Aktivitäten der Trainingsteilnehmer (McClelland & Winter 1969). Theoretisch ist ein Zusammenhang von Leistungsmotiv und unternehmerischem Erfolg aber keineswegs zwingend. Eine solche Beziehung ist am ehesten dann zu erwarten, wenn man annimmt, die Führungskraft sei der „oberste Arbeiter" ihres Betriebes, der durch seinen eigenen Arbeitseinsatz (a) selbst viel produziert und (b) seine Mitarbeiter mitreißt. So etwas ist bei kleinen Betrieben durchaus möglich (Wainer & Rubin 1971). Mit zunehmender Unternehmensgröße tritt aber die produktbezogene Aktivität der Führungskraft gegenüber ihren Führungsaufgaben zurück. Damit wird das Machtmotiv bedeutsamer.

Ein erster Hinweis auf die Bedeutung des Machtmotivs von Führungskräften ergab sich aus einer Längsschnittstudie an 15 neugegründeten mittelständischen Unternehmen (Kock 1965, 1974). Die Unternehmen waren aus der gleichen Branche (Strickwarenfabrikation in Finnland) und auch in ihren Startbedingungen vergleichbar. Zehn Jahre nach der Gründung zeigte sich, daß Indikatoren für wirtschaftliche Aktivität (z. B. Anzahl der Arbeitsplätze, Produktivität, Umsatz etc.) hoch signifikant mit der jetzt erfaßten Motivstruktur des Firmengründers korrelierten. Ausschlaggebend war hier die Kombination dreier Motive, nämlich Leistungs-, Macht- und Anschlußmotiv. (Das Letztere meint das Bedürfnis, enge freundschaftliche Beziehungen zu knüpfen und aufrechtzuerhalten.) Am erfolgreichsten waren Firmengründer, bei denen sowohl das Leistungs- als auch das Machtmotiv stark, das Bedürfnis nach sozialem Anschluß aber schwach ausgeprägt war. Das Machtmotiv konnte zu diesem frühen Zeitpunkt noch nicht stadienspezifisch erfaßt werden. Gemessen wurde einfach die Stärke des Motivs mit dem Verfahren von Veroff (1957, s. o.).

Wenn auch nicht sehr plausibel, so hätte es doch sein können, daß sich der Zusammenhang zwischen Motivausprägung und unternehmerischem Erfolg deshalb ergibt, weil die Motive der Firmengründer vom Wohlergehen ihrer Gründung irgendwie beeinflußt worden sind. Damit würden nicht motivationale Merkmale des Firmenchefs die Entwicklung seiner Firma beeinflussen, sondern umgekehrt die (sonstwie verursachte) Firmenentwicklung seine Motivstruktur. Von daher ist die zweite Phase der Längsschnittuntersuchung bedeutsam. Hier wurde mit der jetzt erhobenen Motivstruktur das Abschneiden der Firmen in der Zukunft vorhergesagt, und zwar über die gleiche Kombination von Leistungs-, Macht- und Anschlußmotiv. Nach zehn weiteren Jahren zeigte sich dann, daß von den Firmengründern mit einer damals ungünstigen Konstellation der drei Motive fünf bereits aufgegeben hatten. Ihre Firmen existierten nicht mehr. Bei den verbliebenen Firmen konnte die wirtschaftliche Aktivität wieder am besten über die Kombination stark ausgeprägtes Leistungs- und Machtmotiv bei schwach ausgeprägtem Bedürfnis nach sozialem Anschluß vorhergesagt werden. Bei diesen Zusammenhängen ist zu beachten, daß der Einfluß rein wirtschaftlicher Faktoren wie Branche, Standort, finanzielle Förderung etc. so gut es ging konstant gehalten war. Ohnedem wäre es sicher weit schwieriger, einen Einfluß der Motivstruktur des Unternehmensgründers auf den Erfolg seiner Firma nachzuweisen.

Bei Untersuchungen dieser Art bleibt im dunkeln, wie man sich die Motivauswirkungen im *Führungsverhalten* genau vorstellen kann. Hierzu fanden Blickle, Hepperle, Hoeschele et al. (1997) Zusammenhänge zur Verwendung von innerbetrieblichen Beeinflussungsstrategien. Das Leistungsmotiv von Führungskräften stand lediglich mit der Bevorzugung der Strategie „rationales Überzeugen" in Zusammenhang. Beim Machtmotiv fanden sich darüber hinaus Beziehungen zu einem breiten Fächer möglicher Einflußmaßnahmen. Dieses Motiv korrelierte mit so unterschiedlichen Dingen wie „Druckmachen", „Einschmeicheln" (bei Untergebenen) oder „übergeordnete Instanzen einschalten". Natürlich ist damit nur eine von vielen potentiellen Komponenten der Motivauswirkung im Führungsverhalten erfaßt. Gleichwohl zeigt sich, daß Leistungsmotivierte, wenn überhaupt, dann zum Einsatz von Expertenmacht („rationales Überzeugen") tendieren, während mit stärkerem Machtmotiv sich die Einflußnahme auf ein breites Repertoire von Möglichkeiten stützt, andere zu veranlassen, sich wunschgemäß zu verhalten.

Die nachfolgende Forschung an Führungskräften in großen Organisationen rückte immer stärker das Machtmotiv in den Vordergrund. So fanden sich Zusammenhänge etwa zum Erfolg als Offizier bei der Navy (Winter 1978) oder als Führungskraft in einem industriellen Servicebetrieb (Cornelius & Lane 1984). Verschiedene Ergebnisse stützten aber die Annahme, daß man bei der Motivationsanalyse von Führungserfolg das Machtmotiv nicht isoliert betrachten darf, sondern in Relation zum Bedürfnis nach sozialem Anschluß. Wie schon in der gerade angesprochenen Untersuchung von Kock (1965) war es für den Führungserfolg günstig, wenn das Machtmotiv stärker, das Anschlußmotiv schwächer ausgeprägt war (McClelland 1975; McClelland & Boyatzis 1982). Führungskräfte mit einer entgegengesetzten Motivdominanz (Anschlußmotiv stark, Machtmotiv schwach ausgeprägt) werden von ihren Mitarbeitern zwar für „nette Kerle" gehalten. Sie seien aber zu weich, würden keine Ordnung schaffen, keine Richtung geben und könnten ihre Mitarbeiter nicht begeistern. Ehe sie sich unbeliebt machten, würden sie lieber auf ihre Führungsaufgaben verzichten und die Ansprüche der Firma zurückstellen (McClelland & Burnham 1976).

Ist dagegen das Machtmotiv stärker als das Anschlußmotiv ausgeprägt, so hängt alles davon ab, ob es ungehemmt (personalisierte Macht im Stadium III a) oder kontrolliert (sozialisierte Macht im Stadium III b oder gar IV) ist. Im Fall eines ungehemmten dominanten Machtmotivs spricht McClelland (1975) vom Motivmuster der *Konquistadoren*. Sie sind gebieterisch, impulsiv, interessiert an Herrschaft, aber ohne Interesse an einer regelverpflichteten Organisation. Sie würden gute Feudalherren, vielleicht auch tollkühne Panzerkommandanten abgeben. In Wirtschaftsunternehmen zeigen Mitarbeiterbefragungen allerdings, daß sie ein motivational eher ungünstiges Organisationsklima schaffen: Der Konformitätsdruck wird von den Mitarbeitern als relativ hoch eingeschätzt. Die Verantwortlichkeit für die eigene Arbeit sowie die Organisationsklarheit werden dagegen als eher niedrig eingestuft (McClelland 1975).

Ist allerdings das dominante Machtmotiv kontrolliert, so scheint dies für den Führungserfolg in größeren Organisationen günstig zu sein. Dieses „imperiale Motivmuster" (McClelland 1975) bzw. *leadership motive pattern* (McClelland & Boyatzis 1982) korrelierte positiv mit motivationsförderlichen Merkmalen des Organisationsklimas. In einer Längsschnittstudie in einem amerikanischen Großkonzern (AT & T) zeigte sich an einer Stichprobe von 237 Führungskräften, daß ihr Meßwert im leadership motive pattern bei Firmeneintritt signifikant mit der Höhe der Führungsposition nach 8 und 16 Jahren korreliert war (Boyatzis 1982; McClelland & Boyatzis 1982).

Auch wenn die Befunde zum leadership motive pattern wiederholt bestätigt wurden, ist damit nicht gesagt, daß erfolgreiche Führung quasi natürlich mit der Kombination aus kontrolliertem Machtmotiv und schwachem Anschlußmotiv verknüpft ist. Wie in den vorangegangenen Kapiteln betont wurde, ist Verhalten stets als Wechselwirkung zwischen personabhängiger Motivausprägung und situativen Anregungsbedingungen aufzufassen. Viele Führungspositionen sind nun offenbar so beschaffen, daß ein angeregtes Machtmotiv funktionsförderlich, ein angeregtes Anschlußmotiv funktionsbeeinträchtigend ist („nette, aber zu weiche Kerle", s. o.). Das muß aber keine zwangsläufige Notwendigkeit sein. In Führungspositionen, bei denen es auch auf gute vertrauensvolle Kontakte zu anderen Personen ankommt, zeigen sich durchaus auch positive Beziehungen zwischen dem Bedürfnis nach sozialem Anschluß und Führungserfolg. Cornelius & Lane (1984) fanden so etwas beispielsweise bei Leitern von Sprachlehrinstituten, deren Erfolg auch davon abhing, wie kontaktfreudig und sympathisch sie bei der Kundengewinnung waren.

In Zukunft wird es also darauf ankommen, daß die Machtmotivationsforschung zum Führungserfolg sich nicht nur auf das Personmerkmal der Führungskraft konzentriert. Viel stärker als bislang geschehen, ist die Situationsseite zu berücksichtigen. Erst wenn man die spezifischen Arbeitsbedingungen und Anforderungen an eine Führungsposition kennt, läßt sich vorhersagen, welche Motive in dieser Position angeregt werden und dann funktionsförderlich oder -hinderlich sind (Krug & Rheinberg 1987). In diesem Punkt bestehen noch erhebliche Forschungsdefizite.

Trotz dieser Defizite müssen die entwickelten Machtmotivationskonzepte für die Praxis offenbar einen gewissen Überzeugungsgrad haben. Jedenfalls ist ein der McClellandschen Forschungsgruppe assoziiertes Beratungsunternehmen (McBer Company) seit knapp zwei Jahrzehnten damit beschäftigt, weltweit Führungskräfte aus Konzernen, Verwaltungen, Regierungen, Banken, politischen Parteien, Gewerkschaften etc. mit den Grundlagen und spezifischen Anwendungsmöglichkeiten der oben dargestellten Machtmotivationsmodelle vertraut zu machen. Seit 1984 liegt auch eine deutschsprachige Trainingsversion vor, die in größeren und mittleren Organisationen zur Anwendung kommt. Studien, die wie bei Leistungsmotivationstrainings den Effekt solcher Maßnahmen überprüfen, sind bislang nicht publiziert.

5.6 Zum Stand der Machtmotivationsforschung

Insgesamt betrachtet, ist die Machtmotivationsforschung noch nicht soweit entwickelt wie die Leistungsmotivationsforschung. Das liegt nicht zuletzt an der Komplexität ihres Untersuchungsgegenstandes. Wie eingangs ausgeführt, kann Machthandeln im Dienst unterschiedlichster Ziele stehen. Welches Ziel jemand aus welchen Motiven auch immer anstrebt, er muß Einfluß nehmen, wenn die Zielerreichung in einem sozialen Kontext stattfindet, mithin von anderen gefördert oder behindert werden kann. Schon das macht die Analyse des Machthandelns kompliziert. Aber auch wenn man sich nur auf solche Phänomene konzentriert, bei denen das in sich selbst befriedigende Erleben eigener Kraft und Stärke der ausschlaggebende Anreiz ist, bleiben die Dinge variantenreich. McClellands (1975) Vier-Stadien-Modell ist sicher ein gewisser Fortschritt auf dem Weg, die Vielfalt der Machtmotivationsphänomene zu ordnen.

Die theoretische Arbeit ist damit aber noch lange nicht abgeschlossen. Unklar ist beispielsweise, ob und wie man auch bei der Machtmotivation die Grundrichtungen *Hoffnung* und *Furcht* berücksichtigen soll (Schmalt 1979, 1987; Winter 1973). Insbesondere die Furchtkomponente könnte sich dabei auf ganz unterschiedliche Dinge beziehen: Furcht vor der Erfolgosigkeit eigenen Machthandelns, Furcht vor Machtverlust, Furcht vor der Macht anderer, Furcht vor den Konsequenzen eigener Machtausübung etc. All dies ist noch unzureichend geklärt.

Auf empirischer Ebene ist noch mehr zu tun. Das Vier-Stadien-Modell als letzter Stand der Theorieentwicklung ist empirisch erst unzureichend abgesichert. Die hierzu durchgeführten Korrelationsuntersuchungen kann man als erste Erkundungsstudien werten. Zu klären ist jetzt, unter welchen Situationsbedingungen welche Machtstadien angeregt werden und wie sie sich dann im einzelnen auswirken. Hierzu sind Untersuchungen erforderlich, in denen relevante Situationsbedingungen und Machtmotivausprägungen systematisch variiert und im Effekt analysiert werden.

Eine noch junge Forschungsrichtung befaßt sich mit physiologischen und gesundheitlichen Auswirkungen der Machtmotivation. Wie oben bereits erwähnt, ist die für die Führungspositionen eher günstige gehemmte hohe Machtmotivausprägung mit chronischer Sympathikuserregung korreliert, die ihrerseits Bluthochdruck und eine Schwächung des Immunsystems begünstigt. Gestützt auf solche und ähnliche Befunde, geht McClelland in letzter Zeit verstärkt möglichen motivtypischen Erregungszuständen auf der Ebene neurophysiologischer und biochemischer Indikatoren nach (McClelland 1987, 1989). Unabhängig von einem z. Z. schwer abschätzbaren Gewinn für die psychologische Theoriebildung zur Machtmotivation, könnte solche Forschung dieses motivationspsychologische Konstrukt für die Medizin interessant machen.

6. Die Analyse komplexer Motivationsstrukturen

6.1 Die Anreizvielfalt des Alltagshandelns

In der klassischen Motivationspsychologie wird eine Handlungsklasse über den Anreiz bestimmt, auf den eine fragliche Aktivität (in erster Linie) gerichtet ist. Konsequenterweise arrangierte man beispielsweise in Experimenten zur Leistungsmotivation Situationen so, daß die Auseinandersetzung mit einem Gütemaßstab und die Selbstbewertung eigener Tüchtigkeit akzentuiert im Vordergrund standen (z. B. Schneider 1973). Analog dazu wurden die Experimente zur Macht oder zur Anschlußmotivation angelegt: Die Situationen waren so strukturiert, daß der jeweils passende situative Anreiz unübersehbar war, während andere Situationsmerkmale zumeist ausgeblendet wurden.

Dieses Vorgehen erleichtert ohne Frage die wissenschaftliche Klärung und Abgrenzung thematisch präzisierter Motivationsphänomene. Man wird so in die Lage versetzt, bestimmte Anreizkomponenten wie Leistung und Macht quasi in Reinkultur zu untersuchen. Die Ergebnisse solcher Forschung ermöglichen dann Aussagen darüber, welche Personmerkmale und welche Situationsstrukturen jeweils wichtig sind und welche Besonderheiten im aktuellen Erleben und Verhalten auftreten, sofern eine bestimmte Anreizkomponente ins Spiel kommt.

Nun ist es in unserem Alltagsleben allerdings meist so, daß nicht nur ein einziger, sondern mehrere Anreize zugleich wirksam werden können. Eine Studentin, die sich sehr gründlich auf ihr Examen vorbereitet, mag dies deshalb tun, weil sie dem Prüfungsergebnis eine Indikatorfunktion für die Selbstbewertung eigener geistiger Fähigkeit zumißt und sie sich selbst beweisen will, was sie kann. Neben solchen unmittelbaren Selbstbewertungsanreizen wird sie vermutlich auch noch berücksichtigen, daß ihre Berufschancen mit von der Examenszensur abhängen könnten. Vielleicht möchte sie auch gerade bei diesem Prüfer keinen schlechten Eindruck hinterlassen, weil sie ihn und seine

Arbeit besonders schätzt. Hinzukommen könnte, daß sie ihre Eltern nicht enttäuschen möchte, daß sie ihren Expertenstatus in der Arbeitsgruppe sichern will, daß sie sich vor ihrem Freund nicht blamieren möchte und vieles mehr.

Mit einer solchen Anreizvielfalt sind wir weit entfernt von der klaren Einfachstruktur eines gut geplanten Motivationsexperiments, in dem nur ein einziger Anreiz thematisiert ist. Damit sind die Experimente keineswegs wertlos. Im Gegenteil. Sie schaffen Wissen zu einzelnen Anreizkomponenten, die sich im Alltag dann verschieden kombinieren mögen, und liefern so Grundlagen für das Verständnis und die Vorhersehbarkeit menschlichen Handelns. Richtig ist allerdings, daß zwischen solchem Grundlagenwissen über einzelne Anreizkomponenten und den komplexen Alltagssituationen eine erhebliche Kluft besteht. Sie muß jeweils interpretierend oder einfühlend überbrückt werden, um das Handeln einer Person in komplexeren Situationen nachvollziehen oder vorausahnen zu können.

6.2 Instrumentalitätstheorie

Nun gibt es bestimmte Alltagssituationen, die sich in ihrer Struktur häufiger wiederholen. Ein Beispiel wäre die eben genannte Prüfungssituation. Wenn eine solche Situation zugleich auch noch bedeutsam ist, möchte man nicht nur Grundlagenwissen zu den je einzelnen, hier eventuell wichtigen Komponenten haben. Erwünscht wäre darüber hinaus, diesen situativ gegebenen Anreizkomplex in seiner Gesamtheit quasi als wichtigen Standardfall soweit wie möglich erforscht zu haben.

Untersucher, die sich auf so etwas einlassen, stehen vor der Schwierigkeit, daß sie ihren Analysegegenstand nicht beliebig bestimmen und eingrenzen können. Sie müssen die interessierende Situation so nehmen, wie sie als bedeutsamer Standardfall in der Realität auftritt – gleichgültig, wie gut oder schlecht das zu unseren wissenschaftlichen Grundlagenkonzepten passen mag. Diese Aufgabenstellung ist typisch für die angewandte Motivationsforschung. Wenn beispielsweise in einem Industriekonzern die betrieblichen Fehlzeiten ansteigen, so haben wir es gewiß mit einer höchst komplexen und heterogenen Bedingungsstruktur zu tun, die sich vermutlich nicht bis ins letzte aufklären läßt. Gleichwohl ist das Phänomen „Abwesenheit vom

Arbeitsplatz" als bedeutsames und wiederkehrendes Problem vorgegeben. Die Aufgabe des anwendungsorientierten Forschers ist es dann, trotz der Komplexität und Heterogenität dieses Standardproblem soweit zu analysieren, daß es besser verstehbar und partiell abänderbar wird (Wegge & Kleinbeck 1993).

Es ist von daher nicht überraschend, wenn es vornehmlich Betriebspsychologen waren, die Ansätze entwickelten, mit denen in einer vorgegebenen Situation alle dort wirksamen Anreize zugleich erfaßt und berücksichtigt werden sollten. Dabei wurde ein Konzept aufgegriffen, das schon aus der Einstellungsforschung bekannt war, nämlich die *Instrumentalität* (Peak 1955). Mit Instrumentalität ist die erwartete Enge der Beziehung gemeint, die zwischen einem bestimmten Ereignis X und anderen Ereignissen Y_{1-n} besteht. Dieser Typ von Erwartung drückt also aus, inwieweit ein mögliches Ereignis X als taugliches Instrument zur Herbeiführung (oder Verhinderung) anreizbesetzter anderer Dinge Y erscheint.

Wenn etwa eine hohe eigene Arbeitsleistung das fragliche Ereignis X ist, so kann sich dieses Ereignis förderlich auf Dinge wie Einkommen oder Karriere auswirken, eventuell aber negativ auf das Verhältnis zu anderen Kollegen und vielleicht auch ungünstig auf das Privatleben oder die Gesundheit. Diese positiven und negativen Auswirkungsverknüpfungen können nun verschieden straff oder lose gesehen werden, also (subjektiv) als verschieden sicher erscheinen. So mag vielleicht die Einkommensverbesserung als Folge erhöhter Arbeitsleistung relativ sicher sein. Die Erlangung einer hohen Führungsposition wäre dagegen zwar auch möglich, aber noch relativ unsicher. Unabhängig davon können jemandem Dinge wie Karriere oder Privatleben oder Gesundheit verschieden wichtig sein, also verschieden hohen Anreiz besitzen. Der Anreiz wird in der Instrumentalitätstheorie mit *Valenz* bezeichnet

Vroom (1964) schlägt nun vor, für jedes solcher Folgeereignisse die Höhe des Anreizes (Valenz) mit der Enge der Instrumentalitätsverknüpfung zu gewichten: Je enger der angenommene Zusammenhang und je wichtiger der betroffene Sachverhalt, um so stärker sind seine motivationalen Auswirkungen. Formalisiert denkt sich Vroom (1964) hier eine multiplikative Verknüpfung von Instrumentalität und Valenz – beides ausgedrückt in Standardeinheiten von Null bis plus bzw. minus Eins. Wenn eine Folge (z. B. das Einkommen) durch das Ereignis (hier: hohe Arbeitsleistung) gefördert wird, so hat die Instrumentalität ein positives Vorzeichen (0 bis + 1). Wird dagegen eine Folge durch das Ereignis behindert, so ist das Instrumentalitätsvorzeichen negativ (0 bis – 1). Auch positive und negative Anreize (Valenzen) werden jeweils in Größen von Null bis plus bzw. minus Eins transformiert. Über die Multiplikation von Instrumentalität und Valenz können sich dann positive und negative Produkte ergeben. Die Gesamtattraktivität des fraglichen Ereignisses wird nach Vroom nun dadurch bestimmt, daß man über alle Produkte aufsummiert. Ist diese Summe negativ, so ist das Ereignis abschreckend, ist sie positiv, so ist es anziehend – beides um so stärker, je höher die Produktsummen ausfallen.

Auf diese Weise wurde es theoretisch möglich, thematisch ganz unterschiedliche Anreize einer gegebenen Berufssituation zugleich zu berücksichtigen. Empirisch zeigte sich, daß man etwa die Zufriedenheit mit dem Arbeitsplatz mit diesem Ansatz recht gut aufklären konnte (Mitchel 1974; Mitchel & Albright 1972). Die Vorhersage von Motivationsindikatoren wie Arbeitseinsatz und Anstrengung gelang auf diese Weise aber weniger gut. Das ist auch nicht weiter verwunderlich. Mit der Aufsummierung der Produkte wurde ja lediglich der Wert eines fraglichen Ereignisses bestimmt. Ob und wie dieser Wert sich in motiviertes Verhalten umsetzt, das hängt wiederum davon ab, ob das fragliche Ereignis durch das eigene Handeln herbeigeführt werden kann und muß. Dieser Sachverhalt ist im Prinzip schon von Vroom (1964) gesehen worden. Das wohl fruchtbarste Modell hierzu stammt jedoch von Heckhausen (1977, 1981). Darauf geht der folgende Abschnitt ein.

6.3 Ein Erweitertes Kognitives Motivationsmodell

Die Überlegungen Vrooms (1964) überzeugten, wie gesagt, durch die Möglichkeit, die Auswirkungen mehrerer und unterschiedlicher Anreize zugleich berücksichtigen zu können. Allerdings mußte die Erwartungsseite noch schärfer gefaßt werden. Heckhausen (1977) griff hier eine Konzeption von Bolles (1972) auf, bei der zwischen zwei Erwartungstypen unterschieden wird: Auf der einen Seite hat ein Handelnder in der Regel

Annahmen darüber, mit welcher Wahrscheinlichkeit die eigene Aktion zum angestrebten Ergebnis führt. Diese Annahmen nennt Heckhausen in Anlehnung an Bolles *Handlungs-Ergebnis-Erwartung*. Sie gleicht der Erfolgswahrscheinlichkeit, wie wir sie aus der Leistungsmotivationsforschung kennen (s. Abschnitt 4.2.3)[1]. Zumindest in vertrauten Situationen gibt es aber auch noch Annahmen darüber, woraufhin sich die Situation entwickeln würde, wenn man nicht handelnd eingreift. Diese bislang meist übersehene Erwartung nennt Heckhausen *Situations-Ergebnis-Erwartung*. Wie attraktiv oder unattraktiv das Ergebnis selbst ist, das ergibt sich wie in der Vroomschen Instrumentalitätstheorie aus seinen Folgen. Abb. 6.1 zeigt das Modell in einer handlungstheoretischen Darstellungsweise.

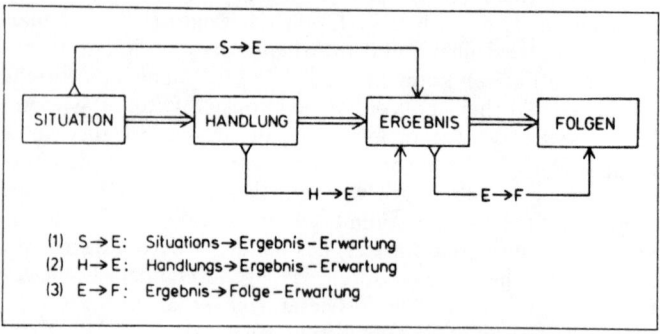

Abb. 6.1: Das Erweiterte Kognitive Motivationsmodell in handlungstheoretischer Darstellung (nach Heckhausen & Rheinberg 1980, S. 16)

Die Grundstruktur des Modells besteht aus der wahrgenommenen *Situation*, einer möglichen *Handlung*, dem *Ergebnis* dieser Handlung und den *Folgen*, die das Handlungsergebnis mit bestimmter Wahrscheinlichkeit nach sich ziehen wird. Nehmen wir als Beispiel jemanden, der dieses Buch mit Blick auf eine

---

[1] Die Handlungs-Ergebnis-Erwartung integriert die *efficacy expectation* (= Erwartung, daß ich eine Handlung zustande bringen kann) und die *outcome expectation* (= Erwartung, daß diese Handlung das gewünschte Ergebnis herbeiführt; Bandura 1977). (Zur Kontrollierbarkeit von Handlung und Handlungsergebnissen s. im Überblick Flammer 1990.)

Prüfung liest. Das angestrebte Ergebnis sei, die Prüfung mit mindestens „gut" zu bestehen. Wenn unser Kandidat eine hohe Situations-Ergebnis-Erwartung hat, sich also sicher ist, daß schon sein jetziger Kenntnisstand ein „sehr gut" herbeiführt, so dürfte seine (prüfungsbezogene) Lesemotivation gering sein. Das jetzige Lesen wäre überflüssig. Je höher also die Situations-Ergebnis-Erwartung wird, um so schwächer die Motivation, handelnd einzugreifen. Wozu handeln, wenn durch die Situation jetzt schon alles festliegt?

Umgekehrt verhält es sich mit der Handlungs-Ergebnis-Erwartung. Je mehr unser Kandidat daran glaubt, daß das jetzige Lesen deutlichen Einfluß darauf hat, ob er die Prüfung mit mindestens „gut" besteht oder nicht, um so stärker wird seine Lesemotivation jetzt sein. Je höher also die Handlungs-Ergebnis-Erwartung, um so stärker die Tendenz zu handeln.

Ob tatsächlich gehandelt wird, hängt aber auch noch davon ab, wie wichtig das Ergebnis erscheint. Dies bestimmt sich über die Folgen, die das Ergebnis aus der Sicht des Handelnden haben wird. Die verschiedenen Folgen können dabei unterschiedlich eng mit dem Ergebnis verknüpft sein. So dürfte die Folge: „Freude über die zensurenmäßig dokumentierte Tüchtigkeit" sich wohl recht sicher einstellen, falls das angestrebte Prüfungsergebnis tatsächlich erreicht wird. Dagegen dürfte die Folge „attraktiver Beruf" auch bei erreichtem Ergebnis weit weniger sicher sein. Die Annahmen zur Enge solcher Verknüpfungen werden als *Ergebnis-Folge-Erwartungen* oder eben als Instrumentalität bezeichnet. Je höher die Ergebnis-Folge-Erwartung, um so stärker die Handlungstendenz.

Neben diesen drei Erwartungstypen kommt jetzt noch der *Anreiz* ins Spiel. Er geht bei diesem Modell in die Folgen ein. Wie bei Vroom (1964) wird der Anreiz jeder Folge gewichtet mit der Wahrscheinlichkeit, daß das fragliche Ergebnis diese Folge auch tatsächlich herbeiführt (Ergebnis-Folge-Erwartung). Die Folge „attraktiver Beruf" dürfte wohl einen recht hohen Anreiz für unseren Prüfungskandidaten besitzen. Wenn er sich aber aufgrund seines Studienfaches und der ungünstigen Arbeitsmarktsituation fast sicher sein kann, auch bei besten Abschlußzensuren keinen attraktiven Arbeitsplatz zu finden, wird wegen der niedrigen Instrumentalität der Einfluß dieser anreizstarken Folge auf die Lesemotivation eher gering sein. Falls er trotzdem liest, wird seine Lesemotivation von anderen Folgen getragen. Zusammengefaßt besagt das Modell also, daß die

Handlungstendenz einer Person um so stärker wird, je sicherer das Handlungsergebnis Folgen mit hohem Anreizwert nach sich zieht, und um so eher dieses Ergebnis vom eigenen Handeln abhängt und sich nicht schon aus dem Gang der Dinge von alleine ergibt.

Man kann dieses Zusammenspiel von drei Erwartungstypen und den Anreizwerten verschiedener Folgen zu algebraischen Ausdrücken verdichten, mit denen sich dann die Stärke der Handlungstendenz berechnen läßt. Auf diese Weise konnte etwa im Rahmen der Berufsausbildung die Arbeit von Jugendlichen an einem Werkstück vorhergesagt werden (Kleinbeck & Schmidt 1979). Von Heckhausen & Rheinberg (1980) wurde eine Modellversion vorgeschlagen, bei der die Kernannahmen des Modells in einer aussagenlogischen Sequenz von Fragen und Antworten gefaßt sind.

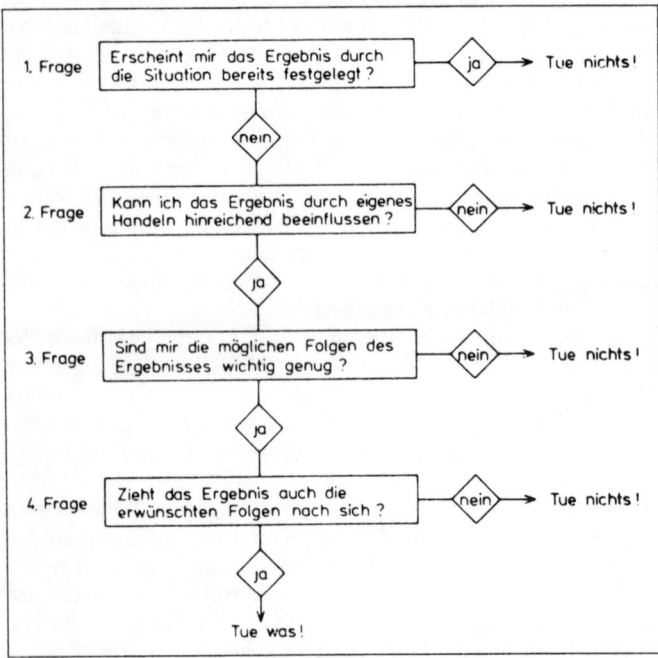

Abb. 6.2: Die aussagenlogische Fassung des Erweiterten Kognitiven Motivationsmodells (nach Heckhausen & Rheinberg 1980, S. 19)

128

In dieser Fassung läßt sich das Modell unmittelbar auf die Motivationsanalyse von Einzelfällen anwenden. Dazu muß man lediglich auf geeignete Weise die drei modellspezifischen Erwartungen erfassen sowie Art und Anreiz der Folgen, die jemand mit einem möglichen Handlungsresultat in Zusammenhang bringt. Ist dies bekannt, läßt sich nicht nur vorhersagen, ob jemand handeln wird oder nicht. Im Fall unterlassener Handlung lassen sich durch die vier „Tue nichts"-Möglichkeiten darüber hinaus qualitativ verschiedene Formen des motivationalen „Aussteigens" spezifizieren. Gerade in angewandten Forschungsfeldern wie Schule oder Beruf ist diese Möglichkeit hilfreich. Hier ist man ja häufiger bestrebt, durch gezielte Maßnahmen jemanden aus einem „Tue nichts!"-Status zu engagierter Aktivität zu bringen. Für eine solche Aufgabenstellung ist es dann schon wichtig zu wissen, ob jemand beispielsweise deshalb inaktiv bleibt, weil er glaubt, ein bestimmtes Ergebnis nicht schaffen zu können, oder weil er keine attraktiven Folgen möglicher Handlungsergebnisse sieht. Als Analyseschema ist dieses Modell in unterschiedlichsten Kontexten anwendbar. Dies gilt vor allem für komplexere Handlungskontexte, in denen das unmittelbare Handlungsresultat mehr als eine Folge hat, so daß die Trennung von Ergebnis und Folge Sinn macht.

Empirisch erprobt wurde das Modell im Bereich Schule und Berufsausbildung. Vorzugsweise wurde hier die Standardsituation: „Vorbereitung auf eine Klassenarbeit/Klausur/Test" untersucht. Das *Ergebnis* war in diesem Fall, ob der Schüler ein angestrebtes Resultat erreicht oder nicht. *Folgen* waren all die Dinge, die aus Schülersicht von diesem Ergebnis mehr oder weniger abhängig waren. Als *Handlung* wurde vorhergesagt, wie sehr sich der Schüler auf die Klassenarbeit vorbereitete.

So wurde beispielsweise eine Woche vor einer Klausur jeder Schüler gefragt, was für ihn jetzt alles vom Erreichen bzw. Verfehlen der angestrebten Zensur abhängt, wie sicher sich diese Folgen dann tatsächlich einstellen werden und wieviel sie ihm bedeuten. Weiterhin wurde erhoben, wie sehr er glaubte, daß vor der Klausur schon jetzt „alles gelaufen" oder aber ob durch eigene Vorbereitung alles noch zu beeinflussen sei. Auf der Grundlage dieser Daten durchlief jeder Einzelfall die Frage-Antwort-Sequenz aus Abb. 6.2, so daß für jeden einzelnen Schüler vorhersagbar wurde, ob er sich hinreichend vorbereiten würde oder nicht. In verschiedenen Untersuchungen konnten auf diese

Weise 70% bis 90% der Einzelfälle richtig vorhergesagt werden (Rheinberg 1989).

Eine solche Trefferquote erscheint auf der einen Seite zufriedenstellend. Man muß aber andererseits sehen, daß hier Vorhersagen gemacht werden, die nur für eine einzelne Untersuchungsepisode gelten. Schon bei der nächsten Klausur können sich ja beim gleichen Schüler die Erwartungen und vielleicht auch die Folgen anders darstellen, und man käme zu einer anderen Vorhersage. Somit ist man genötigt, für jede Episode die Daten zur aussagenlogischen Sequenz in Abb. 6.2 wieder neu zu erheben. Es wird also ein erheblicher diagnostischer Aufwand benötigt, um Einzelfälle in einer bestimmten Situation vorherzusagen. Das ist der Preis, den die Motivationspsychologie für ihre Wendung zu einer handlungstheoretischen Analysestrategie zu zahlen hat (vgl. Abschnitt 3.2.1).

In der klassischen Motivationspsychologie genügte ja die einmalige Messung der Motivstruktur einer Person. Damit waren für eine Vielzahl passender Situationen dann Vorhersagen möglich. Allerdings bezogen sich diese Vorhersagen auf Mittelwertsunterschiede zwischen verschiedenen Stichproben. Für die Einzelfallvorhersage war die Prognosegüte nämlich zu gering. Diese Möglichkeit wurde erst über die aufwendigeren Analysen mit dem Erweiterten Motivationsmodell eröffnet.

Interessant ist in diesem Zusammenhang die Frage nach der Beziehung zwischen den Motiven aus der klassischen Motivationspsychologie und dem jetzigen Erweiterten Motivationsmodell. Ohne Frage hängen in diesem Modell die Erwartungen und gesehenen Folgen jeweils erheblich von objektiven Bedingungen der Situation ab. Wo es beispielsweise keine Aufstiegschancen gibt, da scheiden Karrierefolgen aus dem Anreizspektrum aus. Gleichwohl bleibt die Interpretation und Bewertung dieser Bedingungen Sache der Person. Und hier können Motivunterschiede ins Spiel kommen. So konnte gezeigt werden, daß für Schüler mit starkem Leistungsmotiv die Selbstbewertungsfolgen einen hohen Anreiz besitzen. Selbiges gilt auch für sog. Oberziele, also für Folgen, die die weitere Lebensplanung betreffen (Rheinberg 1989). Für Macht- oder Anschlußmotivierte dürften andere Folgen wichtiger sein.

Abgesehen vom Einfluß auf Folgenanreize vermutet Heckhausen (1977) Motiveinflüsse noch bei den verschiedenen Erwartungstypen. So sollten Leistungsmotivierte wegen ihrer realistischen Zielsetzung dazu tendieren, die Handlungs-Ergebnis-

Erwartungen eher höher als die Situations-Ergebnis-Erwartungen zu veranschlagen und sich so die Hoffnung verschaffen, durch eigenes Handeln noch etwas bewirken zu können. Diese und weitere Motiveinflüsse (s. im einzelnen Heckhausen 1977) sind aber empirisch noch unbelegt und werden hier nicht weiter vertieft. Generell ist anzunehmen, daß die Motiveinflüsse auf die Beurteilung einer Handlungsepisode um so stärker werden, je weniger die Erwartungen und Folgen bereits durch die Situationsstruktur vorgegeben sind.

Natürlich ist der Gültigkeitsbereich des Erweiterten Kognitiven Motivationsmodells nicht auf Lernsituationen beschränkt. Inzwischen wurde es auch bei so unterschiedlichen Dingen eingesetzt wie z. B. der Prognose der Risikofreudigkeit von Motorradfahrern (Rheinberg 1996 b) oder der Rekonstruktion der Tatmotivation von jugendlichen Straftätern (Landscheidt & Rheinberg 1996).

6.4 Eigenanreize von Tätigkeiten

Das Erweiterte Kognitive Motivationsmodell ist streng rationalistisch. Es wird zwar nicht behauptet, daß die Person alle erwartungs- und anreizbezogenen Kalkulationen bewußt durchführt. Das wäre beispielsweise in Routinesituationen gänzlich überflüssig, weil hier die betreffenden Einschätzungen schon längst implizit gegeben sind. Es wird aber unterstellt, daß man mit dem Modell die kognitiven Prozesse *rekonstruieren* kann, die unser Handeln beeinflussen, auch ohne dabei notwendig die Form bewußter Überlegungen annehmen zu müssen.

Unübersehbar ist zudem die unterstellte *Zweck*rationalität der Motivationsstruktur. Gehandelt wird, weil ein Ergebnis möglich ist, das wegen seiner wahrscheinlichen Folgen erstrebenswert erscheint. Anreiz besitzen in diesem Modell lediglich die Folgen. Die Handlung ist nur deshalb attraktiv, weil ihr Endresultat attraktive Dinge nach sich zieht. Diese Struktur, daß der Handlungszweck sowohl zeitlich wie auch funktional hinter der Handlung liegt, kommt im Alltagshandeln häufig vor: Man tut x, um y zu erreichen. Psychologiestudenten, die ihren Tag fortlaufend protokolliert hatten, verbrachten etwa ein Drittel (36%) ihrer Tageszeit mit Aktivitäten dieses zweckzentrierten Veranlassungstyps (Rheinberg 1989). Neben motivational weniger relevanten Gewohnheitshandlungen (15%) gab es aber noch einen weiteren Veranlassungstyp: Eine Tätigkeit wurde einfach deshalb ausgeführt, weil man ihren Vollzug genießt – gleichgültig zu welchen Ergebnissen und Folgen sie führt. Hier liegt der Anreiz nicht im handlungsbewirkten Endresultat, sondern in der Tätigkeit selbst. Die untersuchten Studenten brachten knapp die Hälfte (48%) ihrer Wachzeit mit solchen Aktivitäten zu. Auch wenn die Zeitaufteilung für Berufstätige oder Studenten vor ihrem Examen vielleicht anders sein wird, ist nicht zu übersehen, daß Tätigkeiten auch einen eigenen Anreiz haben können. Insbesondere die Analyse des Freizeitverhaltens macht auf diesen Anreiztypus aufmerksam (Csikzsentmihalyi 1975; Rheinberg 1987).

Auf einer allgemeinen Ebene wird man sagen können, daß auch bei solchen Aktivitäten ein Zweck vorliegt, nämlich das Wohlbefinden in der Tätigkeit. Gleichwohl bleibt der gravierende Unterschied, daß im einen Fall der Anreiz in Zuständen oder Ereignissen liegt, die sich erst einstellen können, nachdem die Handlung mit einer erfolgreichen Zielerreichung abgeschlossen ist. Man muß hier die Handlungsphase quasi wie ein Hindernis durchdringen, um an das zu kommen, was man eigentlich will. Man ist froh, diese Handlung hinter sich gebracht zu haben. Im anderen Fall soll die Aktivität möglichst lange ausgekostet werden. Ein sachinhärentes Ende als „Ergebnis" ist hier nicht einmal erwünscht. So ist in der Regel ein Skifahrer keineswegs erfreut, wenn er das unvermeidliche Ergebnis „Talstation erreicht" erzielt hat mit der Folge, „beim Lift anzustehen und zu frieren". Wegen dieser und weiterer motivationaler Unterschiede wurden zweckzentrierte Anreize den tätigkeitszentrierten gegenübergestellt (Rheinberg 1989; vgl. auch die Unterscheidung zwischen *telic* und *paratelic modes* bei Apter 1982 und die Diskussion zur *intrinsischen Motivation*, Kapitel 6.5).

Das ursprüngliche Modell von Heckhausen wurde von daher erneut erweitert, um auch die tätigkeitszentrierten Anreize verankern zu können (s. Abbildung 6.3). Bei Untersuchungen in der erwähnten Standardsituation „Vorbereitung auf eine Klassenarbeit" zeigte sich dann, daß einige Schüler besser über zweckzentrierte, andere besser über tätigkeitszentrierte Anreize vorhersagbar waren. Mit einem Fragebogeninstrument (*Anreizfokus-Skala*) kann die Orientierung an zweck- vs. tätigkeitszentrierten Anreizen im vorhinein erfaßt werden (Rheinberg 1989; Rheinberg, Iser & Pfauser 1997).

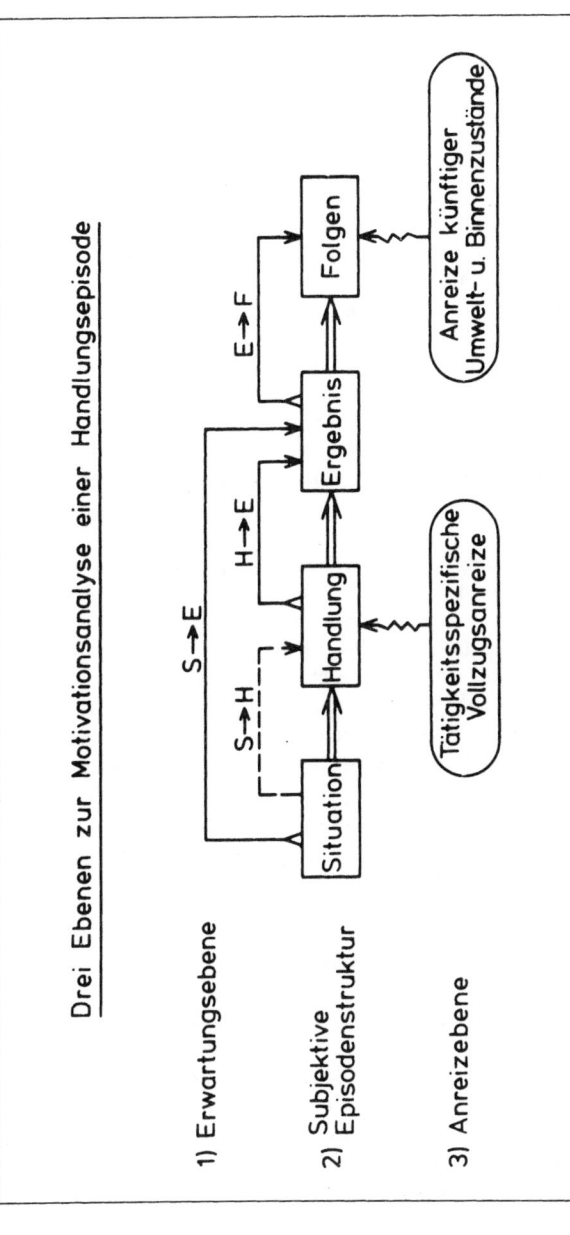

Abb. 6.3: Zweck- und tätigkeitszentrierte Anreize im Erweiterten Kognitiven Motivationsmodell (nach Rheinberg 1989, S. 104)

Die Vorgehensweise, eine Person je nach ihrem Anreizfokus entweder über zweck- oder über tätigkeitszentrierte Anreize vorherzusagen, dürfte die Dinge aber stark vereinfachen und wohl nur auf eindeutige Fälle anwendbar sein. Statt dessen wird man davon auszugehen haben, daß die meisten Menschen beide Anreiztypen berücksichtigen – wenn auch in unterschiedlichem Ausmaß. Dies wird dann je nach Situationskontext (z. B. Beruf vs. Freizeit) auch noch verschieden sein können. Allerdings scheinen die individuellen Unterschiede im Anreizfokus – wenn auch auf unterschiedlichem Niveau – über verschiedene Situationen hinweg relativ stabil zu bleiben (Relative Konsistenz; Rheinberg, Iser, Pfauser, 1997). Unklar ist zur Zeit noch, wie man sich innerhalb einer einzelnen Handlungsepisode dann die Kombination oder Integration der beiden Anreiztypen vorzustellen hat. Dies gilt insbesondere für den Fall einer Vorzeichenheterogenität der Anreize (positive Folgen bei aversiver Tätigkeit bzw. attraktive Tätigkeit mit negativen Folgen). Hier müßten sich Konfliktstrukturen ergeben, wie sie in Kapitel 3 dargestellt wurden.

Inzwischen liegt eine aufwendige Längsschnittuntersuchung zur Zielrealisation von Studierenden vor, in der alle hier interessierenden Motivationskomponenten zugleich erfaßt waren (Bowi 1990; vergl. Pervin 1967, 1982). Zunächst hatten die untersuchten Studierenden angegeben, welche Ziele sie innerhalb der nächsten zwölf Monate anstreben. Im Durchschnitt nannte jeder Student ca. 30 Ziele, die er in dieser Zeit in unterschiedlichsten Lebensbereichen erreichen wollte. Auf der Basis detaillierter Angaben der Studierenden wurden diese Ziele einer je vorherrschenden Handlungsthematik zugeordnet. Ziele, die eindeutig den Themen Leistung, Macht oder Anschluß zuzurechnen waren, wurden weiter analysiert.

Bei jedem Ziel schätzten nun die Studierenden die drei Erwartungstypen des Erweiterten Modells von Heckhausen ein sowie den Anreiz der Zielerreichungsfolgen und den Tätigkeitsanreiz. Damit waren also pro Ziel zweck- und tätigkeitszentrierte Motivationskomponenten erfaßt. Überdies war von jedem Studenten die Ausprägung des Leistungs-, Macht- und Anschlußmotivs bekannt (s. Kapitel 4 und 5). Zu verschiedenen Zeitpunkten des folgenden Jahres wurden die Studierenden nun befragt, welche ihrer Ziele sie inzwischen in welchem Ausmaß erreicht hatten. Somit läßt sich prüfen, mit welchen Motivationskomponenten man die Realisierung von Alltagszielen am besten vorhersagen kann.

Die Chancen waren dabei allerdings ungleich verteilt, weil die Motive als Persönlichkeitsmerkmale nur einmal und damit auch zielunspezifisch erhoben waren. Alle anderen Prädikatoren wurden dagegen spezifisch für jedes einzelne Ziel gesondert bestimmt. Trotzdem zeigte sich, daß besonders bei leistungs-, z. T. auch bei machtthematischen Zielen das jeweils zugehörige Motiv eine gewisse Prognosetauglichkeit besaß. Viel stärker waren jedoch die Vorhersageleistungen der zielspezifisch erfaßten Variablen des Erweiterten Modells und des Tätigkeitsanreizes.

Das war aber ja nach Handlungsthematik etwas verschieden. Leistungsthematische Ziele ließen sich am besten über Erwartungsvariablen, besonders über die Handlungs-Ergebnis-Erwartung vorhersagen (Sicherheit, das Ziel durch eigenes Handeln zu erreichen). Dagegen waren bei anschlußthematischen Zielen die Anreizvariablen entscheidend, und zwar sowohl Folgenanreize (Zufriedenheit bei der Zielerreichung) als auch der Tätigkeitsanreiz (wie gerne man die zielführende Tätigkeit ausführt). Bei machtthematischen Zielen lieferten sowohl die Erwartungs- als auch Anreizvariablen einen mäßigen Vorhersagebeitrag. Die Zielerreichungsvarianz konnte bis zu maximal 83 % aufgeklärt werden.

Wenn man damit auch weiß, daß alle einbezogenen Motivationskomponenten verschieden starken Einfluß haben, ist unsere Frage nach der Kombination bzw. Integration von zweck- und tätigkeitszentrierten Anreizen nicht beantwortet. Die Motivationskomponenten wurden hier nämlich als unabhängige Einzelgrößen behandelt. Wie sich diese Einzelgrößen in bestimmten Kombinationen in ihrer Wirkung behindern oder gegenseitig fördern, das ist zur Zeit noch nicht erforscht.

Klar ist dagegen, daß besonders bei Freizeitaktivitäten reine tätigkeitszentrierte Anreize eine wichtige Rolle spielen. Bei Aktivitäten wie Motorradfahren, Skifahren, Surfen, aber auch Musizieren, Malen, Programmieren traten bestimmte Erlebnisstrukturen immer wieder auf, wenn man Aktive danach befragte, was denn ihre Passion so attraktiv für sie macht. Anreize dieser Art sind etwa der „Genuß eines perfekten, harmonischen Bewegungsablaufs" oder das „Abschalten, in der Tätigkeit aufgehen, Alltagsprobleme vergessen" (s. u.: *Flow-Erleben*) oder „Erregung, Abenteuer, Nervenkitzel" (Rheinberg 1989, 1993; Schönhammer 1991). Diese und andere positiv bewerteten Erlebnisse sind ohne Zweifel Anreize, die im Vollzug der Tätigkeit liegen und nicht in den Folgen eines erreichten Endresultats.

6.5 Ein schillernder Begriff: Intrinsische Motivation

Die Erkenntnis, daß es Aktivitäten gibt, deren Anreiz in der Tätigkeit selbst liegt, ist keineswegs neu (vgl. Kapitel 2). Dieser Anreiztyp wird jetzt nur dadurch auffällig und scharf konturiert, weil das Erweiterte Motivationsmodell wie viele andere handlungstheoretische Modelle kraß zweckorientiert konzipiert ist (v. Cranach, Kalbermatten, Indermühle & Guggler 1980). Immer, wenn ein bestimmtes Prinzip oder eine Sichtweise bei der Motivationsrekonstruktion besonders konsequent und klar verfolgt wird, wird auch gut sichtbar, welche Phänomene damit dann *nicht* mehr abgedeckt und erklärbar sind.

Wie in Kapitel 2 schon erwähnt, hatte bereits Woodworth (1918) angenommen, daß die angeborenen geistigen, sensorischen und motorischen Möglichkeiten eines Organismus eine eigene Tendenz zu ihrer Betätigung haben, wobei diese Betätigung in sich selbst befriedigend ist. Wenn es einen Bewegungsapparat gibt, so gibt es auch einen Antrieb, Bewegungen auszuführen. Diese Aktivitätsäußerungen können dann später natürlich zum Erreichen anderer Zwecke eingesetzt werden. Die Möglichkeit der Aktivität aus eigenem Antrieb bleibt nach Woodworth jedoch erhalten und macht die Aktivitätsausführung sogar besonders effektiv und glatt im Ablauf (*Behavior primacy*).

Ein solcher Anreiz würde evolutionsbiologisch durchaus Sinn machen. Es würde dafür sorgen, daß wichtige und später überlebenssichernde Funktionen in ihren neuronalen und motorischen Komponenten frühzeitig eingeübt werden (White 1959). Solche evolutionsbiologischen Erklärungen dürfen allerdings nicht verwechselt werden mit Erklärungen eines jetzt auftretenden Verhaltens. Sie erklären bestenfalls, warum etwas einen bestimmten Anreiz besitzen kann, aber nicht, wie im einzelnen dieser Anreiz bei einer bestimmten Person in einer konkreten Situation jetzt Einfluß auf das Verhalten und Erleben nimmt. Letzteres ist eine Frage der Motivationspsychologie.

Ähnliche Annahmen wie bei Woodworth finden sich bei Bühler (1922). Aufgrund genauer Verhaltensbeobachtungen in Frühstadien der Entwicklung formulierte Bühler das Prinzip der *„Funktionslust"*. Danach werden Tätigkeiten insbesondere in spielerischen Zusammenhängen um ihrer selbst willen ausgeübt und im Ablauf optimiert (Heckhausen 1964; Oerter 1967, 1993; White 1959).

Für den jetzigen Zusammenhang besonders interessant ist eine scharfsinnige, phänomenologische Analyse von Anreizen menschlichen Handelns, die der als Kognitions- und Problemlöseforscher bekannte Karl Duncker (1940) vorgelegt hat. Eine besondere Anreizklasse, nämlich die *dynamic joys* (erlebbar beim schnellen Autofahren, beim Sport, in bestimmten Spielen etc.), können mitunter nur dann auftreten, wenn die ausgeübte Aktivität ein Ziel hat oder auf ein Ergebnis zuläuft. Oberflächlich betrachtet könnte man dann meinen, es handele sich um eine zweckorientierte Aktivität, weil man Ziele/Ergebnisse ja oft ihrer Folgen wegen anstrebt. Duncker weist nun darauf hin, daß bei den dynamic joys der Anreiz eben *nicht* bei den Ergebnisfolgen verankert ist. Die Ziele werden nur deshalb gesetzt, damit man auf dem Wege ihrer Erreichung die Spannung und lustvolle Erregung erleben kann, die die eigentlichen Anreize der Aktivität sind.

Genießt man beispielsweise bei einem Spiel die Spannung, wer gewinnen wird, so muß das Spiel im vorhinein erkennbar auf ein Endergebnis zulaufen, an dem feststellbar wird, wer es letztendlich geschafft hat. Da Spiele typischerweise zweckfrei sind, hat aber das Ergebnis hier keinen besonderen Wert in Form wichtiger Dinge, die es nach sich zieht. Man braucht es aber als Bedingung dafür, daß man *vor* seinem Erreichen die Spannung und Aufregung erleben kann, die das Spiel reizvoll machen. Von daher wird nach der Ermittlung des Siegers ja meist auch gleich ein neuer Spieldurchgang gestartet, um wieder diesen Spannungszustand haben zu können.

Dunckers Analysen machen plausibel, daß Ziel und angestrebte Ergebnisse nicht nur über den Wert *nachfolgend* einsetzender Konsequenzen handlungswirksam werden, sondern mitunter auch dadurch, daß sie den *vorauslaufenden* Aktivitäten eine Qualität verleihen, die diese erst genußfähig machen. Wie beim Spiel kann ersteres gegenüber letzterem zurücktreten, ohne daß dies sogleich erkennbar wird.

Überträgt man diesen Gedanken einmal auf die Leistungsmotivation (s. Kapitel 4), so wird fraglich, ob der vorweggenommene Stolz auf die eigene Tüchtigkeit, den man im Erfolgsfall erlebt, der einzige Anreiz des Leistungshandelns ist. In Fortführung von Dunckers Analysen läßt sich vermuten, daß zumindest in bestimmten Fällen auch der Zustand des angestrengten Ringens um ein noch nicht erreichtes Ziel ein Anreiz ist, der Leistungshandeln um seiner selbst willen anziehend macht. Dieser Anreiz schließt den Anreiz der leistungsthematischen Selbstbewertung natürlich nicht aus, sondern tritt hinzu: Nicht nur das mögliche Erfolgserlebnis, sondern auch der Zustand des noch unerreichten Ziels würde nach dieser Analyse Leistungssituationen attraktiv machen können. Für diese Möglichkeit sprechen etwa Berichte von Extrembergsteigern, die mit Erreichen des Gipfels in ein „depressives Loch" fallen und möglichst bald ein neues unerreichtes Ziel brauchen, um sich wieder wohl zu fühlen (Aufmut 1988; Rheinberg 1987).

Zu klären wäre aber noch, was denn den Zustand der angestrengten Hinarbeit auf ein noch unerreichtes Leistungsziel in sich attraktiv machen könnte. Neben der reizvollen Spannung, ob man es schafft oder nicht, kommt hier auch das *Flow-Erleben* in Betracht. Dieses Erleben bezieht sich auf den genußvollen Zustand, selbst- und zeitvergessen gänzlich in einer Aktivität aufzugehen (Csikszentmihalyi 1975). Wir kommen darauf zurück.

Zuvor ist aber auf ein Begriffspaar einzugehen, das im jetzigen Zusammenhang seit den fünfziger Jahren immer wieder Verwendung findet. Es geht um die Unterscheidung von „intrinsischer vs. extrinsischer" Motivation. Im allgemeinen (englischen) Sprachgebrauch meint intrinsisch (*intrinsic*) so etwas wie „innerlich", „eigentlich" oder „wahr"; extrinsisch (*extrinsic*) meint dagegen so etwas wie „äußerlich", „nicht wirklich dazugehörend".

Dieses allgemeine Verständnis ist in der Motivationspsychologie nun auf recht unterschiedliche Sachverhalte angewandt worden. Vor allem wechselt die Bezugsgröße für das, was „innen" sein soll. Am ehesten läßt sich die Begriffsverwendung noch so zusammenfassen, daß ein Verhalten dann als *„intrinsisch motiviert"* bezeichnet wird, wenn es um seiner selbst willen geschieht, oder weiter gefaßt: Wenn die Person aus eigenem Antrieb handelt. Entsprechend wird ein Verhalten dann als *„extrinsisch motiviert"* bezeichnet, wenn der Beweggrund des Verhaltens außerhalb der eigentlichen Handlung liegt, oder weiter gefaßt: wenn die Person von außen gesteuert erscheint.

Schon diese Definition läßt zu Recht vermuten, daß wir es hier mit einer unklaren Begrifflichkeit zu tun haben. Die wohl restriktivste Definition von intrinsisch stammt von McReynolds (1971). Für ihn verläuft die Trennungslinie von extrinsisch zu intrinsisch zwischen Handlung und Ergebnis. Intrinsisch motiviert sind nur solche Aktivitäten, die *allein um des Tätigkeitsvollzugs wegen* ausgeführt werden. Alle Aktivitäten, die auf den Anreiz von Zielen oder Ereignissen gerichtet sind, sind damit extrinsisch. Dieses Begriffsverständnis von intrinsisch findet sich im deutschen Sprachraum auch bei Pekrun (1993), der es mit einigem Erfolg auf die Analyse schulischer Lernmotivation angewandt hat.

Die hier getroffene Unterscheidung von intrinsisch vs. extrinsisch ist nicht ganz deckungsgleich mit der zwischen zweck- und tätigkeitszentrierter Motivation (s. Kapitel 6.4). Das Konzept der tätigkeitszentrierten Motivation würde nämlich Zielgerichtetheit und Ergebnisbezug durchaus zulassen. Das gilt für den Fall, daß im Sinne Dunckers (1940) Ziele und Ergebnisse nur deshalb gesetzt werden, damit eine spezifische Form der Tätigkeit möglich wird, die man genießen möchte (s. o.). Die entscheidende Trennungslinie läuft hier also zwischen *Ergebnis und Folgen.*

Eine noch andere Trennung nimmt Heckhausen (1976, 1889) vor. Danach kann auch ein Verhalten, das auf Folgen zielt, als intrinsisch motiviert gelten, sofern die Folgen dem *gleichen Thema* angehören wie die Handlung und die Ergebnisse. Jemand, der einen anderen durch geschicktes Überreden zur Annahme eines bestimmten Wahlvorschlages bringen will (= Handlung) und dies vornehmlich deshalb tut, um dann, wenn dieser andere entsprechend wählt (= Ergebnis), seine Einflußmöglichkeiten erleben zu können (= Folgen), wäre intrinsisch machtmotiviert: Handlung, Ergebnis und Folgen gehören zum gleichen Thema, nämlich sich durch die in anderen Personen erzeugte Wirkung groß, stark und mächtig zu fühlen. Würde unsere Person lediglich deshalb Einfluß nehmen, weil sie beispielsweise für jede erfolgreiche Überredung wie ein Verkäufer bezahlt würde oder andere Vorteile hätte, so wäre sie nicht intrinsisch machtmotiviert. Schwierig ist bei dieser Unterscheidung, daß das Thema der Handlung feststellbar sein muß, auch ohne die beabsichtigten Ergebnisse und Folgen zu kennen. Ohne eine solche Feststellung läßt sich nämlich nicht bestimmen, ob Gleichthematik vorliegt oder nicht.

Andere Unterscheidungen kümmern sich weniger darum, ob die Tätigkeit selbst, ihre Ergebnisse oder Folgen den handlungsleitenden Anreiz bieten. Statt dessen ist bei ihnen der zugrundeliegende Antriebsmechanismus entscheidend. Intrinsische Motivation entsteht in diesen Modellen aus dem Bestreben des Organismus, ein *optimales zentralnervöses Aktivationsniveau* einzuhalten (Hebb 1955) bzw. ein psychologisch optimales Anregungspotential sicherzustellen (Berlyne 1960). Motivation resultiert daraus, daß ein momentaner Binnenzustand abweicht von einem intern gegebenen Sollwert. (Wir kommen beim sog. *Sensation Seeking* darauf zurück.) Intrinsisch bezieht sich hier also darauf, daß ein Verhalten sich aus Prozessen und Zuständen innerhalb der Person herleitet, die nicht einfach auf körperliche Bedürfnisse und/oder auf äußere Stimulation zurückzuführen sind.

Dieser Aspekt, daß das entscheidende Merkmal intrinsischer Motivation durch die Verursachung innerhalb der Person gegeben ist, wurde in ganz anderer Weise von DeCharms (1968) herausgearbeitet. Bei diesem Autor geht es allerdings nicht um innere Aktivations- oder Anregungsstandards, sondern um den subjektiv erlebten Ursprungsort eigener Aktivität. Im Zustand hoher *kausaler Autonomie* erlebt man sich als Ursprung eigenen Handelns. In diesem Fall sei das Verhalten intrinsisch motiviert. Fühlt man sich dagegen von äußeren Kräften gesteuert und wie ein Bauer auf dem Schachbrett hin und her geschoben, so sei das Verhalten extrinsisch motiviert.

Obwohl DeCharms (1979, S. 20) diese Gleichsetzung von kausaler Autonomie und intrinsischer Motivation als offensichtlich übervereinfacht wieder zurücknimmt, wird gerade dieses Verständnis von intrinsisch von Deci & Ryan (1980, 1987) später wieder aufgegriffen. Bei ihnen gilt ein Verhalten dann als intrinsisch motiviert, wenn es selbstbestimmt und autonom (vs. von außen kontrolliert) ist. Hinzu tritt nach Deci & Ryan jetzt noch, daß diesem selbstbestimmten Verhalten ein Bedürfnis nach Kompetenz und Wirksamkeit zugrunde liegt. Dieses der Leistungsmotivation recht ähnliche Bedürfniskonzept haben die Autoren von White (1959) übernommen.

Mittlerweile nehmen Deci & Ryan mit dem Bedürfnis nach sozialer Eingebundenheit und Zugehörigkeit (Harlow 1958) eine dritte Größe in ihre Überlegungen auf. In ihrer „*Selbstbestimmungstheorie der Motivation*" äußern sie sich dann weitgreifend über das Selbst und seine Entwicklung als Wandlung von extrinsisch zu intrinsisch motivierter Verhaltenssteuerung sowie über Möglichkeiten, hierauf pädagogisch Einfluß zu nehmen (Deci & Ryan 1993).

Neuerdings sehen sich Deci & Ryan (1993) in der Nähe zu einer Pädagogischen Interessentheorie, die in Deutschland von einer Forschergruppe um Hans Schiefele entwickelt wurde (Schiefele, Hausser & Schneider 1979). In Kritik an einer „Gegenstandsgleichgültigkeit" bisheriger Motivationspsychologie wurde eine Konzeption entworfen, bei der nicht die Thematik der Handlung, sondern ein spezifischer Gegenstandsbereich entscheidend ist. Engagiertes Verhalten wird also nicht nach der Thematik der angestrebten Zustände (z. B. leistungsbezogene Selbstbewertung, erlebte Machtstärke etc.) unterschieden, sondern nach bevorzugten Gegenstandsfeldern (z. B. Autos, Deutsche Klassik, Briefmarken, Insekten etc.). Derartige Gegenstandsbevorzugungen nennt man *Interessen*.

Ohne Zweifel gibt es solche gegenstandsbezogenen Orientierungen. Insbesondere im pädagogischen Bereich will man individuelle Bevorzugungen von Inhalten oder Gegenständen nutzen oder – falls als wertvoll erkannt – sogar fördern. Von daher überrascht nicht, wenn sich diese Konzeption als *pädagogische* Interessentheorie versteht.

Den Psychologen mußten bei diesem typisch pädagogischen Ansatz allerdings einige sachfremde Normimplantate wie „soziale Gleichheit", „Reflexivität" etc. als angebliche Merkmale interessengeleiteten Handelns irritieren (Schneider, Hausser & Schiefele 1979, S. 58). Diese Normüberfrachtung wird in jüngeren Theoriefassungen aber nicht mehr thematisiert (z. B. Krapp 1993; Krapp & Prenzel 1992; Prenzel 1988; zu einem Überblick s. Wittemöller-Förster, 1993). Was bleibt, ist das Kriterium der *Selbstintentionalität* des Person-Gegenstandsbezugs. Gemeint ist im Sinne von Deci & Ryan (1985) bzw. DeCharms (1968), daß im interessengeleiteten Handeln sich die Person nicht als von außen gedrängt, sondern als selbstbestimmt erlebt. Von daher zähle ein solcher Person-Gegenstandsbezug zur Klasse der intrinsischen Motivation (Krapp 1993, S. 202).

Die hier dargestellten Konzeptionen sind nur eine Auswahl der Unterscheidungen, die zwischen intrinsischer und extrinsischer Motivation getroffen wurden. (Zu weiteren s. Heckhausen 1989, S. 455–466, sowie Schiefele & Schreyer 1994.) Ohne Frage sind hierbei einige interessante und wichtige Unterschiede des Motivationsgeschehens herausgearbeitet worden. Allerdings bezieht sich der Begriff intrinsisch mittlerweile auf derart unterschiedliche Dinge, daß er als Sammelkategorie für allzu Disparates mehr Verwirrung stiftet als Ordnung schafft. Wie eingangs schon bemerkt, springt insbesondere der Bezugspunkt für das, was „innen" sein soll. Mal ist es die Tätigkeit selbst, mal die Thematik der Handlung und mal die Person bzw. ihr Selbst. Dieses Durcheinander macht den Begriff wissenschaftlich unbrauchbar. Statt seiner sind die jeweils gemeinten Phänomene und Prozesse genau zu bestimmen und für sich abzuhandeln. Sie sind auch ohne den nicht abgedeckten Bedeutungsüberschuß des schillernden Begriffs „intrinsisch" interessant genug. Wir werden das im folgenden am Beispiel des Flow-Erlebens tun.

6.6 Flow-Erleben als universeller Tätigkeitsanreiz

Ein besonderes Beispiel für die Forschung zu in sich befriedigenden Tätigkeiten ist der Ansatz zum Flow-Erleben (Csikszentmihalyi 1975, 1992). Als besonders kann dieses Beispiel deshalb gelten, weil hier ein offenkundig „neuer" Anreiz auf der Grundlage von Erlebnisschilderungen herauspräpariert wurde. Gemeint ist der Zustand des reflexionsfreien gänzlichen Aufgehens in einer glatt laufenden Tätigkeit. Beispiele sind der Computerfreak, der erst am schmerzenden Rücken mitten in der Nacht merkt, daß er schon wieder viele Stunden am Rechner zugebracht und dabei das Essen sowie einen Termin vergessen hat; der Schachspieler, der angibt, neben ihm könne das Dach einstürzen, ohne daß er es merken würde; oder der Rocktänzer, der über viele Stunden sich bis zur Erschöpfung im Rhythmus bewegt – kurzum alle Fälle, in denen das Bewußtsein völlig vom Tätigkeitsvollzug absorbiert ist.

Wenn man diesen Zustand in seinen Komponenten schildert (s. u., Tabelle 6.1), geben Befragte nahezu ausnahmslos an, diesen Zustand von angenehmen Aktivitäten her zu kennen (Csikszentmihalyi 1975; Rheinberg 1996 b). Gleichwohl wird er bei freier Nennung von Anreizen zwar in einzelnen Komponenten, aber nicht als eigenständiger Anreizkomplex ausgeführt. Wir haben hier also den eher seltenen Fall, daß psychologische Forschung eine verhaltensrelevante Anreizeinheit definiert, die der Alltagspsychologie in dieser Form nicht schon vorweg bekannt ist. Wir gehen deshalb auf diesen überdies jüngeren Forschungsansatz detaillierter ein.

Ausgangspunkt der Forschung waren Befragungen zu Aktivitäten, die keinen offen erkennbaren Nutzen wie Geld oder Prestige besaßen. Felsklettern, Motorradfahren oder Schachspielen etc. bringen für Amateure keinen Gewinn, sondern fordern im Gegenteil Kosten in Form von Ausrüstung, Zeit, Anstrengung-etc. Solche „autotelischen Aktivitäten" (auto = selbst; telos = Ziel) müßten Anreize bieten, die in ihnen selbst und nicht in nachfolgenden Belohnungen liegen. In der Tat findet man bei geeigneter Befragungstechnik eine Fülle teils spezifischer, teils allgemeinerer Anreize des Tätigkeitsvollzuges (s. o.: Tätigkeits-anreize). Bei einer Vielzahl von Interviews stieß Csikszentmiha-lyi nun immer wieder auf einen besonderen Zustand, den er *Flow-Erleben* nannte. Faßt man Csikszentmihalyis (mitunter et-was wechselnde) Charakterisierungen dieses Zustands zusam-men, lassen sich die folgenden Komponenten des Flow-Erlebens herausarbeiten:

Tabelle 6.1: Komponenten des Flow-Erlebens (zusammengefaßt nach Csikszentmihalyi 1975)

1. Handlungsanforderungen und Rückmeldungen werden als klar und interpretationsfrei erlebt, so daß man jederzeit und ohne nachzudenken weiß, was jetzt als richtig zu tun ist.
2. Man fühlt sich optimal beansprucht und hat trotz hoher Anfor-derung das sichere Gefühl, das Geschehen noch unter Kontrolle zu haben.
3. Der Handlungsablauf wird als glatt erlebt. Ein Schritt geht flüs-sig in den nächsten über, als liefe das Geschehen gleitend wie aus einer inneren Logik. (Aus dieser Komponente rührt wohl die Bezeichnung „Flow".)
4. Man muß sich nicht willentlich konzentrieren, vielmehr kommt die Konzentration wie von selbst, ganz so wie die Atmung. Es kommt zur Ausblendung aller Kognitionen, die nicht unmittel-bar auf die jetzige Ausführungsregulation gerichtet sind.
5. Das Zeiterleben ist stark beeinträchtigt; man vergißt die Zeit und weiß nicht, wie lange man schon dabei ist. Stunden verge-hen wie Minuten.
6. Man erlebt sich selbst nicht mehr abgehoben von der Tätigkeit, man geht vielmehr gänzlich in der eigenen Aktivität auf (sog. „Verschmelzen" von Selbst und Tätigkeit). Es kommt zum Ver-lust von Reflexivität und Selbstbewußtheit.

Durchweg werden diese Zustände als besonders freudvoll erlebt (Massimimi & Carli 1991). Das gilt nach einer Studie von Csikszentmihalyi & Le Fevre (1989) sowohl für die berufliche Arbeit als auch für die Freizeit. Die hier untersuchten amerikanischen Beschäftigten erlebten in ihrer Freizeit übrigens am häufigsten Flow beim Autofahren. Allerdings schränkt die etwas problematische Erfassung von Flow in dieser Arbeit die Aussagekraft der Ergebnisse ein (s. u.). Bei der Befragung einer (deutschen) Erwachsenenstichprobe erkannten die Befragten den (vorgegebenen) Flow-Zustand zwar wieder. Es war ihnen allerdings nicht klar, daß gerade dieses reflexionsfreie Aufgehen in der Tätigkeit dasjenige ist, was so etwas wie Zufriedenheit und freudvolles Erleben herbeiführt (Rheinberg 1996 b). Das mag mit einer Dominanz zweckrationaler Denkmuster zusammenhängen, die uns bei der „naiven" Motivationsanalyse dazu verleitet, den Anreiz oder Wert einer Handlung zunächst einmal in bewirkten Endresultaten statt im Handlungsvollzug selbst zu suchen. Daß wir dabei die tatsächlichen Sachverhalte verkennen können, zeigte ein Entzugsexperiment. Personen wurden gereizt, unkonzentriert und irritierbar, wenn sie zu Forschungszwecken diejenigen Dinge unterließen, mit denen sie üblicherweise flowähnliche Zustände erreichen (Csikszentmihalyi 1975).

Untersucht wird zur Zeit, ob und wie sich Flow auf Leistungen im akademischen Bereich, also etwa beim Textlernen, auswirkt. Die volle Konzentration und das Aufgehen in der Tätigkeit müßte sich ja leistungsförderlich auswirken. Gleichwohl bieten die Ergebnisse hierzu noch kein klares Bild (Csikszentmihalyi & Schiefele 1993; Schiefele & Rheinberg 1998). So fand Schiefele (1996), daß hohes Interesse am Thema flow-ähnliche Zustände beim Lernen mit Texten förderte. Allerdings standen diese Zustände nicht mit der späteren Lernleistung in Zusammenhang. Demgegenüber fanden Vollmeyer & Rheinberg (1997), daß sich Motivationsauswirkungen auf die Lernleistung mit einem komplexen computersimulierten System teilweise über die flow-typische anstrengungsfreie Konzentration aufklären ließ. Isolierte Flow-Effekte auf die Lernleistung lassen sich nicht zuletzt deshalb schwer nachweisen, weil neben dieser Variable natürlich auch eine Reihe anderer Größen den Lernprozeß beeinflußt. Dies gilt etwa für das Aktivationsniveau des Lerners, für die Dauer und Häufigkeit sowie die Qualität der Lernaktivitäten und anderes mehr (s. im einzelnen Rheinberg, 1996 a). Daß Flow nicht grundsätzlich günstige Auswirkungen auf die Handlungsausführung haben muß, läßt sich beispielsweise beim Motorradfahren im Straßenverkehr zeigen (Rheinberg 1991). Bei dieser nicht risikofreien Fortbewegungsweise verlieren nämlich allgemeine Vorsätze zur Tätigkeitsausführung (z. B. „Fahre stets absolut defensiv!") ihre Verhaltenswirksamkeit, wenn die Person gänzlich in der Regulation des schnell ablaufenden und hoch komplexen Geschehens aufgeht. Der „gute Vorsatz" ist zwar als Kognitionsstruktur keineswegs vergessen. Er ist aber als abstrakte Maxime auf einer verrichtungsfernen Ebene abgespeichert, die im Flow-Zustand außer Betracht bleibt.

Der Flow-Zustand ist von Csikszentmihalyi auf phänomenaler Ebene charakterisiert worden. Die Bedingungen, die ihn fördern oder verhindern, scheinen aber noch nicht zufriedenstellend geklärt. Als entscheidende Bedingung führt Csikszentmihalyi (1975) aus, daß die wahrgenommenen Anforderungen und die wahrgenommene Fähigkeit im Gleichgewicht sind. Überschreiten die Anforderungen die eigene Fähigkeit deutlich, so soll Angst entstehen, unterschreiten sie dagegen die Fähigkeiten, so resultiert Langeweile. Der Flow-Zustand tritt deshalb in dem schmalen Kanal auf, der zwischen Angst und Langeweile liegt. Dieser theoretischen Annahme vertraut Csikszentmihalyi so sehr, daß er in einigen Untersuchungen die (postulierte) Auslösebedingung mit dem Auftreten von Flow bereits gleichsetzt und dort Flow indiziert sieht, wo eine Passung zwischen Fähigkeit und Anforderung vorliegt (z. B. Csikszentmihalyi & Le Fevre 1989; Massimini & Carli 1991).

Diese Vermengung eines Zustandes mit seinen postulierten Auslösebedingungen ist im jetzigen Fall besonders deshalb ungeschickt, weil die optimale Passung zwischen Anforderung und Fähigkeit ja exakt die situativen Bedingungen sind, die auch für die Anregung von Leistungsmotivation gefunden wurden (Atkinson 1957; Heckhausen 1963; s. Kapitel 4). Von daher ist unklar, welche Motivationsprozesse insgesamt angeregt sind, wenn man hier lediglich auf diese mutmaßlichen Auslösebedingungen achtet, statt das Erleben in seinen Komponenten direkt zu erfassen.

Diese Bedenken erhalten dadurch Gewicht, als bei einer faktorenanalytischen Untersuchung der Struktur des Flow-Erlebens sich bei wechselnden Faktorenlösungen stets ein inhaltsstabiler Faktor „Kompetenzgefühl und Erfolgszuversicht" zeigte. Dagegen kombinierten sich die anderen Flow-Komponenten je nach Zahl extrahierter Faktoren in unterschiedlicher Weise (Rheinberg 1996 b; Thiel & Kopf 1989). Der eher leistungsthematische Faktor „Kompetenz und Erfolgszuversicht" weist also eine relative Eigenständigkeit auf, die ihn von den anderen Flow-Komponenten abhebt. Da er in enger Verbindung zu einem anderen Motivationssystem steht, nämlich der Leistungsmotivation, überrascht das nicht.

Die Gleichartigkeit der Anregungsbedingungen für Flow und Leistungsmotivation bietet nun interessante Möglichkeiten zur theoretischen Integration. Die Leistungsmotivationstheorien sehen in einer Ergebnisfolge, nämlich im Stolz auf die eigene Tüchtigkeit, den Anreiz zu leistungsmotiviertem Handeln. Wenn die gleichen Anregungsbedingungen aber auch Flow wahrscheinlich machen, so ist plausibel, daß nicht nur das vorweggenommene Erfolgserlebnis, sondern auch das völlige Aufgehen in der (Leistungs-)Aktivität dieses Verhalten attraktiv machen kann. Eben diese Möglichkeit wurde oben bereits angedeutet, als Dunckers (1940) Überlegungen zur Funktion von Zielen bei den *dynamic joys* auf das Leistungshandeln übertragen wurden (s. S. 137 f.).

Zum Konzept des Flow-Erlebens besteht weiterer Klärungsbedarf. Vordringlich erscheint, das Erleben selbst theoretisch zu rekonstruieren. Csikszentmihalyi (1975) hat das gemeinsame Auftreten verschiedener Komponenten beschrieben (s. Tab. 6.1). Es stellt sich die Frage, ob und wie diese zusammengetragenen Komponenten funktional aufeinander zu beziehen sind.

Hierzu bieten sich vor allem die Handlungsregulationskonzepte an, wie sie von v. Cranach, Kalbermatten, Indermühle & Gugler (1980), Heckhausen (1987 b) oder Hacker (1986) formuliert wurden. Nach diesen Konzepten sind menschliche Aktivitäten hierarchisch organisiert. Auf den unteren Ebenen findet die Feinregulation der Bewegungen statt, während weiter oben Teilziele, übergeordnete Ziele, allgemeine Wertüberzeugungen und Ähnliches lokalisiert sind. Abb. 6.4 zeigt eine Möglichkeit, diesen Sachverhalt zu veranschaulichen.

Die einzelnen Prozesse und Standards sind zwar synchron auf jeder Ebene kognitiv repräsentiert. Es steht aber nur begrenzt Aufmerksamkeitskapazität zur Verfügung. Von daher können im Handlungsvollzug nicht alle Ebenen zugleich Bewußtheit erlangen. Eine Grundannahme von v. Cranach et al. (1980, S. 86 ff.) sowie Heckhausen (1987 b, S. 132 ff.) besagt nun, daß die Aufmerksamkeit dorthin gelenkt wird, wo sie benötigt wird.

Stellen wir uns zur Konkretisierung vielleicht jemanden vor, der auf Skiern schnell eine Buckelpiste herunterfährt oder jemanden, der ein schwieriges Musikstück präsentiert oder jemanden, der mit einem reaktionsschnelligkeitsbezogenen Com-

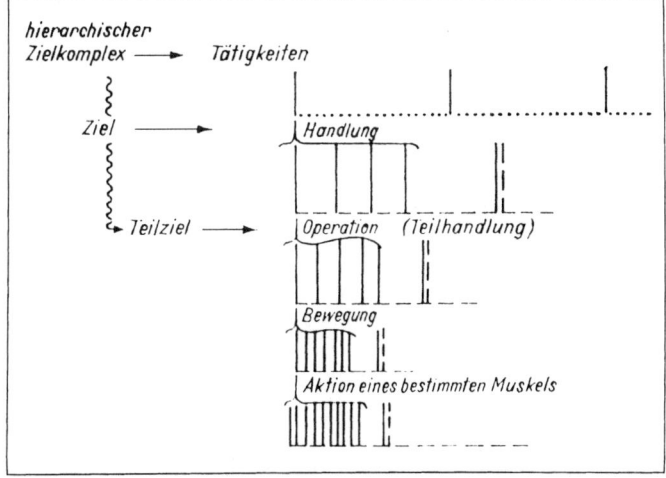

Abb. 6.4: Hackers Schema des hierarchischen Aufbaus der Tätigkeit (vereinfacht nach v. Cranach et al. 1980, S. 58).

puterspiel interagiert – allesamt ideale Flow-auslösende Bedingungen. Sind für die Person die momentan verfolgten Ziele klar und sind eingehende Rückmeldungen interpretationsfrei zu verarbeiten, so wird auf den höheren Ebenen keine Aufmerksamkeit benötigt. Ist – wie in den Beispielen angenommen – zugleich die Ausführung der Handlungen schwierig, so wird die Aufmerksamkeit zur Gänze von den unteren Regulationsebenen angefordert. Dies ist um so mehr der Fall, wenn die ausgeführte Operation und ihr jeweiliger Effekt in einem kurzen Rückkoppelungszirkel flüssig ineinandergreifen müssen, so daß alle Verarbeitungskapazität durch das schnell laufende Geschehen gebunden ist. Kapazität für ein Monitoring des objektiven Zeitablaufs oder anderer irrelevanter Randbedingungen steht einfach nicht zur Verfügung.

Wir sehen also, daß sich fast alle Elemente des Flow-Erlebens aus allgemeineren Annahmen zur Handlungsregulation ableiten lassen und so ein in sich zusammenhängendes System ergeben: der zeitweilige Verlust höherer Bewußtseinsebenen, das Aufgehen in der glatt laufenden Tätigkeit (d. h. in unteren Regulationsebenen), die quasi automatische Konzentration und der Verlust der Zeitwahrnehmung. Zudem wird bei dieser Rekon-

147

struktion deutlich, daß die Komponente Klarheit von Zielsetzung und Rückmeldung theoretisch nicht auf gleicher Ebene mit
den anderen Erlebniskomponenten anzusiedeln ist, sondern,
wie schon die Balance zwischen Fähigkeit und Anforderung,
den Status einer notwendigen Bedingung hat. Sind nämlich
Ziele und/oder Rückmeldungen unklar, so binden sie Aufmerksamkeit und Verarbeitungskapazität auf höheren Ebenen, was
das gänzliche Aufgehen in den unteren Regulationsebenen, also
Flow, verhindert.

Es lassen sich sogar zusätzliche Bedingungen angeben. So
sollte die Aktivität von ihrer Struktur her möglichst unterbre-
chungsfrei sein. Bei der Handlungsregulation besteht nämlich
die Tendenz, in Pausen oder bei Zwischenergebnissen die Aufmerksamkeit sogleich wieder auf höhere Steuerungsebenen zu
richten (Hacker 1986; Volpert 1983). Damit ist Flow umgehend
unterbrochen.

Unter der Annahme, daß bei Tätigkeiten wie Musizieren oder
Computerinteraktion ein unterbrechungsfreies Operieren erst
ab einem gewissen Grad an Expertise möglich ist, würde verständlich, daß bei solchen Tätigkeiten Experten viel häufiger
über Flowerlebnisse berichten als Novizen (Rheinberg 1996 b;
Schubert 1986; Siebert & Vester 1990).

Die Frage ist, ob dies ein allgemeines Prinzip des Flows ist
oder aber auch von der Art der Tätigkeit abhängt. Letzteres
würde besagen, daß bei einfach strukturierten Tätigkeiten auch
Anfänger Flow-Erlebnisse haben werden, weil auch sie hier
schnell zu einem unterbrechungsfreien Tätigkeitsablauf kommen. In seiner jüngsten Modellfassung nimmt Csikszentmihalyi
(1991, S. 285) aber ersteres an: Flow soll nur dort auftreten, wo
sowohl die eigene Fähigkeit als auch die Anforderungen über-
durchschnittlich werden (vgl. auch Massimini & Carli 1991).
Welche Annahmen hier zutreffen, ist Gegenstand künftiger Forschung. Bei dieser Forschung wird man dann auch deutlicher
zwischen *Anforderungen* (= Aufgabenschwierigkeit) und *Herausforderung* (= Passung zwischen Anforderung und Fähigkeit)
unterscheiden müssen. Auf theoretischer Ebene arbeitet Csikszentmihalyi (1991) mit „Anforderung", auf der Ebene der Da-
tenerhebung aber mit „Herausforderung" (Challenge), was einige Verwirrungen bereitet.

Keine weitere Klärung bringen Handlungsregulationskonzepte dagegen zu der Frage, warum denn das Aufgehen in der
Tätigkeit unter bestimmten Bedingungen erstrebenswert sein

soll. Gerade die aus der Ingenieurpsychologie stammenden Konzepte (Hacker 1986; Oesterreich 1983; Volpert 1983) sind allesamt strikt zweckzentriert. Operationen laufen hier ausschließlich deshalb ab, weil damit übergeordnete Ziele erreicht werden, die ihrerseits wieder günstige Folgen für etwas Allgemeineres haben. Gerade in diesen Ansätzen erscheint Aktivität wie ein kostbares Gut, das der Handelnde höchst geizig nur dann veräußert, wenn dadurch mit hinreichender Sicherheit wertvolle Ziele erreicht werden.

Die Tatsache, daß Menschen den Zustand des reflexionsfreien Aufgehens im flüssigen Tätigkeitsvollzug suchen (und wohl auch zeitweise brauchen), statt ständig abzuwägen, welche Folgen was haben könnte und wie wertvoll oder bedenklich die dann wären, bleibt ein eigenständiges Moment, auf das Csikszentmihalyi (1975, 1992) aufmerksam gemacht hat. Genaugenommen hätte man dieses Moment bereits von Woodworth (1918) und der *behavior primacy* (s. o.) herleiten können: Wenn ein Organismus über eine Vielzahl von Verhaltensmöglichkeiten verfügt und diese eine eigenständige Tendenz zur Betätigung haben, so sollte es auch ohne übergeordnete Zwecke verlockend sein, in den Zustand des Tätigkeitsvollzuges einzutauchen (vergl. White 1959).

6.7 Freude an riskanten Aktivitäten und Erlebnissuche

Mit dem Flow-Erleben wurde ein Phänomen analysiert, das der Alltagspsychologie nicht ohne weiteres geläufig ist. Auch im jetzigen Abschnitt wird eine Motivation behandelt, die auf den ersten Blick Verständnisschwierigkeiten bereiten kann. Es geht um die Faszination, die riskante Aktivitäten auf bestimmte Personen ausüben. Riskante Aktivitäten sind Handlungen mit offenem Ausgang, bei denen trotz der Ergebnisunsicherheit wichtige Folgen betroffen sind. Mitunter wird bereits der Fall, daß ein angestrebter Zielzustand nicht sicher erreichbar ist, als Risiko bezeichnet (Kogan & Wallach 1967). Als wirklich riskant wird in der Regel eine Handlung aber erst dann erlebt, wenn es bei ungünstigem Verlauf etwas zu verlieren gibt. Es geht dann also nicht nur um unsichere Zugewinne, sondern auch um die

Möglichkeit, daß man am Ende der Aktion weniger hat als vorher.

Insbesondere, wenn die bedrohten Werte hoch sind, sollte man solche Risikosituationen vernünftigerweise meiden. Falls ein Risiko aber unvermeidlich ist, so sollte zumindest eine möglichst risikogeringe Handlungsweise gewählt werden. Vor allem aber muß sich das Risiko in dem Sinne lohnen, daß bei positivem Verlauf der Ereignisse besonders hohe Gewinne erzielt werden. Der Modellfall für ein solches rationales Investitionskalkül wäre ein Geschäftsmann oder ein Börsenspekulant, der überlegt, ob er in ein nicht ganz sicheres Projekt sein Geld investieren soll. Neben der Erwartung eines vermutlich günstigen Verlaufs werden ihn erst die Aussicht auf besonders hohe Gewinne dazu bringen, das Risiko einzugehen, daß er im Eventualfall eines ungünstigen Ausgangs sein investiertes Geld verloren haben könnte. Risiken einzugehen ohne realistische Aussicht auf einen besonders lohnenden Gewinn erschiene jedenfalls unverständlich.

Gleichwohl gibt es in großer Vielzahl Beispiele dafür, daß Menschen solchem rationalen Kalkül nicht folgen, auch wenn sie die Situation kognitiv hinreichend durchdrungen haben. Sie bezahlen mitunter sogar dafür, um den Zustand der Unsicherheit zu erleben. Harmlose Fälle sind etwa Gelegenheitsbesucher eines Spielkasinos, die pro Besuch einen vorher festgelegten Geldbetrag riskieren. Ihnen ist in der Regel durchaus klar, daß die Wahrscheinlichkeit, dieses Geld zu verlieren, größer ist als ihre Gewinnaussicht. Sie investieren das Geld aber trotzdem. Abgesehen davon, daß sie es genießen, die gesamte Kasinoatmosphäre zu erleben, geht es ihnen vor allem um den Reiz, die Spannung und die Erregung in den Phasen, in denen ein unberechenbares Situationselement (z. B. eine rollende Roulettekugel) immer aufs neue darüber entscheidet, ob man plötzlich Besitzer eines hohen Geldbetrages ist oder nicht.

Auch wenn hier ein entscheidender Anreiz also im Auskosten spannender und mich selbst betreffender Situationsverläufe liegt, ist die Spielsituation mit dem rationalen Investitionsmodell noch insoweit vereinbar, als es auch hier um Gewinne unter Risikobedingungen geht. Zwar würde wegen zu geringer Erfolgswahrscheinlichkeiten die Geldinvestition bei strikt rationalem Kalkül unterbleiben müssen. Immerhin ist hier aber überhaupt ein Ergebnis in Aussicht, das im Eintretensfall die Investition um ein Vielfaches übertreffen könnte.

Gänzlich unverträglich mit dem rationalen Investitionsmodell wären jedoch Fälle, in denen jemand hohe Werte in Unsicherheit bringt, ohne überhaupt die Aussicht auf profitable Ergebnisse zu haben. Gleichwohl steigen an schönen Wochenenden unzählige Felskletterer in schwierigste Wände, verlassen Drachen- und Gleitschirmflieger mit geringsten Hilfsmitteln den sicheren Boden, ziehen Motorradfahrer in extreme Schräglagen durch Kurvenkombinationen, riskieren Skifahrer die Abfahrt steiler enger Rinnen, springen an Sturmtagen Surfer ihre Loopings im Inferno meterhoher Brandungsbrecher.

Die Aufzählung solcher Risikosportarten ließe sich mühelos fortsetzen. Gemeinsam ist ihnen, daß höchste Werte, nämlich die körperliche Unversehrtheit, im schlimmsten Fall das eigene Leben, in eine Unsicherheitsposition gebracht werden, ohne daß die Tätigkeit ein Ergebnis herbeiführt, bei dessen Erreichen Profite entstünden. Im Gegenteil. Die meist passionierten Betreiber solcher Aktivitäten müssen sogar erhebliche Geldbeträge für Ausrüstung und Anreisen aufbringen. Überdies investieren sie Zeit und Anstrengungen und nehmen nicht selten Schwierigkeiten mit dem Lebenspartner in Kauf, der zu oft alleine ist und sich begründet Sorgen macht.

Nun ist es nach den Abschnitten über die tätigkeitszentrierten Anreize und das Flow-Erleben ja keineswegs rätselhaft, daß Aktivitäten auch ohne den Anreiz erzielbarer Ergebnisfolgen hoch attraktiv sein können. So fand Csikszentmihalyi (1975) gerade bei Felskletterern besonders intensive Flow-Erlebnisse (*deep flow*). Die Kletterer berichten, sie seien notwendig völlig konzentriert auf den unmittelbaren Nahraum – also etwa darauf, zu welchem Griff die Hand in den nächsten Sekunden hinübergleiten muß. Weiterhin sei das Zeiterleben auf maximal die letzten 30 Sekunden und die Vorausplanung auf höchstens fünf Minuten zusammengeschrumpft. Es gibt keine Welt mehr außerhalb der jetzt gerade ablaufenden Aktion. Alles ist klar und auf das Klettern beschränkt, so daß das Leben mit seinen widersprüchlichen Anforderungen und anderen Problemen im Moment nicht existiert. Im Idealfall stellt sich das Erlebnis ein, als erfolgten die Bewegungen und die Anpassungen an den Fels wie von selbst. Man macht fortlaufend irgendwie das Richtige, ohne darüber nachzudenken. „Dein Geist ist ‚unter Verschluß‘ und Dein Körper geht einfach los" – so die Schilderung eines Kletterers bei Csikszentmihalyi (1987, S. 119). Andere charakterisieren diesen Zustand des gänzlichen Ich-Verlustes als „ozeanisches Gefühl" (Robinson 1969) oder als „*Peak-Experience*" (Maslow 1965).

Nun mag man gerne zustimmen, daß Flow-Zustände dieser Intensität hohen Anreiz besitzen können. Gleichwohl bleibt die Frage, warum sich jemand dazu ausgerechnet das Klettern aussuchen muß. Flow ließe sich ja auch beim Schachspielen oder Tanzen (Csikszentmihalyi 1975), beim Musizieren (Siebert & Vester 1990) oder beim Malen (Hentsch 1992) erleben, und zwar ohne die Gefahr, daß ein einziger kleiner Fehler umgehend schwere Verletzungen oder Tod zur Folge haben kann.

Die vitale Bedrohungskomponente, die beim Klettern hinzukommt, wird interessanterweise von verschiedenen Personen höchst unterschiedlich bewertet. Für einige Personen führt schon die bloße Vorstellung, derartiges zu tun, zu Angstaffekten. Andere Personen erscheinen dagegen unbeeindruckt oder erleben solche Bedrohung sogar eher positiv. Es waren wohl solche krassen individuellen Unterschiede, die dieses Forschungsgebiet für die Differentielle Psychologie interessant machten. Diese Teildisziplin der Psychologie hat sich ja zum Ziel gesetzt, individuelle Unterschiede zu erfassen und zu beschreiben. Die umfangreichste Forschung zu individuellen Unterschieden des Risikoverhaltens wurde vom Konzept des Sensation Seeking angeregt (Zuckerman 1971, 1979, 1984).

Zuckerman (1979) war bei Experimenten zur Auswirkung längerfristiger Reizverarmung (sog. sensorische Deprivation) aufgefallen, daß manche Personen solche monotonen Situationen viel besser ertragen als andere. Letztere werden schon nach kurzer Zeit unruhig und haben hoch aversives Erleben, wenn Stimulationen ausbleiben. Zuckerman nahm an, daß die Unterschiede in dieser ungewöhnlichen Experimentalsituation auf eine grundlegende Verhaltensdisposition zurückgehen, die auch in vielen anderen Situationen zum Tragen kommt. Er nannte diese Disposition Sensation Seeking (Eindruckssuche). Gemeint ist damit das individuell unterschiedliche Bedürfnis nach abwechslungsreichen, neuen und komplexen Eindrücken und der zugehörigen Bereitschaft, um solcher Eindrücke willen physische und soziale Risiken in Kauf zu nehmen (Zuckerman 1979).

Ähnlich wie beim diversiven Neugierverhalten (Berlyne 1960) läßt sich beim Sensation Seeking ein evolutionsbiologischer Hintergrund denken. Lebewesen mit einem Bedürfnis nach neuen Eindrücken und Erlebnissen gewinnen notwendigerweise viel mehr Informationen über Sachverhalte in ihrer Umwelt. Zudem entwickeln sie im Umgang mit diesen Sachverhalten dann mehr Kompetenzen als Lebewesen, die mit dem je

Bekannten zufrieden sind bzw. vor Neuem zurückschrecken. Die ersten Menschen, die nicht wie andere Lebewesen vor dem Feuer wegliefen, sondern sich ihm näherten, es erkundeten und es zunehmend unter Kontrolle brachten, wären ein gutes Beispiel für den Anpassungsvorteil einer gefahrenaufsuchenden Verhaltensdisposition. Dieser Vorteil dürfte allerdings nur dann bestehen, wenn zugleich die kognitiven Voraussetzungen für eine angemessene Gefahrenabschätzung gegeben sind, weil ansonsten die Überlebenswahrscheinlichkeit reduziert wäre.

Neben solch spekulativen, phylogenetischen Grundlagen der Eindruckssuche lassen sich empirisch gesicherte Eigenschaften unseres zentralen Nervensystems anführen. Wie die Ergebnisse zur sensorischen Deprivation zeigen, treten bei dauerhaftem Reizentzug massive kognitive Funktionsstörungen auf, so daß selbst einfachste Leistungen mißlingen (Heron 1957). Offensichtlich benötigt unser Zentralnervensystem in den Wachstunden eine Grundstimulation, um optimal funktionieren zu können. Selbiges gilt für die Entwicklung dieses Systems im Kindesalter sowie für die Verlangsamung von Abbauprozessen im Alter (Nissen 1954). Mit Blick auf diese neurologischen Gegebenheiten würde es Sinn machen, wenn das Gesamtsystem mit einem Antrieb ausgestattet wäre, der in der Wachphase für einen optimalen Erregungsstrom sorgt.

Ursprünglich hatte Zuckerman (1969) angenommen, daß die Unterschiede im Sensation Seeking einfach darauf zurückgehen, daß es individuell unterschiedlich hohe Standards dafür gibt, welches zentralnervöse Erregungsniveau für jemanden optimal ist (vgl. Berlyne 1960 oder Hebb 1955). Personen mit einem hohen Erregungssollwert sind auf einen stärkeren Reizstrom angewiesen und von daher häufiger auf der Suche nach neuen Eindrücken und Erlebnissen als Personen mit einem niedrigen Standard für das optimale Erregungsniveau. Nachdem sich in der psychophysiologischen Forschung das Konzept einer allgemeinen zentralnervösen Aktivation (Duffy 1957) aber nicht bewährt hatte, gab auch Zuckerman diesen Erklärungsansatz auf (Carol & Zuckerman 1977). Statt dessen schloß er sich einer Vorstellung Steins (1978) an, wonach Interesse und Neugier durch biochemische Prozesse im limbischen System vermittelt werden, bei denen Dopamine sowie die Monoaminooxidase im Blut eine wichtige Rolle spielen (Zuckerman 1984). Individuelle Unterschiede in diesen Prozessen werden als Ursache für Unterschiede im Sensation Seeking gesehen. Allerdings sind auch diese Annahmen nicht ganz unumstritten (von Knorring 1984), so daß man trotz einer Vielzahl von Experimenten die vorgeschlagene biochemische Fundierung des Sensation Seeking noch nicht als gesichert ansehen kann (s. im einzelnen Schneider & Rheinberg 1996).

Das muß den Erklärungswert dieses Konstruktes aber nicht beeinträchtigen. Schließlich wurde bei anderen Motivationssystemen wie etwa dem Leistungsmotiv ja nicht einmal der Versuch unternommen, so etwas wie eine zentralnervöse Fundierung der Motive zu finden. Trotzdem besitzen diese Konstrukte nicht nur Erklärungswert für auftretende Verhaltensphänomene, sondern liefern etwa im Fall der Leistungsmotivation auch praktische Empfehlungen für Interventionsvorhaben zur Motivationsoptimierung in Alltagssituationen.

Betrachten wir deshalb das Sensation Seeking-Konstrukt auf psychologischer Ebene. Hier steht zunächst die Erfassung dieser Disposition im Vordergrund. Um ein Verhaltenssyndrom wie das Sensation Seeking zu begründen, wären idealerweise umfangreiche Beobachtungen verschiedener Personen in verschiedenen Situationen und zu verschiedenen Zeitpunkten erforderlich. Dies wurde aus ökonomischen Gründen durch einen Fragebogen ersetzt, in dem Personen zu den hier interessierenden Verhaltensweisen Auskunft geben. Es wurden also Aussagen zu Bevorzugungen und Reaktionsweisen zusammengestellt, die alle etwas mit intensiven, neuen, abwechslungsreichen Eindrükken sowie mit riskanten Aktivitäten zu tun haben oder auch die

Tabelle 6.2: Vier Komponenten des Sensation Seeking nach Zuckerman (1979, 1984).

1. *Thrill and Adventure Seeking (TAS):* Tendenz zu risikoreichen Aktivitäten in Sport und Freizeit mit hohem Erlebniswert (Fallschirmspringen, Bergsteigen, Surfen etc.).
2. *Experience Seeking (ES):* Tendenz zu neuen Erfahrungen durch Reisen, Kunstgenuß, neue Speisen, interessante Personen, Einnahme von Drogen etc.
3. *Disinhibition (DIS):* Tendenz zur Enthemmung in sozialen Situationen, z. B. auf Parties, in sexuellen Beziehungen, insbesondere Enthemmungen im Zusammenhang mit Alkoholkonsum.
4. *Boredom Susceptibility (BS):* Tendenz, monotonen, sich wiederholenden Ereignissen und Tätigkeiten sowie langweiligen Personen aus dem Weg zu gehen.

Vermeidung von Monotonie und Langeweile betreffen. Statistische Analysen (Faktorenanalysen) zeigten dann, daß das Sensation Seeking vier verschiedene Komponenten umfaßt. In der fünften und aktuellen Fassung wird jede dieser Komponenten mit zehn Aussagen erfaßt. Tab. 6.2 gibt einen Überblick.

Die so erfaßbaren individuellen Unterschiede der Eindruckssuche sind erfahrungsbedingt, aber offenbar auch auf genetische Ursachen zurückzuführen. Der Einfluß von letzteren scheint überraschend hoch. In einer größeren Untersuchung an gut 400 ein- und zweieiigen Zwillingen wurde eine Erblichkeitsschätzung von immerhin 58% errechnet (Fulkner, Eysenck & Zuckerman 1980).

Faßt man die einzelnen Komponenten ins Auge, so ergibt sich, daß sie schwach bis mäßig untereinander korrelieren (r zwischen .20 und .40). Wegen dieser Interkorrelationen hält es Zuckerman (1979) für zulässig, einen aufsummierten Gesamtwert zu bilden, der die Sensation Seeking-Tendenz einer Person wiedergeben soll. Dieses Vorgehen ist aus statistischen Gründen kritisch (Andresen 1986, 1990). Auch im Licht weiterer Untersuchungsergebnisse wäre zu erwägen, ob man nicht besser mit den einzelnen Komponenten statt mit dem Gesamtwert arbeiten sollte.

So zeigte sich, daß die verschiedenen Sensation Seeking-Komponenten mit jeweils anderen Persönlichkeitsmerkmalen zusammenhängen, wenn man neben der Zuckerman-Skala einen Persönlichkeitstest vorgibt (16-PF-Test von Cattell 1956). Danach steht die Komponente *Thrill and Adventure Seeking* in Zusammenhang mit den Persönlichkeitsfaktoren „niedrige Konflikt-Spannung"; „hohe Ich-Stärke"; „Zuversicht" und „soziale Initiative". *Experience Seeking* steht statt dessen mit „Nonkonformität" und „niedrige Selbstdisziplin", *Disinhibition* mit „Impulsivität" und „Gruppenabhängigkeit" und *Boredom Susceptibility* mit „Argwohn" und „Radikalismus" in Beziehung (Birenbaum & Montag 1987).

Auch wenn man die Zusammenhänge zu Verhaltensweisen untersucht, erweisen sich häufig die einzelnen Komponenten als aussagekräftiger. Vergleicht man Personen, die einen riskanten Sport betreiben (Autorennen, Drachenfliegen, Abfahrtsskiläufer etc.) mit Sportabstinenten, so haben erstere meist einen signifikant höheren Gesamtwert im Sensation Seeking-Fragebogen. Besonders zuverlässig trennt hier aber die Unterskala Thrill and Adventure-Seeking (Zuckerman 1983). Bei mäßig riskanten Sportarten wie Rugby oder Ringen fallen die Unterschiede zu Kontrollgruppen schon schwächer aus, während bei risikogeringen Sportarten wie Laufen oder Tennis keine Unterschiede mehr auftreten. Ausschlaggebend ist also nicht der Sport an sich, sondern in der Tat sein Risikogehalt. Sogar die mutmaßliche Riskanz ein und derselben Sportart stand vereinzelt in Beziehung zum Sensation Seeking. Skifahrer, die Unfälle hinter sich hatten, wiesen höhere Sensation Seeking-Werte auf als bislang unfallfreie Skifahrer (Connolly 1981).

Eine Vielzahl von schwachen, mitunter auch mäßigen Zusammenhängen wurden zu unterschiedlichsten Verhaltensbereichen nachgewiesen. So ergaben sich plausible Beziehungen zur Risikobereitschaft im Straßenverkehr (Auto- und Motorradfahren; Clement & Jonah 1984), zum Drogenkonsum (Carol & Zuckerman 1977), zur Sexualität (Zuckerman & Myers 1983), ja sogar zur Delinquenz (Schwenkmezger 1983; s. im einzelnen Schneider & Rheinberg 1996).

Die imposante Fülle an Untersuchungen kann allerdings ein gravierendes Theoriedefizit des Sensation Seeking-Konzepts nicht ausgleichen. Zuckermans theoretische Arbeit konzentriert sich darauf, die per Fragebogen meßbare Disposition auf zentralnervöse bzw. biochemische Prozesse zurückzuführen. Was nahezu gänzlich unbearbeitet bleibt, ist die theoretische Klärung der Beziehung zwischen der Disposition und dem Verhalten. Es fehlt eine Bestimmung, bei welchen Sensation Seeking-Ausprägungen welche Situationsfaktoren welche kognitiven und emotionalen Prozesse anregen, deren Zusammenwirken dann zu einem bestimmten Verhalten führt.

Wir finden hier eine schlicht eigenschaftstheoretische Verhaltenserklärung. Besonderheiten im Verhalten werden ohne weiteres auf basale Besonderheiten der Person zurückgeführt. Lewins (1946) fundamentale Verhaltensgleichung, wonach Verhalten stets eine Funktion der Person *und* der Situation sei (s. Kapitel 3), findet hier keine Beachtung. Natürlich kann man auch mit rein eigenschaftszentrierten Ansätzen empirische Zusammenhänge aufspüren. Ohne Kenntnis entscheidender Vermittlungsprozesse und ohne Spezifikation einschlägiger Situationsfaktoren bleibt die Aufklärung von Verhaltensunterschieden jedoch unbefriedigend. Entsprechend niedrig sind dann auch die Korrelationen zwischen dem Sensation Seeking-Fragebogen und Verhaltensweisen. Gleichwohl ist es der Arbeit von Zuckerman zu verdanken, daß zumindest einige personseitige

Besonderheiten der Anziehungskraft riskanter Situationen modelliert wurden.

Eine der dabei isolierten Komponenten, nämlich die *Bevorzugung riskanter Sportaktivitäten*, konnte durch die Analyse tätigkeitszentrierter Anreize weiter aufgeklärt werden (Rheinberg 1987, 1996 b). In Untersuchungen zum Anreizspektrum riskanter Sportaktivitäten wie z. B. Motorrad- oder Skifahren fand sich neben einer Vielzahl anderer Anreize jeweils eine Gruppierung von drei risikobezogenen Komponenten. Die erste betrifft positiv bewertete Erlebnisse wie „Nervenkitzel" oder „Angstprickeln". Diese Komponente entspricht recht genau dem *Thrill and Adventure Seeking* bei Zuckerman (1979).

In den Befragungen stellte sich aber heraus, daß diese Komponente die Motivation zum riskanten Sport nur unzureichend charakterisieren würde. Bereits Cohen (1960), Slovic (1962) oder Kogan & Wallach (1967) hatten auf einen wichtigen Unterschied von Risikosituationen aufmerksam gemacht. Entscheidend ist danach, inwieweit der Gang der Ereignisse vom Zufall abhängt (z. B. beim Roulette) oder von mir und meiner Kompetenz (z. B. bei einer schwierigen Kletterpartie). Betreiber von Risikosportarten haben eine starke Tendenz zu einem fähigkeitsabhängigen Risiko. Der Einfluß von zufallsabhängigen Faktoren wird dagegen wie bei einem Stuntman soweit irgendmöglich reduziert (Piet 1988). Ein Kletterer beispielsweise tut alles, um die sog. objektiven Gefahren wie Wetter, Steinschlag oder dergleichen auszuschließen. Es ist also keineswegs das Risiko per se, sondern das Risiko in seiner fähigkeitsabhängigen Version, das gesucht wird (vgl. Aufmuth 1988).

Von daher wäre es auch recht abwegig, Betreibern riskanter Sportaktivitäten unbewußte Todessehnsüchte zu attestieren, die sich vielleicht aus einem Todestrieb Freudscher Prägung (Freud 1920) herleiten. Statt dessen ist es so, daß Risikosportler sich systematisch in Situationen bringen, in denen höchste „Werte", nämlich ihre körperliche Unversehrtheit/ihr Leben in Abhängigkeit von ihren eigenen Fähigkeiten sind. Wir haben es hier also mit einer ganz *basalen Leistungsthematik* zu tun: erfolgreiche Bewährung unter Ernstfallbedingungen. Erfolg und Mißerfolg haben hier nicht lediglich symbolische, sondern vitale Konsequenzen. Nirgendwo sonst dürfte die eigene Leistungstüchtigkeit wichtiger sein als in solchen Situationen. Dieses Erlebnis vermitteln riskante Sportaktivitäten ihren Betreibern (vgl. Apter 1994, Piet 1988).

Neben *Thrill und Adventure Seeking* findet sich als zweite Komponente der Motivation zum Risikosport also eine stark ausgeprägte Leistungsthematik. Beide Komponenten sind aufeinander bezogen. Wie gerade ausgeführt, vertieft die aufregende vitale Bedrohung die Bedeutung hinreichender eigener Fähigkeit. Auf der anderen Seite hängt die Bewertung der thrillerzeugenden Bedrohung entscheidend von der eigenen Fähigkeitseinschätzung ab. Wie sich bei Motorradfahrern oder Drachenfliegern (Kurz 1988) zeigte, werden Bedrohung und Thrill nur solange als genußfähig erlebt, wie man das Gefühl hat, durch die eigene Fähigkeit den Gang der Dinge noch unter Kontrolle zu haben (vgl. das Coping-Modell von Lazarus; Lazarus & Folkman 1984). Selbst Risikosportler wie der Extrembergsteiger Reinhold Messner brechen eine Besteigung ab, wenn ihnen der Einfluß unkontrollierbarer Faktoren zu groß wird. Sie erleben sogar Situationen wie den Straßenverkehr als höchst bedrohlich, weil hier über die Fehler anderer Personen Risiken ins Spiel kommen, die durch die eigene Fähigkeit nicht mehr zuverlässig zu kompensieren sind. Das sei bei einer Klettertour ganz anders, weswegen man sich in der Felswand sicherer fühlen könne als auf der Autobahn. (Der Realitätsgehalt solcher Einschätzungen soll hier nicht diskutiert werden.) Ganz ähnlich äußern sich Stuntmen zum Risikogehalt ihres Tuns (Piet 1988).

Neben Leistungsthematik und Erregungssuche fand sich bei riskanten Sportaktivitäten dann noch eine dritte Anreizkomponente, die wir als *Dynamic Joys* bei Duncker (1940) bereits kennengelernt haben. Schärfer ist diese Komponente von Caillois (1958) erfaßt worden, der zweckfreie Aktivitäten als „Spiele" untersucht hat. Neben anderen „Spielen" bildet er eine Gruppe, die er *Ilinx* (Strudel, Schwindel) nennt. Ilinx wird erlebbar, wenn der Körper in besondere Bewegungszustände versetzt wird: „Sturz oder Schweben im Raum, rapide Rotation, Gleiten, Geschwindigkeit, die Beschleunigung in einer gradlinigen Bewegung oder ihre Kombination mit einer kreisförmigen" (Callois 1958, S. 33). Die Attraktivität solcher Zustände ist bereits bei Kleinstkindern beobachtbar, die vor Freude quieken, wenn man sie in die Luft wirft. Erwachsene bezahlen Geld dafür, um auf einer Achterbahn oder beim Bungeejumping ähnliches erleben zu können.

Diese *Anreiztrias* macht die Vorliebe für riskante Sportaktivitäten insoweit nachvollziehbar, als man sich in ungewöhnliche, aber genußfähige Bewegungszustände begibt, in denen durch die Möglichkeit vitaler Bedrohung eine erlebnisintensivierende Erregungssteigerung hervorgerufen wird, wobei man ganz basal und überlebenssichernd die Bedeutung der eigenen Kompetenz erfährt.

Apter (1994) schlägt inzwischen ein theoretisches Modell vor, in dem solche Erlebnisse nur solange genußvoll sind, wie man sich im Zustand tätigkeitszentrierter Motivierung befindet *(paratelic mode)*. In zweckzentrierten Zuständen *(telic modes)* sollen Personen dagegen alles tun, Risikoerlebnisse zu vermeiden. Die empirische Absicherung dieser Annahmen steht noch aus.

Im Überblick betrachtet, leisten die Anreizanalysen dieses Kapitels zunächst natürlich nicht mehr, als auf phänomenaler Ebene möglichst vollständig und genau das zu erfassen, was aus der Sicht des Handelnden eine Tätigkeit anziehend macht. Theoretisch wie empirisch ist auf der einen Seite zu erklären, inwieweit sich die Bevorzugung eines bestimmten Anreizes als Personkonstante auffassen läßt, die durch bereits eingeführte Motiv- oder Dispositionskonzepte abgedeckt ist. Im jetzigen Fall wären beispielsweise Beziehungen zur Sensation Seeking-Disposition zu untersuchen. Auf der anderen Seite ist zu klären, wie die Anreizbevorzugung Einfluß darauf nimmt, welche Aktivitäten jemand in welcher Weise ausführt. Beide Klärungen stehen noch aus. Vorerst tragen die Anreizanalysen lediglich dazu bei, daß Motivationsrekonstruktionen nicht vorschnell auf ein oder zwei theoretisch vorformulierte Konstrukte eingeengt werden.

7. Motivation und Wille

7.1 Merkmale von Willensprozessen

Bislang wurden in diesem Buch ausschließlich Fragen der Motivation behandelt. Es ging vor allem darum, welche Zielzustände und Aktivitäten bestimmte Personen unter bestimmten Bedingungen bevorzugen und über welche Zwischenprozesse die spezifischen Handlungstendenzen vermittelt werden. Sehen wir einmal vom Flow-Erleben ab, so schien die konkrete Realisation des motivierten Verhaltens nicht mehr sonderlich interessant oder aber Gegenstand anderer psychologischer Teildisziplinen zu sein. Ob und wie beispielsweise ein Anschlußmotivierter Aktivitäten wie Briefeschreiben, Telefonieren, Gespräche führen etc. im einzelnen ausführt, würde man eher der sprach- oder kognitionspsychologischen Forschung überlassen.

Nun hatte sich ja schon beim Flow-Erleben gezeigt, daß bestimmte Aspekte der Handlungsrealisation insofern auch für die Motivationspsychologie interessant sind, als sie einen tätigkeitseigenen Anreiz genauer spezifizieren. Hier ging es ja um Zustände des freudvollen gänzlichen Aufgehens in einer Tätigkeit, bei der Ablauf und Konzentration wie von selbst und ohne jede willentliche Anstrengung gelingen. Csikszentmihalyi (1975, 1992) hatte einige Bedingungen und Komponenten dieses Zustandes herausgearbeitet (s. o., Kapitel 6.6).

Leider vollzieht sich nun keineswegs alles motivierte Verhalten im freudvollen Flow. Häufig müssen wir uns mit aversiven Tätigkeiten abmühen, die wir uns ausschließlich deshalb zumuten, weil sie besonders gewichtige Ergebnisfolgen sichern bzw. bedrohliche abwehren. So mag sich ein Student durch einen schwierigen und langweiligen Text in kaum lesbarer Kopie quälen, muß dabei laufend Fremdwörter nachschlagen, um dann doch festzustellen, daß der Autor nur Trivialitäten verkündet, und tut all dies allein deshalb, weil er ein Referat schreiben muß, für das er einen erforderlichen Schein bekommt. In der schon erwähnten Untersuchung zum Tagesablauf von Studenten (Rheinberg 1989, S. 125) brachten die Studenten immerhin 10% ihrer Wachzeit zweckzentriert mit aversiven Aktivitäten zu. Bei Berufstätigen könnte je nach Arbeitsplatz dieser Anteil erheblich höher liegen.

Die Frage ist, wie wir das überhaupt anstellen, etwas zu realisieren, dessen Ausführung uns eher abschreckt. Alltagssprachlich sagen wir, man müsse sich dabei „zusammenreißen" und dürfe sich nicht „gehenlassen". Als Oberbegriff für die hier gemeinten Prozesse wird sowohl im alltagssprachlichen wie auch im wissenschaftlichen Gebrauch der Begriff *Wille* oder auch *Volition* verwandt. Gemeint ist im jetzigen Kontext unsere Möglichkeit, aufgrund bestimmter Binnenprozesse eine Handlungsausführung trotz innerer oder äußerer Widerstände bis zur Zielerreichung aufrecht zu erhalten.

Ein solches Überwinden von Widerständen wird als anstrengend erlebt, wobei diese Anstrengung nicht zu verwechseln ist mit dem Aufwand, den die Tätigkeitsausführung per se erfordert (Sokolowski 1993). So muß ein Rock- oder Technotänzer nach einer durchtanzten Nacht trotz körperlicher Erschöpfung nicht notwendig das Erlebnis haben, sich merklich angestrengt zu haben. Dagegen wird eine etwas ängstliche Person auf der luftig hohen Plattform einer Bungee-Sprunganlage erhebliche Anstrengungserlebnisse bei dem Willensakt haben, den Körper nur ein wenig nach vorne zu beugen, damit er kopfüber in die Tiefe stürzt.

Das Zögern der Person rührt dabei keineswegs aus einem Motivationsmangel. Wie sehr sie sich den Sprung wünscht, ist u. a. daran abzulesen, daß sie dafür bereits im vorhinein einen erheblichen Geldbetrag bezahlt hat. Statt mit einem Motivations- haben wir es mit einem Willensproblem zu tun: Es müssen Widerstände überwunden werden, damit das geschieht, was man sich nach einem motivationalen Beurteilungsprozeß vorgenommen hat.

Wie aus dem Alltagsleben bekannt sein dürfte, werden Willensakte aber nicht nur bei der Überwindung von Angst erforderlich. Es gibt sie z. B. auch bei der Überwindung von Ekel. So untersuchte Lindworsky (1923), mit welchen inneren Prozessen Personen sich zur Handlungsausführung bewegen können, wenn sie in einem Experiment z. B. vor die Aufgabe gestellt werden, eine tote Fliege zu verschlucken.

Die bei solchen und anderen Selbstüberwindungsaktionen auftretenden Kognitionen (Selbstermahnungen, Umbewertungen, Unterdrücken aversiver Vorstellungen, Akzentuieren positiver Folgen etc.) sind bei Willensakten typischerweise von ausgeprägten Spannungsempfindungen begleitet, die wohl auch zum Anstrengungserleben beitragen. Diese Spannungen können in der Kinngegend, in zusammengepreßten Zähnen und Lippen, geballten Fäusten, im Nacken, Oberkörper, Beinen oder Armen auftreten. Sie können gerade bei Überwindungsaufgaben eine plötzliche Intensitätssteigerung erfahren, die einem Willensakt dann den Charakter des Ruckartigen, Impulsiven verleiht (z. B. der nach längerem Zögern plötzlich energische und von einem Schrei begleitete Sprung von der Bungee-Plattform).

Die Willensanstrengungen werden nicht ohne Notwendigkeit aufgebracht. Offenbar werden sie im Unterschied zu manch sportlich-körperlichen Anstrengungen als wenig angenehm erlebt. Jedenfalls gibt es hier ein Minimierungsprinzip derart, daß diese Anspannung mit dem zu überwindenden Widerstand wächst, so daß sie nur in dem Maß aufgebracht wird, wie es zur Widerstandsüberwindung erforderlich ist. Diese Dosierung funktioniert anscheinend auch ohne bewußte Steuerung quasi automatisch und wurde als „Schwierigkeitsgesetz der Motivation" bereits 1912 von Hillgruber formuliert und empirisch belegt. Derselbe Sachverhalt wurde später von Düker (1931, 1975) als „reaktive Anspannungssteigerung" mit vergleichbaren Resultaten untersucht.

Die experimentelle Untersuchung von Willensprozessen begann recht früh, und zwar vor allem durch Narzis Ach (1905, 1910, 1935). Ach wählte allerdings weniger dramatische Willensphänomene. Vorzugsweise untersuchte er, was geschieht, wenn jemand gegen eine fest eingeschliffene Gewohnheit handeln muß. Hier liegt die Willensfunktion nicht in einem punktuellen Akt kurzfristiger Selbstüberwindung, sondern in einer längerfristigen Kontrolle einer neuartigen Handlungsweise, die sich gegen einen automatisierten Ablauf durchsetzen muß. Sobald die Person ihre Aufmerksamkeit auf andere Dinge richtet und den Verhaltensablauf sich selbst, also untergeordneten Regulationsebenen überläßt (s. Abb. 6.3), läuft wieder die eingeschliffene Routine ab, die ja auf diesen Ebenen gespeichert ist. Erforderlich ist eine unübliche und deshalb willentlich aufrechtzuerhaltende Aufmerksamkeitsbündelung auf die Details des Verhaltensablaufs. Ein Alltagsbeispiel für den gemeinten Sachverhalt ist etwa der Busfahrer, der – wenn nicht voll konzentriert – auch dann noch in die Haltestellenbucht seiner täglichen

Busroute fährt, wenn er am Samstag mit dem eigenen Auto zum Einkaufen fährt (Heckhausen 1987 c).

In Achs Experimenten wurden nun solche Gewohnheiten in einer ersten Phase kontrolliert eingeschliffen. So mußten die Probanden z. B. Silbenpaare lernen, die sich reimten („bis-zis"). Diese Koppelung konnte man verschieden fest gestalten, je nachdem, wie lange und häufig man den Probanden über Tage hinweg seine Silbenpaare lernen ließ. In der zweiten Versuchsphase wurde jetzt jeweils die erste Silbe eines Paares gezeigt. Der Proband sollte möglichst schnell eine zugehörige zweite Silbe nennen. Das durfte aber nicht die inzwischen fest verkoppelte zweite Paarhälfte sein, sondern das Ergebnis einer neuen Operation. So sollte als zweiter Silbenpaarling etwa die erste Silbe von hinten gelesen werden („bis-sib"). Diese neue Operation mußte sich also gegen eine verschieden fest etablierte Gewohnheit durchsetzen. Über die Messung von Reaktionszeiten und Fehlerhäufigkeiten bei der sprachlichen Produktion des zweiten Silbenpaarlings wurden Rückschlüsse auf die vorliegende „Willensstärke" oder den „Wirkungsgrad des Wollens" gezogen.

Das eigentlich Interessante waren aber nicht solche objektiven Daten, sondern das, was die Probanden über das innere Geschehen berichteten, als sie gegen ihre festen Reaktionstendenzen handeln mußten. Diese Probanden waren zuvor in der Selbstbeobachtung trainiert worden und konnten entsprechend reichhaltig Auskunft geben. Auf der Grundlage solcher Berichte formulierte Ach (1910, 1935) vier Besonderheiten des „energischen" bzw. „primären Willensaktes", wie er es nannte.

Das erste ist die genaue Vorstellung von dem, was gleich zu tun ist („Die nächste Silbe rückwärts lesen"). Dieses Merkmal eines Willensaktes nannte Ach das (1) gegenständliche Moment. Das zweite und vielleicht entscheidende Merkmal ist der „energische Entschluß", das: „Ich will wirklich!" Damit sind andere Handlungsmöglichkeiten auf „entschiedene und rücksichtslose Weise im Erlebnis ausgeschlossen" (Ach 1910, S. 242). Es kommt zu einer Einengung des Bewußtseins auf die jetzt anstehende Gelegenheit der Tätigkeitsausführung. Dieses Merkmal eines Willensaktes wurde das (2) aktuelle Moment genannt. Die letzten beiden Merkmale haben wir bereits oben angesprochen. Das eine ist die Anstrengung, die über den gesamten Willensakt hinweg erlebt wird. Weil es kein punktuelles Ereignis, sondern ein überdauernder Zustand ist, wird er als (3) zuständliches Moment bezeichnet. Die dabei sich konkretisierenden Spannungsempfindungen in Körperteilen wie Nacken, Kinn, Lippen, Kiefer etc. nennt Ach das (4) *anschauliche Moment.*

Abgesehen von diesen und anderen phänomenologischen Differenzierungen traf Ach eine höchst bedeutsame Feststellung. Nach Ach (1910, 1935) sind Anspannungs- und Anstrengungsintensitäten nicht direkt von der vorauslaufenden Motivationsstärke abhängig, sondern von der Stärke des Widerstandes bei der Verhaltensrealisation. Natürlich muß die Person zuvor hinreichend motiviert sein, um überhaupt einmal den Entschluß zu fassen, jetzt in bestimmter Weise mit Blick auf ein Ziel zu handeln („ich will wirklich"). Ab dann verlängert sich die Stärke der Motivationstendenz aber nicht einfach linear in die Willensanspannung. Letztere entwickelt vielmehr eine Art Eigenleben, das sich nach den Erfordernissen der aktuellen Handlungsrealisation und ihren Widerständen richtet. In einer aktuellen Fassung der wiederentdeckten Willenspsychologie wird sogar davon ausgegangen, daß in der Willens- und in der Motivationsphase ganz verschiedene Bewußtseinslagen vorliegen (Gollwitzer 1991, Heckhausen & Gollwitzer 1987).

Allerdings läßt sich zwischen der Motivationsstärke und den willensgesteuerten Anstrengungsaufwendungen bei der Handlungsausführung in einem Punkt doch eine direkte Beziehung annehmen: Die Motivationsstärke legt vermutlich die *Obergrenze* dessen fest, was man willentlich an Anstrengung, Anspannung und Ausdauer zu investieren bereit ist (Heckhausen 1989, S. 14, 215). Danach würde man im Fall niedriger Ausgangsmotivation bei auftretenden Widerständen eher sein Ziel aufgeben als bei hoher Ausgangsmotivation.

Diese zunächst plausibel erscheinende Annahme muß jedoch noch etwas modifiziert werden. Nach Kuhl (1987; Beckmann & Kuhl 1984) besteht nämlich eine von mehreren Strategien effizienter Handlungskontrolle darin, bei wachsenden Realisationsschwierigkeiten seine ursprüngliche Motivationsstärke zu steigern, indem man sich z. B. besonders verlockende Zielerreichungsfolgen ausmalt (s. u. Tab. 7.1). Damit würde die Motivation nach wie vor die Obergrenze der willensmäßig investierten Anstrengung markieren, nur wäre die anfängliche Motivation keine Konstante, sondern abhängig von Selbststeuerungsprozessen der Person.

Letzteres setzt allerdings ein Menschenbild voraus, bei dem „der Handelnde nicht Gefangener seiner wechselnden Motivationsprozesse ist" (Heckhausen 1989, S. 12), sondern mit Hilfe

164

übergeordneter Prozesse entscheidet, welche Motivationstendenzen bei ihm selbst gestärkt und welche im Moment ausgeblendet werden sollen. Prozesse dieser Art werden als *Metamotivation* bezeichnet.

7.2 Handlungskontrolle

Aus verschiedenen Gründen ist die Erforschung von Willensprozessen nach Ach aus dem Blickfeld geraten. Ein entscheidender Grund war sicher der, daß Lewin (1922, 1926) in der berühmt gewordenen „Ach-Lewin-Kontroverse" obsiegte. Lewin gelang es, plausibel zu machen, daß Motivationsprozesse für die Handlungssteuerung viel bedeutsamer seien als Willensprozesse. Bis zu Beginn der achtziger Jahre gab es dann so gut wie keine Forschung mehr zu Willensphänomenen.

Die Notwendigkeit, wieder besondere Prozesse bei der Ausführungsregulation motivierten Verhaltens anzunehmen, ergab sich aus Weiterentwicklungen der Motivationsforschung. Atkinson & Birch (1970) hatten ein „dynamisches Handlungsmodell" entwickelt, mit dem sich die Veränderung verschiedener Motivationstendenzen und ihre Verhaltensauswirkungen im zeitlichen Verlauf bestimmen ließ. In der Computersimulation dieses komplexen Modells zeigte sich, daß im Fall zweier etwa gleich starker Motivationstendenzen eine Art „Verhaltensflimmern" auftrat: Die Person folgt der gerade stärksten Motivationstendenz und beginnt eine entsprechende Handlung. In der Zwischenzeit hat sich die Stärke dieser Motivation aber etwas gesenkt und die der Konkurrenzaktivität etwas gesteigert. Kaum begonnen, müßte die Person also die erste Handlung umgehend abbrechen und mit der zweiten beginnen, wobei sich je nach Schwankungen in den beiden Motivationstendenzen dieses Hin- und Herspringen von Handlungsanläufen fortsetzt.

Anders als bei der Computersimulation tritt in der Realität ein solches „Verhaltensflimmern" aber nicht auf. Es mußte also etwas geben, das für Verhaltensstabilität sorgt. Es war Kuhls (1983) Idee, daß es sich hierbei um Prozesse der Handlungskontrolle handelt. Derartige Prozesse sollen dafür sorgen, daß eine jetzt aktuelle Handlungsabsicht abgeschirmt wird gegen andere Motivationstendenzen.

Folgerichtig unterscheidet Kuhl zwischen *Selektions-* und

Realisationsmotivation. Die Selektionsmotivation betrifft solche Prozesse, die zur Auswahl der jetzt zu realisierenden Handlung führen. Sie entspricht dem, was Motivationspsychologie üblicherweise erforscht hat. Die Realisationsmotivation bezieht sich dagegen auf Prozesse, die die Verhaltensausführung sichern. Sie sorgen dafür, daß das Verhalten trotz Widerständen, Unterbrechungen, Fehlschlägen aber auch konkurrierender Verlockungen bis zur Zielerreichung auf Kurs bleibt. Wir sehen, daß der Gegenstand der Realisationsmotivation ziemlich genau der gleiche ist, mit dem sich zu Beginn des Jahrhunderts die Willenspsychologie befaßt hat.

Kuhl untersuchte nun in einer Vielzahl von Studien Personen, denen die Handlungskontrolle besonders gut vs. weniger gut gelingt. Bei ersteren findet man, daß sie typischerweise alle vier Elemente einer *vollständigen und adäquaten Handlungsabsicht* in etwa gleicher Klarheit vor Augen haben: (1) den angestrebten zukünftigen Zustand, (2) den zu verändernden gegenwärtigen Zustand, (3) die zu überwindende Diskrepanz zwischen Ist- und Soll-Zustand und (4) die beabsichtigte Handlung, mit der die Diskrepanz reduziert werden soll. Personen, deren Absichten häufig in dieser vollständigen Form ausgebildet sind, nennt Kuhl (1983) *handlungsorientiert.* Sie sind oft und mit Erfolg damit befaßt, ihre Absichten in die Tat umzusetzen.

Ist eines dieser vier Elemente nicht gegeben, kann eine Handlung nicht erfolgreich ausgeführt werden. Gleichwohl kann sie als Absicht weiter bestehen bleiben und die Aufmerksamkeit der Person binden, mithin andere Aktivitäten behindern. Solche störenden Strukturen nennt Kuhl *degenerierte Absichten,* eben weil ihnen etwas fehlt, das sie zu dem machen, was sie eigentlich sein sollten. Wenn die Gedanken nach einem Mißerfolg beispielsweise immer nur um den jetzigen Zustand kreisen (Element 2) und vielleicht noch darum, wie schön doch ein Erfolg gewesen wäre (Element 1), so werden diese Binnenaktivitäten keine Handlungskonsequenzen haben, solange nicht mit gleicher Intensität darüber nachgedacht wird, was denn zur Zeit an einem Erfolg noch fehlt (Element 3) und was deshalb jetzt zu tun ist (Element 4). Personen, deren Absichten häufig in degenerierter Form vorliegen, nennt Kuhl *lageorientiert.* Statt um Dinge, die man tun könnte, kreisen ihre Gedanken um die jetzigen, mitunter auch um vergangene oder künftige Zustände („Lagen").

Dieser Personenunterschied kann mit einem Fragebogen erfaßt werden (HAKEMP; Kuhl 1985). Es ließ sich zeigen, daß handlungsorientierte Personen tatsächlich häufiger ihre Absichten realisieren als lageorientierte (z. B. Kuhl 1982). Weiterhin zeigte sich, daß Handlungsorientierte nicht nur ihre Absichten vollständiger ausbilden, sondern auch häufiger über erfolgreiche Strategien der Handlungskontrolle verfügen. Solche Strategien lassen sich einsetzen, wenn sich innere oder äußere Hindernisse der Absichtsrealisation in den Weg stellen. Ein anderer Anwendungsfall für Handlungskontrollstrategien ist der, daß eine relativ schwache Motivationstendenz nur wegen einer kurzfristig günstigen Gelegenheit Zugang zum Handeln gefunden hat und nun bis zur Zielerreichung gegen andere stärkere Tendenzen abgeschirmt werden muß. Tabelle 7.1 führt diese Strategien der willentlichen Handlungskontrolle stichwortartig auf.

Natürlich bilden solche Strategien Willensprozesse nicht vollständig ab. Sie helfen aber, die Handlung zu realisieren, zu der man sich aufgrund einer bestimmten motivationalen Tendenz in einer bestimmten Situation entschlossen hat. Kuhl (1996) hat inzwischen eine erhebliche Erweiterung seiner Konzeption vorgenommen, bei der die hier beschriebene Handlungskontrolle

Tabelle 7.1: Strategien willentlicher Handlungskontrolle nach Kuhl (1987, S. 108)

1. *Aufmerksamkeitskontrolle:* Das bewußt gesteuerte oder durch automatische Aufmerksamkeitsfilter vermittelte Ausblenden solcher Informationen, die absichtswidrige Motivationstendenzen stützen würden.
2. *Motivationskontrolle:* Die gezielte Steigerung der eigenen Motivation, die aktuelle Absicht auszuführen.
3. *Emotionskontrolle:* Die Beeinflussung eigener Gefühlslagen, die die Handlungskontrolleffizienz steigern (z. B. Herbeiführen eines entspannten, zufriedenen Zustandes oder Meidung trauriger Gefühlslagen).
4. *Handlungsorientierte Mißerfolgsbewältigung:* Ausschöpfung des eigenen Handlungsrepertoires nach Mißerfolg oder Abstandnehmen von unerreichbaren Zielen.
5. *Umweltkontrolle:* Veränderung der eigenen Umgebung in einer Weise, die das Durchhalten der aktuellen Absicht fördert (z. B. Entfernen von Süßigkeiten aus der Wohnung bei Diätabsicht).
6. *Sparsamkeit der Informationsverarbeitung:* Vermeiden übermäßig langen Abwägens von Handlungsalternativen.

nur eine von mehreren Möglichkeiten anforderungsadäquater Verhaltenssteuerung ist. Die empirische Fundierung dieser Erweiterung steht allerdings noch aus. (Zur Kritik am Konzept der Handlungskontrolle s. Sack 1994.)

7.3 Das Rubikonmodell des Handelns

Inzwischen liegt ein deskriptives Modell vor, das allen bislang behandelten Prozessen ihren Platz zuweist und unser Handeln in einer „natürlichen" Sequenz von Motivations- und Volitionsphasen beschreibt. Es handelt sich um das sog. *Rubikonmodell* (Heckhausen 1987 b). Den Namen bezieht das Modell von dem Fluß, den Cäsar 49 v. Chr. nach langem Abwägen überschritt, womit unwiderruflich der Bürgerkrieg eröffnet war. Die Würfel waren gefallen, und ab jetzt ging es nur noch um die bestmögliche Realisation des gefaßten Entschlusses. Diese scharfe Zäsur zwischen der Phase des Abwägens und der Phase nach der Entscheidung für eine bestimmte Handlung ist das wohl wichtigste Merkmal des Modells. Alle Prozesse vor der Entscheidung, also vor der Rubikonüberquerung, sind motivationaler Art. Die Prozesse danach sind bis zur Handlungsbeendigung volitionaler Art.

Grob skizziert geht Heckhausen (1987 a) davon aus, daß der Ausgangspunkt motivationaler Prozesse in einer überreichlich sprudelnden Quelle von Wünschen besteht. Die meisten sind flüchtiger Natur. Sie verschwinden wieder, ohne ernsthaft beachtet oder näher bearbeitet worden zu sein. Personen unterscheiden sich darin, welche allgemeinen Themenklassen in ihren Wünschen immer wieder auftreten. Dem entsprechen die Motive der klassischen Motivationspsychologie wie „Leistung", „Macht", „Anschluß" etc. Da Wünsche zumindest bei nicht depressiven Personen in steter Überproduktion vorliegen, werden sie im engeren Rubikonmodell nicht weiter abgebildet. Sie sind eben da.

Das Modell selbst beginnt mit der *Motivationsphase*. Aus der Vielzahl der ständig produzierten Wünsche gelangt ein sehr kleiner Teil in diese Phase. Hier wird ein Wunsch sozusagen vorläufig ernst genommen und mit Blick auf die Wünschbarkeit seiner Realisationskonsequenzen beurteilt. Zudem wird die Machbarkeit seiner Realisation geprüft. Hier ist der Platz des strikt zweckrationalen Erweiterten Kognitiven Motivationsmodells, das wir in Kapitel 6.3 kennengelernt haben: Man schätzt ab, ob ein erwünschter Zustand sich ohne mein Zutun vielleicht von alleine einstellt (Situations-Ergebnis-Erwartung), prüft die Möglichkeiten eigenen Eingreifens (Handlungs-Ergebnis-Erwartung), bedenkt die Möglichkeit unterschiedlicher Folgen (Ergebnis-Folge-Erwartung) und wägt ihre Bedeutsamkeit ab (Folgenanreiz).

In dieser Phase sind Personen hoch *realitätsorientiert*. Man ist offen für alle entscheidungsrelevanten Informationen, wägt ab, bedenkt Möglichkeiten unerwünschter Nebenfolgen, fragt sich, ob andere Personen oder bestimmte Situationsentwicklungen uns helfen oder behindern werden und anderes mehr. Dies alles ist typisch für eine motivationale Bewußtseinslage.

Genaue Prozeßanalysen ergaben, daß die meisten Probanden im Verlauf dieses Beurteilungsprozesses zunehmend die negativen Aspekte eines ursprünglich verlockenden Wunsches bedenken, ganz so, als wollten sie sich den Wunsch selbst wieder ausreden (Gollwitzer & Heckhausen 1987). Erst wenn dann die Folgen einer Nicht-Realisation bedacht werden und sich dabei ergeben sollte, daß diese unannehmbar wären, kommt es zum Entschluß, diesen Wunsch doch zu realisieren. In diesem Fall ist aus einem Wunsch eine Absicht, eine *Intention* geworden.

Damit ist der Rubikon überschritten. Zugleich ändert sich die Bewußtseinslage. War man in der Motivationsphase realitätsorientiert, so ist man in der Volitionsphase *realisierungsorientiert*. Hier ist der Platz für einige der Handlungskontrollstrategien, die Kuhl (1983) gefunden hat (s. o., Tab. 7.1). Der Handelnde beachtet jetzt vorzugsweise Informationen, die zur Realisierung der Absicht benötigt werden. Vor allem werden solche Informationen ignoriert, die den einmal getroffenen Entschluß in Zweifel ziehen könnten. Alle Prozesse sind jetzt so ausgerichtet, daß sie nur noch die eine Funktion haben: Das umzusetzen, wozu man sich nach vorauslaufender Prüfung entschieden hat. „Von abwägenden Moderatoren des Wählens sind wir im Handumdrehen zu einseitigen Partisanen unseres Wollens geworden." (Heckhausen 1987 a, S. 6).

In einfallsreichen Experimenten wurden die beiden Bewußtseinslagen näher untersucht. Die Bewußtseinslagen wurden dadurch erzeugt, daß man einige Probanden noch vor einer getroffenen Entscheidung (= Motivationsphase) und andere nach der Entscheidung (= Volitionsphase) untersuchte. Bei einer anderen

Variante mußten die Probanden vor der eigentlichen Untersuchung intensiv über eine wichtige Entscheidung in ihrem Leben nachdenken. Hier ging es um Fragen, ob man von den Eltern wegziehen sollte, ob man den Lebenspartner wechseln sollte, ob man sein Studium aufgeben sollte etc. Einige Probanden hatten sich nun gedanklich mit einer Entscheidung zu befassen, die noch nicht getroffen war (Aktivierung einer motivationalen Bewußtseinslage), während andere über die praktische Durchführung einer Entscheidung nachdachten, die sie gerade gefällt hatten (Aktivierung einer volitionalen Bewußtseinslage).

In den dann unmittelbar anschließenden Experimenten zeigte sich, daß z. B. in selbstverfaßten Märchentexten Probanden in einer motivationalen Bewußtseinslage mehr abwägungsorientierte Verben gebrauchen, während Probanden in einer volitionalen Bewußtseinslage mehr ausführungsorientierte Verben benutzen (Gollwitzer, Heckhausen & Steller 1987). Analoge Unterschiede ergaben sich, wenn solche Aussagen nicht selbst produziert, sondern nach einiger Zeit erinnert werden sollten. Offenbar begünstigen beide Bewußtseinslagen die phasenmäßig jeweils passenden Informationen auch dann, wenn sie sich nicht auf das akute eigene Anliegen beziehen.

Ein weiterer Unterschied betrifft den Eindruck, durch eigenes Handeln Ereignisse kontrollieren zu können. Personen in einer volitionalen Bewußtseinslage haben bei objektiv mäßiger Kontrollchance eher den Eindruck, Ereignisse kontrollieren zu können als Personen, die sich in einer motivationalen Bewußtseinslage befinden. All dies und weitere Befunde (Gollwitzer 1991) sprechen in der Tat für zwei qualitativ verschiedene Bewußtseinslagen, die jeweils so ausgerichtet sind, daß die anstehenden Aufgaben (Abwägen vs. Realisieren bzw. Planen) am besten erledigt werden können. Wir haben es hier mit einer Art Selbstoptimierung des Systems zu tun.

Das vollständige Rubikonmodell ist allerdings noch komplexer. Es trägt der Tatsache Rechnung, daß nach der Entscheidung für die Realisation eines bestimmten Wunsches das Vorhaben ja keineswegs immer umgehend erledigt werden kann. Im Normalfall muß eine passende Gelegenheit abgewartet werden. Nach der Rubikonpassage bildet sich also zunächst einmal eine Intention, die abgespeichert und bei passender Gelegenheit aktiviert wird.

Eine Studentin, die sich nach langem Abwägen dazu durchgerungen hat, sich ein Auto zu kaufen, hat zwar den Rubikon überquert und ist in einem auch erlebnismäßig spürbar anderen Zustand. Jetzt muß aber die „passende Gelegenheit", also ein akzeptables Auto, gefunden werden. Sie ist in hohem Maße handlungsorientiert. Sie prüft Zeitungsinserate, bemüht Freunde als Experten, versucht, eine finanzielle Unterstützung der Eltern zu aktivieren und tut weiteres mehr, bis sich die hoffentlich günstige Gelegenheit eines passenden Autos ergibt. In diesem Beispiel kann sich allerdings die Komplikation ergeben, daß unsere Studentin bei der anstehenden Autowahl erneut in eine motivationale Bewußtseinslage gerät, und zwar dann, wenn sie unsicher sein muß, ob ein ins Auge gefaßtes Auto tatsächlich das richtige ist, oder wenn sie zwischen zweien wählen kann. Dies erfordert dann eine erneute Rubikonpassage und zwar innerhalb einer bereits bestehenden allgemeineren Intention („ein Auto zu kaufen"). Die Dinge können im Alltag also komplex werden und müssen mitunter in einer Art Hierarchie rekonstruiert werden. Daß motivationale Einflüsse auch in der Volitionsphase wirksam werden, hat unlängst Puca (1996) experimentell nachgewiesen.

Im allgemeinen erhöhen sich die Realisierungschancen einer Intention, wenn man in spezifischen *Vorsätzen* festlegt, unter welchen genauen Bedingungen und zu welchen Zeitpunkten wie im einzelnen gehandelt werden soll. Sind solche Vorsätze deutlich genug herausgearbeitet, so setzt bei Eintreten dieser Bedingungen die Handlung wie von selbst und ohne aktuellen Willensaufwand ein. Diese Beobachtung hatte übrigens bereits Lewin (1926, S. 377) gemacht. In unseren neuzeitlichen Vorstellungsmodellen würden wir vielleicht formulieren, daß sich der Handelnde mit Hilfe solcher Vorsätze quasi selbst auf eine Auslösesituation programmiert hat und dadurch Kapazität spart, die er ansonsten für die Überwachung und Aktivierung seiner Intention aufbringen müßte.

Die Tatsache, daß nicht alle Intentionen gleich realisiert werden können, sondern im Regelfall zunächst einmal abgespeichert werden, zwingt zu einer Unterteilung der Volitionsphase in eine *präaktionale* und eine *aktionale*.

Zwischen beiden Phasen liegt der Entschluß, eine der vielen abgespeicherten Intentionen hier und jetzt zu realisieren. Dabei kommt keineswegs immer die stärkste Intention als erste zum Zuge. Welche der konkurrierenden Intentionen sich jeweils in Handlung umsetzen kann, hängt nämlich auch davon ab, für welche Intention die jetzige Situation besonders gut paßt und auch davon, wie dringlich die zu erledigenden Dinge sind („jetzt oder nie"-Situationen). Solche Faktoren bestimmen neben der Intensionsstärke eine hypothetische Größe, nämlich die *Fiat-Tendenz*, die über den Start einer Handlung entscheidet (s. Abb. 7.1. Die dort ebenfalls eingezeichnete *Fazit-Tendenz* in der Motivationsphase hängt davon ab, wie ausgiebig ein bestimmter Wunsch bereits abgewogen wurde und deshalb jetzt so oder so entschieden werden müßte).

Die Handlungsphase selbst steht als „aktionale Volitionsphase" unter der Leitung des *Zieles*, auf das die Intention gerichtet ist. Je nach Erfordernis richtet sich die Aufmerksamkeit auf verschiedene Zielebenen (Heckhausen 1987 b). Bei einfachen und gekonnten Handlungen kann man höhere Zielebenen beachten und etwa dafür Sorge tragen, daß ganz bestimmte Zielerreichungsfolgen möglichst gesichert oder evtl. unerwünschte Nebenfolgen durch Beachtung zusätzlicher Bedingungen ausgeschlossen sind. Bei schwierigen oder neuen Handlungen richtet sich die Aufmerksamkeit dagegen auf detailliertere Zwischenziele, im Extremfall auf die Ebene sequentiell abzuwickelnder Einzeloperationen (vgl. Abb. 6.4, S. 147). Mit einer Fülle von Beispielen zu Handlungsfehlern demonstriert Heckhausen (1987 c), wie bestimmte Defizite und Besonderheiten in verschiedenen Phasen des Rubikonmodells den Handlungsablauf in spezifischer Weise mißlingen lassen.

Nach Beendigung der Handlung tritt die Person wieder in eine Motivationsphase ein. Hier wird rückschauend beurteilt, ob das intendierte Ziel erreicht wurde und woran es gelegen hat, wenn man es verfehlt hat (Kausalattributionsprozesse; s. Kapitel 4.3.1). Nach vorn blickend wird bei erreichtem Ziel geprüft, welche der gespeicherten Intentionen jetzt im Anschluß realisiert werden kann. Wurde das Ziel verfehlt, wird entschieden, ob es weiter verfolgt oder aufgegeben werden soll. Hier ist der Punkt, an dem sich degenerierte Absichten im Sinne Kuhls (1983) bilden können (s. o. Kapitel 7.2). Experimentell ließ sich zeigen, daß durch die Ankündigung einer neuen Aufgabe die Probanden nach einem Mißerfolg schneller zu handlungsbezogenen Kognitionen zurückfinden und nach vorne blicken. Probanden ohne solche Ankündigung befaßten sich viel stärker mit rückblickenden Gedanken zum aufgetretenen Mißerfolg und zu negativen Selbstbewertungen – waren also stärker lageorientiert (Beckmann & Heckhausen 1988).

Das Rubikonmodell integriert eine Vielzahl aktueller sowie älterer Ansätze aus der Motivations-, Volitions- und Hand-

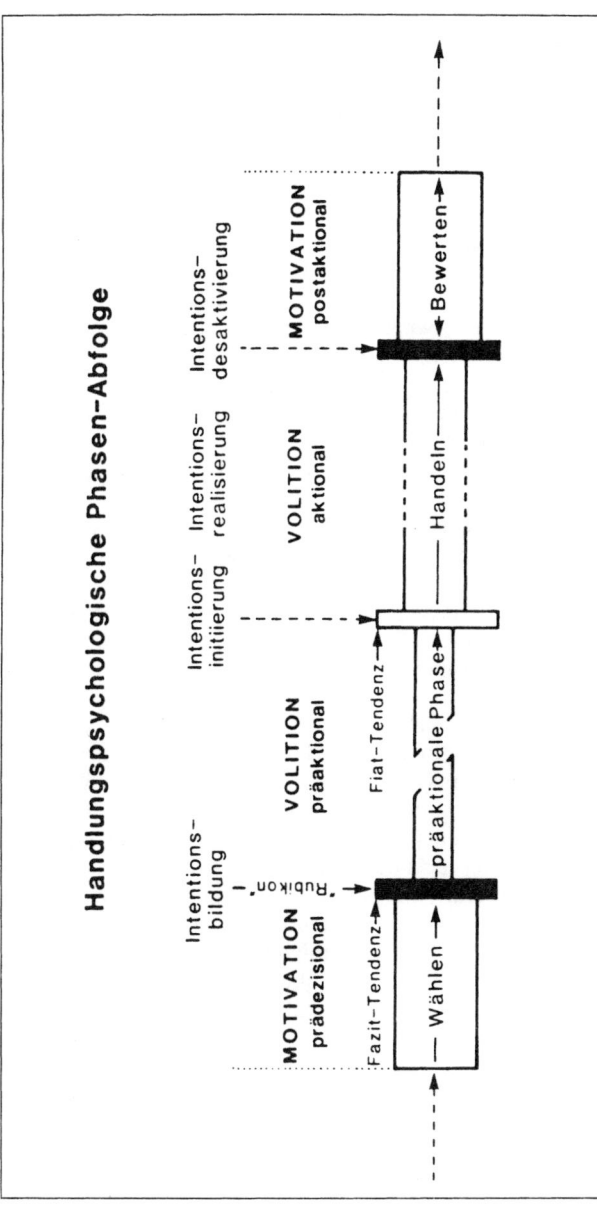

Abb. 7.1: Das Rubikonmodell des Handelns (modifiziert nach Heckhausen 1989, S. 212)

lungsregulationsforschung. Mit der Unterscheidung von präaktionaler und aktionaler Volitionsphase wird das Modell in dem Sinne alltagstauglich, als im Alltag – anders als im psychologischen Labor – ja erst passende Situationen abzuwarten oder herzustellen sind, ehe eine wunschentsprungene Absicht realisiert werden kann.

Durch die Abgrenzung der beiden Volitionsphasen lassen sich übrigens auch die Willensphänomene genauer zuordnen, die wir am Anfang dieses Kapitels besprochen haben (Kapitel 7.1). Selbstüberwindungsakte wie ein Sprung von der Bungee-Plattform oder das Verschlucken einer toten Fliege gehören in die präaktionale Phase. Wegen der aversiven Komponenten muß man einen hohen Willensaufwand betreiben, um die kritische Handlung zu starten. Die Handlung selbst (Vorbeugen bis zum Sturz oder Schlucken) ist dann einfach, gekonnt und unbeeinträchtigt. Dagegen liegen die Willensuntersuchungen von Ach (1905, 1910) in der aktionalen Phase. Hier war die Ausführung der fraglichen Handlung selbst chronisch erschwert, weil sie sich fortlaufend gegen eine eingeschliffene andere Gewohnheit durchsetzen mußte. Willensprozesse mußten sich hier also auf das Gelingen der Handlung richten, die nicht ihrem automatisierten Ablauf überlassen werden konnte. Von daher betont Ach (1905) auch das *gegenständliche Moment*, also die Aktivierung einer genauen Vorstellung von dem, was ausgeführt werden soll (s. S. 163).

Sieht man das Modell nun als Ganzes, so ist keineswegs davon auszugehen, daß vor jeder Handlung jedesmal alle Stationen auf dem langen Weg von der ständig sprudelnden Wunschquelle bis zum „Fiat" des Handlungsstarts durchlaufen werden müssen. Heckhausen (1987 b) nimmt an, daß man mit fortschreitendem Alter für die meisten Situationen seines Lebens die motivationalen Beurteilungsprozesse soweit abgeschlossen hat, daß man dafür bereits fertige Intentionen parat hat. Bei passenden Gelegenheiten müssen sie dann nur noch abgerufen werden. Man kann sich darauf beschränken, im Schnellverfahren zu prüfen, für welche meiner dauerhaft gespeicherten Intentionen die jetzige Situation wohl eine günstige Realisationsgelegenheit wäre.

Folgt man dieser Sichtweise, so kommt man zu der etwas erstaunlichen Feststellung, daß im Entwicklungsverlauf Motivationsprozesse eine immer geringere Rolle spielen müßten, weil unser Tun zunehmend eine Funktion von Willensprozessen geworden ist. Mit dieser Feststellung würde man aber eine entscheidende Einschränkung der gesamten Willenspsychologie übersehen. Schon Ach (1935, S. 196) wies darauf hin, daß sich der Willensakt „im praktischen Leben nicht unnötigerweise einstellt". Seine „Voraussetzungen liegen besonders dann vor, wenn der Mensch Widerstände innerer oder äußerer Art, Hemmungen, Schwierigkeiten oder dergleichen zu überwinden hat."

Dagegen brauchen wir für Tätigkeiten, die in sich selbst Spaß machen und flüssig gelingen, keine „Abschirmung" sensu Kuhl (1983) und keine „Willensanspannung" sensu Ach (1910), um uns zu überwinden oder die Handlung auf Kurs zu halten. Willensprozesse sind hier allenfalls erforderlich, um die attraktiven Tätigkeiten nicht zu exzessiv, zu lange oder zu oft auszuführen (Rheinberg 1989, S 139 f.; vgl. die non-volitionale Verhaltensselbstorganisation im Flow vs dem nach innen gerichteten „autoritären" Führungsstil einer volitionalen Selbstkontrolle bei Kuhl 1996, S. 670.)

Sokolowski (1993) unterscheidet Situationen, in denen unser Verhalten einer motivationalen Steuerung unterliegt von Situationen, in denen die Steuerung volitional erfolgen muß. Im ersteren Fall ist die gerade auszuführende Tätigkeit in Übereinstimmung mit den Motiven oder anderen Vorlieben der Person. Im zweiten Fall ist man im Dienst weit entfernter Ziele oder aufgrund anderer zwingender Einflüsse an eine Tätigkeit geraten, die nicht zur eigenen Motivstruktur paßt. Hier werden bewußte willentliche Steuerungsprozesse erforderlich. In der Tat fand Sokolowski (1993, Experiment 4), daß für den zweiten Fall die Probanden weniger Spaß an der Tätigkeit berichteten und seltener ein flow-typisches Zeiterleben hatten. Statt dessen erlebten sie einen erhöhten Anstrengungsaufwand für die Selbstkontrolle und für willentliche Abschirmungsprozesse sensu Kuhl (1983).

Der beachtliche Beitrag der willenspsychologischen Forschung besteht darin, genauer zu bestimmen, wie wir es schaffen, Dinge zu tun, die von sich aus keine Freude machen oder uns gar zuwider sind. Glücklicherweise betrifft soetwas nur einen, wenn auch wichtigen Teil unseres Lebens. In anderen Fällen kann sich Handeln weit unkomplizierter aus einer Passung zwischen unseren Wünschen und unseren Möglichkeiten ergeben, oder ausgedrückt in der Formulierung der klassischen Motivationspsychologie: Aus der Wechselwirkung zwischen Anreizen der Situation und Anreizbevorzugungen (= Motiven) der Person.

Allerdings darf man aus dieser Gegenüberstellung keine realitätsferne Kontrasttypologie konstruieren. Zunächst einmal ist das je erforderliche Ausmaß an willentlicher Verhaltensregulation eine abgestufte Größe. Die dramatischen Selbstüberwindungsakte markieren nur den Extrempol eines Kontinuums an aufzubringendem Willensaufwand. Unterhalb solcher Extremausprägungen lassen sich weit schwächere Grade erforderlicher Willensanstrengungen finden, so daß z. B. im Berufsalltag auch bei per se anreizlosen Aktivitäten sogar Flow-Erleben möglich werden kann (Csikszentmihalyi 1975, 1992).

Zudem haben wir es hier nicht mit Konstanten zu tun. So können Tätigkeiten, zu denen wir uns mit Blick auf bestimmte Zwecke zunächst willentlich veranlassen mußten, sich bei näherem Kennenlernen und/oder mit wachsender Ausführungskompetenz als zunehmend attraktiv erweisen (Rheinberg 1996 a, S. 40–45; vgl. Allports Prinzip der funktionellen Autonomie der Motive; Allport 1937).

Abgesehen davon kann beides auch problemlos aufeinander bezogen werden. Häufig müssen wir uns willentlich zu Dingen aufraffen, die erst die Voraussetzungen schaffen, um dasjenige tun zu können, was freudvoll „wie von selbst" abläuft. Der Anreiz der willensunterstützten Zweckhandlung liegt hierbei also im anschließenden Vollzug einer in sich reizvollen Tätigkeit. Unter Alltagsbedingungen dürften solche Verschachtelungen keine Seltenheit sein (Rheinberg 1989).

Literaturverzeichnis

Weiterführende Literatur

Das beste und umfassendste Lehrbuch ist:
Heckhausen, H. (1989): *Motivation und Handeln* (2. Auflage). Berlin: Springer.
(Die Erstlauflage behandelt ausführlicher Anwendungsaspekte. Die Zweitauflage geht mit einem eigenen Kapitel auf die Volitionspsychologie ein.)
Eine gute und detaillierte Darstellung besonders der körpernahen Bedürfnisse geben:
Schneider, K. & Schmalt, H. D. (1994): *Motivation* (2. Auflage). Stuttgart: Kohlhammer.
Sehr gründliche Abhandlungen zur aktuellen Motivations- und Volitionsforschung finden sich in:
Kuhl, J. & Heckhausen, H. (Hrsg.) (1996): *Motivation, Volition und Handlung*. Göttingen: Hogrefe.

Vertiefende Literatur zu speziellen Bereichen

Csikszentmihalyi, M. (1996): *Das Flow-Erlebnis – Jenseits von Angst und Langeweile: im Tun aufgehen* (6. Auflage). Stuttgart: Klett-Cotta (1. Auflage 1975).
Csikszentmihalyi, M. & Csikszentmihalyi, I. S. (Hrsg.) (1991): *Die außergewöhnliche Erfahrung im Alltag. Die Psychologie des Flow-Erlebens*. Stuttgart: Klett-Cotta.
Gollwitzer, P. M. (1991): *Abwägen und Planen als Bewußtseinslagen*. Göttingen: Hogrefe.
Halisch, F. & Kuhl, J. (Eds.) (1987): *Motivation, Intention and Volition*. Berlin: Springer.
Heckhausen, H., Gollwitzer, P. M. & Weinert, F. E. (Hrsg.) (1987): *Jenseits des Rubikon. Der Wille in den Humanwissenschaften*. Berlin: Springer.
Heckhausen, H., Schmalt, H. D. & Schneider, K. (1985): *Achievement Motivation in Perspective*. Orlando: Academic Press.
Krapp, A. & Prenzel, M. (Hrsg.) (1992): *Interesse, Lernen, Leistung*. Münster: Aschendorf.

Kuhl, J. (1983): *Motivation, Konflikt und Handlungskontrolle.* Berlin: Springer.

McClelland, D. C. (1978): *Macht als Motiv.* Stuttgart: Klett-Cotta.

Meyer, W. U. (1984): *Das Konzept der eigenen Begabung.* Stuttgart: Huber.

Rheinberg, F. (1989): *Zweck und Tätigkeit.* Göttingen: Hogrefe.

Rheinberg, F. & Krug, S. (1993): *Motivationsförderung im Schulalltag.* Göttingen: Hogrefe.

Sokolowski, K. (1993): *Emotion und Volition.* Göttingen: Hogrefe.

Stiensmeier-Pelster, J. (1988): *Erlernte Hilflosigkeit, Handlungskontrolle und Leistung.* Berlin: Springer.

Weiner, B. (1986): *An attributional theory of motivation and emotion.* Berlin: Springer.

Wittemöller-Förster, R. (1993): *Interesse als Bildungsziel.* Frankfurt: Peter Lang.

Verwendete Literatur

Abramson, L. Y., Seligman, M. E. P. & Teasdale, J. D. (1978): Learned helplessness in humans: Critique and reformulation. *Journal of Abnormal Psychology, 87,* 49–79.

Ach, N. (1905): *Über die Willenstätigkeit und das Denken.* Göttingen: Vandenhoeck und Ruprecht.

Ach, N. (1910): *Über den Willensakt und das Temperament.* Leipzig: Quelle und Meyer.

Ach, N. (1935): Analyse des Willens. In E. Abderhalden (Hrsg.), *Handbuch der biologischen Arbeitsmethoden* (Vol. VI). Berlin. Urban und Schwarzenberg.

Adler, A. (1922): *Über den nervösen Charakter.* München: Bergmann (3. Auflage).

Adler, A. (1927): *Studien über die Minderwertigkeit von Organen.* Darmstadt: Wissenschaftliche Buchgesellschaft (Nachdruck 1965).

Allport, G. W. (1937): *Personality: A psychological interpretation.* New York: Holt.

Alschuler, A. S. (1973): *Developing achievement motivation in adolescents.* Eaglewood Cliffs: Educational Technology Publications.

Andresen, B. (1986): Reizsuche und Erlebnismotive I: Eine psychometrische Reanalyse der SSS V Zuckermans im Kontext der MISAP-Entwicklung. *Zeitschrift für Differentielle und Diagnostische Psychologie, 7,* 177–203.

Andresen, B. (1990): Reizsuche und Erlebnismotive II: Sekundärfaktorenanalysen, Invarianzprüfung und Ableitung eines MISAP-Strukturmodells. *Zeitschrift für Differentielle und Diagnostische Psychologie, 11,* 65–92.

Apter, M. J. (1982): *The experience of motivation: The theory of psychological reversals.* New York: Academic Press.

Apter, M. J. (1994). *Im Rausch der Gefahr.* München: Kösel.

Atkinson, J. W. (1957): Motivational determinants of risktaking behavior. *Psychological Review, 64,* 359–372.

Atkinson, J. W. (1958) (Ed.): *Motives in fantasy, action, and society.* Princeton, N. J: Van Nostrand.

Atkinson, J. W. (1974): Strength of motivation and efficiency of performance. In J. W. Atkinson & J. O. Raynor (Eds.), *Motivation and achievement* (pp. 193–218). Washington, D. C.: Winston.

Atkinson, J. W. & Birch, D. A. (1970): *A dynamic theory of action.* New York: Wiley.

Atkinson, J. W. & Litwin, G. H. (1960): Achievement motive and test anxiety conceived as motive to approach success and motive to avoid failure. *Journal of Abnormal and Social Psychology, 60,* 52–63.

Aufmut, U. (1988): *Zur Psychologie des Bergsteigens.* Frankfurt: Fischer.

Balke, S. & Stiensmeier-Pelster, J. (1995): Die Erfassung der motivationalen Orientierung – eine deutsche Form der Motivational Orientation Scales (MOS-D). *Diagnostica, 41,* 80–94.

Bandura, A. (1977): Self-efficacy: Toward a unifying theory of behavioral charge. *Psychological review, 84,* 191–215.

Beckmann, J. & Heckhausen, H. (1988): Handlungsbewertung und Aufmerksamkeitsumschaltung. In: Max-Planck-Gesellschaft (Hrsg.), *Jahrbuch 1988* (S. 759–761).

Beckmann, J. & Kuhl, J. (1984): Altering information to gain action control: Functional aspects of human information processing in decision making. *Journal of Reserach in Personality, 18,* 223–237.

Berlyne, D. E. (1960): *Conflict, arousal and curiosity.* New York: McGraw-Hill.

Bernard, L. L. (1924): *Instinct: A study in social psychology.* New York: Holt.

Bexton, W. M., Heron, W. & Scott, T. H. (1954): Effects of decreased variation in the sensory environment. *Canadian Journal of Psychology, 8,* 70–76.

Birenbaum, M. & Montag, I. (1987): On the replicability of the factorial structure of the Sensation Seeking Scale. *Personality and Individual Differences, 8,* 403–408.

Blickle, G. (1995): *Kodierung des Machtmotivs mit dem Inhaltsschlüssel nach Winter.* Forschungsbericht 6 des FB 8 der Universität Koblenz-Landau.

Blickle, G. (1996): *Kodierung des Leistungsmotivs mit dem Inhaltsschlüssel nach McClelland, Atkinson, Clark und Lowell.* Forschungsbericht 7 des FB 8 der Universität Koblenz-Landau.

Blickle, G., Hepperle, S., Hoeschele, I., Klein, E., Pikal, E., Diebold,

U. & Fleming, H. (1977): Fremdwahrnehmung, Motive und Machtressourcen der Einflußnahme in Organisationen: Sechs empirische Studien. *Zeitschrift für Arbeits- und Organisationspsychologie, 41*, 48–60.

Bolles, R. C. (1965): Readiness to eat: Effects of age, sex and weight loss. *Journal of Comparative Physiological Psychology, 60*, 88–92.

Bolles, R. C. (1967): *Theory of motivation*. New York: Harper and Row.

Bolles, R. C. (1972): Reinforcement, expectancy and learning. *Psychological Review, 79*, 394–409.

Bowi, U. (1990): *Der Einfluß von Motiven auf Zielsetzung und Zielrealisation*. Unveröff. Dissertation, Psychologisches Institut der Ruprecht-Karl-Universität Heidelberg.

Boyatzis, R. E. (1973): *Drinking as a manifestation of power concerns*. Boston: McBer and Co.

Boyatzis, R. E. (1982): *The competent manager: A model for effective performance*. New York: Wiley.

Boyce, R. (1976): In the shadow of Darwin. In R. G. Green & E. C. O'Neil (Eds.), *Perspectives in aggression* (pp. 11–35). New York: Academic Press.

Brown, J. S. (1948): Gradients of approach and avoidance responses and their relation to level of motivation. *Journal of Comparative and Physiological Psychology, 41*, 450–465.

Brunswik, E. (1952). *The conceptual framework for psychology*. Chicago: The University of Chicago Press.

Bühler, K. (1919): *Abriß der geistigen Entwicklung des Kindes*. Leipzig: Quelle & Meyer.

Bühler, K. (1922): *Die geistige Entwicklung des Kindes* (3. Auflage). Jena: Fischer.

Caillois, R. (1958): *Les jeux et les hommes*. Paris: Librairie Gaillimard (deutsch: Die Spiele und die Menschen. München/Wien: Albert Langen & Georg Müller. Ohne Jahrgang.).

Carol, E. N. & Zuckerman, M. (1977): Psychopathology and sensation seeking in „downers", „speeders", and „trippers": A study of the relationship between personality and drug choice. *The International Journal of the Addictions, 12*, 591–601.

Cartwright, D. (1965): Influence, leadership and control. In J. G. March (Ed.), *Handbook of organizations* (pp. 1–47). Chicago: Rand McNally.

Cattell, R. B. (1956): Validation and intensification of the Sixteen Personality Factor Questionnaire. *Journal of Clinical Psychology, 12*, 205–214.

Clément, R. & Jonah, B. A. (1984): Field dependence, sensation seeking and driving behaviour. *Personality and Individual Differences, 1*, 87–93.

Cohen, J. (1960): *Chance, skill and luck*. Baltimore: Penguin.

Connolly, P. M. (1981): *An exploratory study of adults engaging in the high-risk sport of skiing* (Master thesis). New Brunswick; NJ: Rutger University.

Cornelius, E. T. & Lane, F. B. (1984): The power motive and managerial success in a professional oriented service industry organization. *Journal of Applied Psychology, 69*, 32–40.

Cranach, M. v., Kalbermatten, U, Indermühle, K. & Gugler, B. (1980): *Zielgerichtetes Handeln*. Stuttgart: Huber.

Crespi, L. P. (1942): Quantitative variation of incentive and performance in the white rat. *American Journal of Psychology, 55*, 467–517.

Crespi, L. P. (1944): Amount of reinforcement and level of performance. *Psychological Review, 51*, 341–357.

Csikszentmihalyi, M. (1975/1996): *Beyond boredom and anxiety*. San Francisco: Jossey-Bass (deutsch: Das Flow-Erlebnis. Stuttgart: Klett-Cotta, 1996, 6. Auflage).

Csikszentmihalyi, M. (1992): *Flow: Das Geheimnis des Glücks*. Stuttgart: Klett-Cotta.

Csikszentmihalyi, M. & Csikszentmihalyi, I. S. (Hrsg.) (1991): *Die außergewöhnliche Erfahrung im Alltag*. Stuttgart: Klett-Cotta.

Csikszentmihalyi, M. & Le Fevre, J. (1989): Optimal Experience in work and leisure. *Journal of Personality and Social Psychology, 56*, 815–822.

Csikszentmihalyi, M. & Schiefele, U. (1993): Die Qualität des Erlebens und der Prozeß des Lernens. *Zeitschrift für Pädagogik, 39*, 207–221.

Darwin, C. (1859): *Origin of species by means of natural selection*. London: John Murray.

Darwin, C. (1872): *The expression of the emotion in man and animals*. London: John Murray. (1965, Chicago: University Press).

DeCharms, R. (1968): *Personal causation*. New York: Academic Press.

DeCharms, R. (1976/1979): *Enhancing motivation: Change in the classroom*. New York: Irvington (deutsch: Motivation in der Klasse. München: mVg, 1979).

Deci, E. L. & Ryan, R. M. (1980): The empirical exploration of intrinsic motivational processes. In L. Berkowitz (Ed.), *Advances in experimental social pychology* (Vol. 13, pp. 39–80). New York: Academic Press.

Deci, E. L. & Ryan, R. M. (1985): *Intrinsic motivation and self-determination in human behavior*. New York: Plenum.

Deci, E. L. & Ryan, R. M. (1987): The support of autonomy and the control of behavior. *Journal of Personality and Social Psychology, 53*, 1024–1034.

Deci, E. L. & Ryan, R. M. (1993): Die Selbstbestimmungstheorie der Motivation und ihre Bedeutung für die Pädagogik. *Zeitschrift für Pädagogik, 39*, 223–238.

Dembo, T. (1931): Der Ärger als dynamisches Problem. *Psychologische Forschung*, 15, 1–44.

Deutsch, M. (1960): The effect of motivational orientation upon trust and suspicion. *Human Relation*, 13, 123–139.

Deutsch, M. (1972): *The resolution of conflict*. New Haven, Connect.: Yale University Press.

Dollard, J. & Miller, N. E. (1950): *Personality and psychotherapy: An analysis in terms of learning, thinking, and culture*. New York: McGraw-Hill.

Düker, H. (1931): *Psychologische Untersuchungen über freie und zwangsläufige Arbeitsweise. Experimentelle Beiträge zur Willens- und Arbeitspsychologie*. Leipzig: Barth.

Düker, H. (1975): *Untersuchungen über die Ausbildung des Wollens*. Bern: Huber.

Duffy, E. (1957): The psychological significance of the concept of „arousal" or „activation". *Psychological Review*, 64, 265–275.

Dunker, K. (1940): On pleasure, emotion and striving. *Philosophy and Phenomenological Research*, 1, 391–430.

Dweck, C. S. & Legett, E. L. (1988): A social-cognitive approach to motivation and personality. *Psychological Review*, 95, 256–273.

Eibl-Eibesfeldt, I. (1978): *Grundriß der vergleichenden Verhaltensforschung* (2. Auflage). München: Piper.

Ekman, P. (1972): Universals and cultural differences in facial expressions of emotion. In J. R. Cole (Ed.), *Nebraska Symposium on Motivation, 1971* (pp. 207–283). Lincoln: University of Nebraska Press.

Erdmann, R. (1979): *Ein Verfahren zur Erfassung von sozialisiertem Einflußstreben. Theoretische Überlegungen und erste Befunde*. Unveröff. Dissertation, Deutsche Sporthochschule Köln.

Erikson, E. H. (1963): *Childhood and society* (Rev. Auflage; Erstauflage 1950). New York: Norton.

Fahrenberg, J. (1967): *Psychophysiologische Persönlichkeitsforschung*. Göttingen: Hogrefe.

Feather, N. T. (1961): The relationship of persistence at a task to expectation of success and achievement related motives. *Journal of Abnormal and Social Psychology*, 63, 552–561.

Flammer, A. (1990): *Erfahrung der eigenen Wirksamkeit*. Bern: Huber.

Fodor, E. M. (1984): The power motive and reactivity to power stresses. *Journal of Personality and Social Psychology*, 47, 853–859.

Fodor, E. M. (1985): The power motive. *Journal of Personality and Social Psychology*, 49, 1408–1416.

French, J. R. P. & Raven, B. H. (1959): The basis of social power. In D. Cartwright (Ed.), *Studies in social power* (pp. 150–167). Ann Arbor: The University of Michigan.

French, J. R. P. & Thomas, F. H. (1958): The relation of achievement motivation to problem-solving effectiveness. *Journal of Abnormal and Social Psychology, 56*, 45–48.

Freud, S. (1900): *Die Traumdeutung.* (Gesammelte Werke, Bd. II-III). Frankfurt: Fischer, 1952.

Freud, S. (1905): *Drei Abhandlungen zur Sexualtheorie.* (Gesammelte Werke, Bd. V). Frankfurt: Fischer, 1952.

Freud, S. (1915): *Triebe und Triebschicksale.* (Gesammelte Werke, Bd. X). Frankfurt: Fischer, 1952.

Freud, S. (1920): *Jenseits des Lustprinzips.* (Gesammelte Werke, Bd. XIII). London: Imago, 1947.

Freud, S. (1926): *Das Unbehagen in der Kultur.* (Gesammelte Werke, Bd. XIV). Frankfurt: Fischer, 1963.

Freud, S. (1934): *Warum Krieg?* (Gesammelte Werke, Bd. XVI). Frankfurt: Fischer, 1963.

Freud, S. (1938): *Abriß der Psychoanalyse* (Gesammelte Werke, Bd. XVII). Frankfurt: Fischer, 1953.

Frey, R. S. (1984): Does n-achievement cause economic development? A cross-lagged panel analysis of the McClelland thesis. *Journal of Social Psychology, 122*, 67–70.

Fulker, D. W., Eysenck, S. B. G. & Zuckerman, M. (1980): The genetics of sensation seeking. *Journal of Personality Research, 14*, 261–281.

Gollwitzer, P. M. (1991): *Abwägen und Planen als Bewußtseinslagen.* Göttingen: Hogrefe.

Gollwitzer, P. M. & Heckhausen, H. (1987): *Breadth of attention and the counter-plea heuristic: Further evidence on the motivational vs. volitional mindset distinction.* München: Max-Planck-Institut für psychologische Forschung.

Gollwitzer, P. M., Heckhausen, H. & Steller, B. (1987): *Motivational and volitional mindsets: Cognitive tuning toward deliberative versus implemental issues.* München: Max-Planck-Institut für psychologische Forschung.

Graumann, C. F. (1969): *Motivation.* Bern: Huber.

Harlow, H. F. (1958): The nature of love. *American Psychologist, 13*, 673–685.

Hacker, W. (1986): *Arbeitspsychologie.* Bern: Huber.

Hebb D. O. (1955): Drives and the CNS (conceptual nervous system). *Psychological Review, 62*, 243–254.

Hebb, D. O. (1975): *Einführung in die Psychologie* (8. Auflage). Weinheim: Beltz.

Hecker, G. (1984): Möglichkeiten der Motivationsförderung im Sportunterricht. In D. Hackfort (Hrsg.), *Handeln im Sportunterricht – psychologisch-didaktische Analysen.* (Sonderband 5, S. 210-233). Köln: Deutsche Sporthochschule.

Heckhausen, H. (1963 b): *Hoffnung und Furcht in der Leistungsmotivation*. Meisenheim: Hain.

Heckhausen, H. (1964): Entwurf einer Psychologie des Spielens. *Psychologische Forschung, 27,* 225–243.

Heckhausen, H. (1965): Leistungsmotivation. In H. Thomae (Hrsg.), *Handbuch der Psychologie* (Vol. II, S. 602–702). Göttingen: Hogrefe.

Heckhausen, H. (1972): Die Interaktion der Sozialisationsvariablen in der Genese des Leistungsmotivs. In C. F. Graumann (Hrsg.), *Handbuch der Psychologie* (Vol. 7/2, S. 955–1019). Göttingen: Hogrefe.

Heckhausen, H. (1974 a): Faktoren des Entwicklungsprozesses. In F. E. Weinert, C. F. Graumann, H. Heckhausen & M. Hofer (Hrsg.), *Funkkolleg Pädagogische Psychologie* (S. 101–132). Frankfurt: Fischer.

Heckhausen, H. (1974 b): Motive und ihre Entstehung. In F. E. Weinert, C. F. Graumann, H. Heckhausen & M. Hofer (Hrsg.), *Funkkolleg Pädagogische Psychologie* (S. 134–171). Frankfurt: Fischer.

Heckhausen, H. (1974 c): *Leistung und Chancengleichheit*. Göttingen: Hogrefe.

Heckhausen, H. (1975): Fear of failure as a self-reinforcing motive system. In I. G. Sarason & C. Spielberger (Eds.), *Stress and anxiety* (Vol. II, pp. 117–128). Washington, D. C.: Hemisphere.

Heckhausen, H. (1976): Kompetenz. *Historisches Wörterbuch der Psychologie*. Basel: Karger, IV, 922–923.

Heckhausen, H. (1977): Motivation: Kognitionspsychologische Aufspaltung eines summarischen Konstrukts. *Psychologische Rundschau, 28,* 175–189.

Heckhausen, H. (1978): Selbstbewertung nach erwartungswidrigem Leistungsverlauf: Einfluß von Motiv, Kausalattribution und Zielsetzung. *Zeitschrift für Entwicklungspsychologie und Pädagogische Psychologie, 10,* 191–216.

Heckhausen, H. (1981): Ein kognitives Motivationsmodell und die Verankerung von Motivkonstrukten. In H. Lenk (Hrsg.), *Handlungstheorien interdisziplinär III* (1. Halbband, S. 283–352). München: Wilhelm Fink.

Heckhausen, H. (1987 a): Wünschen – Wählen – Wollen. In H. Heckhausen, P. M. Gollwitzer & F. E. Weinert (Hrsg.), *Jenseits des Rubikon: Der Wille in den Humanwissenschaften* (S. 3–9). Berlin: Springer.

Heckhausen, H. (1987 b): Perspektiven einer Psychologie des Wollens. In H. Heckhausen, P. M. Gollwitzer & F. E. Weinert (Hrsg.), *Jenseits des Rubikon: Der Wille in den Humanwissenschaften* (S. 121–142). Berlin: Springer.

Heckhausen, H. (1987 c): Intentionsgeleitetes Handeln und seine Fehler. In H. Heckhausen, P. M. Gollwitzer & F. E. Weinert (Hrsg.),

Jenseits des Rubikon: Der Wille in den Humanwissenschaften (S. 143–175). Berlin: Springer.

Heckhausen, H. (1989): *Motivaton und Handeln.* (2. Auflage). Berlin: Springer.

Heckhausen, H. & Gollwitzer, P. M. (1987): Thought contents and cognitive functioning in motivational vs. volitional states of mind. *Motivation and Emotions, 11,* 101–120.

Heckhausen, H. & Rheinberg, F. (1980): Lernmotivation im Unterricht, erneut betrachtet. *Unterrichtswissenschaft, 8,* 7–47.

Heckhausen, H. & Roelofsen, I. (1962): Anfänge und Entwicklung der Leistungsmotivation. (I) Im Wetteifer des Kleinkindes. *Psychologische Forschung, 26,* 313–397.

Heckhausen, H., Schmalt, H.-D. & Schneider, K. (1985): *Achievement motivation in perspective.* New York: Academic Press.

Heckhausen, H. & Weiner, B. (1972): The emergence of a cognitive psychology of motivation. In P. C. Dodwell (Ed.), *New horizons in psychology* (Vol. 2, pp. 126–147). London/Harmondworth: Penguin Books.

Heider, F. (1958): *The psychology of interpersonal relations.* New York: Wiley (deutsch: Psychologie der interpersonalen Beziehungen. Stuttgart: Klett, 1977).

Helmke, A. (1992): *Selbstvertrauen und schulische Leistung.* Göttingen: Hogrefe.

Hentsch, A. (1992): *Motivationale Aspekte des Malens. Eine Anreizanalyse.* Unveröff. Diplomarbeit, Psychologisches Institut der Ruprecht-Karl-Universität Heidelberg.

Heron, W. (1957): The pathology of boredom. *Scientific American, 196,* 52–56.

Hillgruber, A. (1912): Fortlaufende Arbeit und Willensbetätigung. *Untersuchungen zur Psychologie und Philosophie, 1,* 6.

Homans, G. C. (1961): *Social Behavior: Its elementary forms.* New York: Harcourt, Brace and World.

Hoppe, F. (1930): Untersuchungen zur Handlungs- und Affektpsychologie. IX. Erfolg und Mißerfolg. *Psychologische Forschung, 14,* 1–63.

Hoshiko, M. S. & Grundstaff, H. L. (1967): An electromyographic investigation of motor conflict. *Psychonomic Science, 9,* 87–88.

Hovland, C. I. & Sears, R. R. (1938): Experiments on motor conflict: I. Types of conflict and their modes of resolution. *Journal of Experimental Psychology, 23,* 477–493.

Hull, C. L. (1943): *Principles of behavior.* New York: Appleton-Century-Crofts.

Hull, C. L. (1952): *A behavior system: An introduction to behavior theory concerning the individual organism.* New Haven: Yale University Press.

Hunn, A. (1925): Über die Gesetzmäßigkeit der Beeinflussung von Exaktheitsarbeit durch das Tempo. *Psychotechnische Zeitschrift, 1*, 177–180.

Isaacson, R. L. (1964): Relation betwen n-achievement, test anxiety and curricular choices. *Journal of Abnormal and Social Psychology, 68*, 447–452.

Izard, B. (1971): *The face of emotion.* New York: Appleton-Century-Crofts.

James, W. (1890): *The principles of psychology (2 vols.).* New York: Holt.

Jerusalem, M. (1990): *Persönliche Ressourcen, Vulnerabilität und Streßerleben.* Göttingen: Hogrefe.

Jopt, U.-J. (1974): *Extrinsische Motivation und Leistungsverhalten.* Bochum: Fakultät für Philosophie, Pädagogik, Psychologie. Ruhr-Universität Bochum. Unveröff. Dissertation.

Karabenick, S. A. & Yousseff, Z. I. (1968): Performance as a function of achievement level and perceived difficulty. *Journal of Personality and Social Psychology, 10*, 414–419.

Kipnis, D. (1974): The powerholder. In J. T. Tedeschi (Ed.), *Perspectives on social power* (pp. 82–122). Chicago: Aldine.

Kleine, W. (1980): *Leistungsmotiv-Schulung im Grundschulsport.* Schorndorf: Hofmann.

Kleinbeck, U. & Schmidt, K.-H. (1979): Aufgabenwahl im Ernstfall einer betrieblichen Ausbildung: Instrumentalitätstheoretische Ergänzung zum Risikowahlmodell. *Zeitschrift für Entwicklungspsychologie und Pädagogische Psychologie, 11*, 1–11.

Knorring, L. V. (1984): The biochemical basis of sensation seeking behavior. *The Behavioral and Brain Sciences, 7*, 443–471.

Kock, S. E. (1965): *Företagsledning och motivation.* Helsingfors: Svenska Handelnshögskolan, Affärsekonomiska Förlagsföreningen.

Kock, S. E. (1974): Företagsledning och motivation. *Nordisk Psykologi, 26*, 211–219.

Kogan, N. & Wallach, M. A. (1967): Risk taking as a function of the situation, the person and the group. In G. Mandler, P. Mussen, N. Kogan & M. A. Wallach (Eds.), *New directions in psychology III* (pp. 111–278). New York: Holt, Rinehart and Winston.

Kolb, D. A. (1965): Achievement motivation training for underachieving high school boys. *Journal of Personality and Social Psychology, 2*, 783–792.

Kornadt, H.-J. (1982): Grundzüge einer Motivationstheorie der Aggression. In R. Hilke & W. Kempf (Hrsg.), *Aggression* (S. 86–111). Bern: Huber.

Krapp, A. (1993): Die Psychologie der Lernmotivation. *Zeitschrift für Pädagogik, 39*, 187–206.

Krapp, A. & Prenzel, M. (Hrsg.) (1992): *Interesse, Lernen, Leistung.* Münster: Aschendorff.

Krug, S. (1976): Förderung und Änderung des Leistungsmotivs: Theoretische Grundlagen und deren Anwendung. In H.-D. Schmalt & W.-U. Meyer (Hrsg.), *Leistungsmotivation und Verhalten* (S. 221–247). Stuttgart: Klett.

Krug, S. (1983): Motivförderprogramme: Möglichkeiten und Grenzen. *Zeitschrift für Entwicklungspsychologie und Pädagogische Psychologie, 15,* 317–346.

Krug, S., Hage, A. & Hieber, S. (1978): Anstrengungsvariation in Abhängigkeit von der Aufgabenschwierigkeit, dem Konzept eigener Tüchtigkeit und dem Leistungsmotiv. *Archiv für Psychologie, 130,* 265–278.

Krug, S. & Hanel, J. (1976): Motivänderung: Erprobung eines theoriegeleiteten Trainingsprogramms. *Zeitschrift für Entwicklungspsychologie und Pädagogische Psychologie, 8,* 274–287.

Krug, S. & Heckhausen, H. (1982): Motivförderung in der Schule. In F. Rheinberg (Hrsg.), *Jahrbuch für Empirische Erziehungswissenschaft 1982* (S. 65–114). Düsseldorf: Schwann.

Krug, S. & Rheinberg, F. (1987): Motivation von Führungskräften. In A. Kieser, G. Reber & R. Wunderer (Hrsg.), *Handwörterbuch der Führung. (Enzyklopädie der Betriebswirtschaftslehre Bd. 10)* (S. 1510–1520). Stuttgart: Poeschel.

Külpe O. (1893): *Grundriß der Psychologie. Auf experimenteller Grundlage dargestellt.* Leipzig: Wilhelm Engelmann.

Kuhl, J. (1981): Motivational and functional helplessness: The moderating effect of state versus action orientation. *Journal of Personality and Social Psychology, 40,* 155–170.

Kuhl, J. (1982): Handlungskontrolle als metakognitiver Vermittler zwischen Intention und Handeln: Freizeitaktivitäten bei Hauptschülern. *Zeitschrift für Entwicklungspsychologie und Pädagogische Psychologie, 14,* 141–148.

Kuhl, J. (1983): *Motivation, Konflikt und Handlungskontrolle.* Berlin: Springer.

Kuhl, J. (1985): Volitional mediators of cognition-behavior consistency: Self-regulatory processes and action versus state orientation. In J. Kuhl & J. Beckmann (Eds.), *Action control: From cognition to behavior* (pp. 101–128). Berlin: Springer.

Kuhl, J. (1985): *Kurzanweisung zum Fragebogen HAKEMP 85.* München: Max-Planck-Institut für psychologische Forschung.

Kuhl, J. (1987): Motivation und Handlungskontrolle: Ohne guten Willen geht es nicht. In H. Heckhausen, P. M. Gollwitzer & F. E. Weinert (Hrsg.), *Jenseits des Rubikon: Der Wille in den Humanwissenschaften* (S. 101–120). Berlin: Springer.

Kuhl, J. (1996): Wille und Freiheitserleben. Formen der Selbststeuerung. In: J. Kuhl & H. Heckhausen (Hrsg.). *Motivation, Volition und Handlung. Enzyklopädie der Psychologie* (C/IV/4. S. 665–765). Göttingen: Hogrefe.

Kukla, A. (1972): Attributional determinants of achievement-related behavior. *Journal of Personality and Social Psychology, 21,* 166–174.

Kurz, F. (1988): Die Unfähigkeit zur Umkehr. Wenn bei Piloten der Verstand aussetzt. *Drachenfliegermagazin, 2,* 64–67.

Landscheidt, K. & Rheinberg, F. (1996): Motivationale Rekonstruktion strafbarer Handlungen bei Jugendlichen mit unterschiedlicher Kriminalitätsbelastung. *Zeitschrift für Differentielle und Diagnostische Psychologie, 17,* 96–108.

Lazarus, R. S. & Folkman, S. (1984): *Stress, appraisal and coping.* New York: Springer.

Lewin, K. (1922): Das Problem der Willensmessung und das Grundgesetz der Assoziation. *II. Psychologische Forschung, 2,* 65–140.

Lewin, K. (1926): Untersuchungen zur Handlungs- und Affekt-Psychologie. II.: Vorsatz, Wille und Bedürfnis. *Psychologische Forschung, 7,* 330–385.

Lewin, K. (1931): *Die psychologische Situation bei Lohn und Strafe.* Leipzig: Hirzel.

Lewin, K. (1936): *Principles of topological psychology.* New York: McGraw-Hill.

Lewin, K. (1946): Action research and minority problems. *Journal of Social Issues, 2,* 34–46.

Lewin, K. (1951): *Field theory in social science.* Chicago: University of Chicago Press.

Lindworsky, J. (1923): *Der Wille: Seine Erscheinung und seine Beherrschung* (3. Auflage). Leipzig: Johann Ambrosius Barth.

Lorenz, K. (1973): Über die Bildung des Instinktbegriffs. *Naturwissenschaften, 25,* 289–331.

Lorenz, K. (1942): Induktive und teleologische Psychologie. In K. Lorenz (Hrsg.), *Über tierisches und menschliches Verhalten. Aus dem Werdegang der Verhaltenslehre.* (Gesammelte Abhandlungen, Bd. 1, S. 380–401. München: Piper.

Lorenz, K. (1963): *Das sogenannte Böse: Zur Naturgeschichte der Aggression.* Wien: Borotha-Schoeler.

Lorenz, K. (1983): *Der Abbau des Menschlichen.* München: Piper.

Luce, R. D. & Raiffa, H. (1957): *Games and decisions; introduction and critical survey.* New York: Wiley.

Mahone, C. H. (1960): Fear of failure and unrealistic vocational aspiration. *Journal of Abnormal and Social Psychology, 60,* 253–261.

Malmo, R. B. (1959): Activation: A neurophysiological dimension. *Psychological Review, 66,* 367–386.

Maslow, A. H. (1954): *Motivation and personality.* New York: Harper.

Maslow, A. (1965): Humanistic science and transcendent experience. *Journal of Humanistic Psychology, 5*, 219–227.

Massimini, F. & Carli, M. (1991): Die systematische Erfassung des Flow-Erlebens im Alltag. In M. Csikszentmihalyi & I. S. Csikszentmihalyi (Hrsg.), *Die außergewöhnliche Erfahrung im Alltag* (S. 291–312). Stuttgart: Klett-Cotta.

McClelland, D. C. (1961): *The achieving society.* Princeton, N. J.: Van Nostrand (deutsch: Die Leistungsgesellschaft. Stuttgart: Kohlhammer, 1966).

McClelland, D. C. (1975): *Power: There inner experience.* New York: Irvington (deutsch: Macht als Motiv. Stuttgart: Klett-Cotta, 1978).

McClelland, D. C. (1978): Managing motivation to expand human freedom. *American psychologist, 33*, 201–210.

McClelland, D. C. (1979): Inhibited power motivation and high blood pressure in men. *Journal of Abnormal Psychology, 88*, 182–190.

McClelland, D. C. (1980): Motive dispositions: The merits of operant and respondent measures. In L. Wheeler (Ed.), *Review of personality and social psychology* (Vol. 1, pp. 10–41). Beverly Hills, CA: Sage.

McClelland, D. C. (1982): The need for power, sympathetic activation and illness. *Motivation and Emotion, 6*, 31–41.

McClelland, D. C. (1984): Motives as sources of longterm trends in life and health. In D. C. McClelland (Ed.), *Motives, personality and society.* New York: Praeger.

McClelland, D. C. (1985 a): How motives, skills and values determine what people do. *American Psychologist, 41*, 812–825.

McClelland, D. C. (1985 b): *Human motivation.* Glenview, III: Scott, Foresman and Co.

McClelland, D. C. (1987): Biological aspects of human motivation. In F. Halisch & J. Kuhl (Eds.), *Motivation, intention and volition* (pp. 11–19). Berlin: Springer.

McClelland, D. C. (1989): Motivational factors in health and disease. *American Psychologist, 44*, 675–683.

McClelland, D. C. & Burnham, D. (1976): Power is the great Motivator. *Harward Business Review, 25*, 159–166.

McClelland, D. C., Atkinson, J. W., Clark, R. A. & Lowell, E. L. (1953): *The achievement motive.* New York: Appleton-Century-Crofts.

McClelland, D. C. & Boyatzis, R. E. (1982): Leadership motive pattern and long-term success in management. *Journal of Applied Psychology, 67*, 737–743.

McClelland, D. C., Davis, W. N., Kalin, R. & Wanner, W. (Eds.) (1972): *The drinking man.* New York: The Free Press.

McClelland, D. C. & Davis, W. N. (1972): The influence of unrestrained power concerns on drinking in working-class men. In D. C.

McClelland, W. N. Davis, R. Kalin & E. Wanner (Eds.), *The drinking man* (pp. 142–161). New York: The Free Press.

McClelland, D. C., Patel, V., Stier, S. & Brown, D. (1987): The relationship of affiliative arousal to dopamine release. *Motivation and Emotion, 11*, 51–66.

McClelland, D. C. & Winter, D. G. (1969): *Motivating economic achievement*. New York: The Free Press.

McDougall W. (1908): *An introduction to social psychology*. London: Methuen.

McDougall, W. (1932): *The energies of men*. London: Methuen.

McReynolds, P. (1971): The nature and assessment of intrinsic motivation. In P. McReynolds (Ed.), *Advances on psychological assessment* (Vol. 2). Palo Alto: Science and Behavior Books.

Mehta, P. (1968): Achievement motivation training for educational development. *Indian Educational Review, 3*, 1–29.

Metzger, W. (1953): *Gesetze des Sehens* (2. Auflage). Frankfurt: Waldemar Kramer.

Meyer, W.-U. (1973): *Leistungsmotiv und Ursachenerklärung von Erfolg und Mißerfolg*. Stuttgart: Klett.

Meyer, W.-U. (1984): *Das Konzept von der eigenen Begabung*. Stuttgart: Huber.

Miller, N. E. (1944): Experimental studies of conflict. In J. McV. Hunt (Ed.), *Personality and the behavioral disorders* (Vol. 1, pp. 431–465). New York: Ronald Press.

Mischo, C. & Rheinberg, F. (1995): Erziehungsziele von Lehrern und individuelle Bezugsnormen der Leistungsbewertung. *Zeitschrift für Pädagogische Psychologie, 9*, 139–151.

Mitchell, T. R. (1974): Expectancy models of job satisfaction, occupational preference and effort: A theoretical, methodological and empirical appraisal. *Psychological Bulletin, 81*, 1053–1077.

Mitchell, T. R. & Albright, D. (1972): Expectancy theory predictions of job satisfaction, job effort, job performance and retention of naval aviation officers. *Organizational Behavior and Human Performances, 8*, 1–20.

Montague, A. (Ed.) (1968): *Man and aggression*. New York: Oxford University Press.

Montague, A. (1976): *The nature of human aggression*. New York: Oxford University Press.

Murray, H. A. (1938): *Explorations in personality*. New York: Oxford University Press.

Murray, H. A. (1943): *Thematic Apperceptive Test Manual*. Cambridge: Harvard University Press.

Nicholls, J. G. (1984): Achievement motivation: Conceptions of ability, subjective experience, task choice, and performance. *Psychological Review, 91*, 328–346.

Nissen, H. W. (1954): The nature of the drive as innate determinant of behavioral organization. In M. R. Jones (Ed.), *Nebraska Sympo-*

sium on Motivation (pp. 281–321). Lincoln, NB: University of Nebraska Press.

Oerter, R. (1967): *Moderne Entwicklungspsychologie* (4. Auflage). Donauwörth: Ludwig Auer.

Oerter, R. (1993): *Psychologie des Spiels.* München: Quintessenz.

Oesterreich, R. (1983): Der Begriff ‚Effizienz-Divergenz' als theoretischer Zugang zu Problemen der Planung des Handelns und seiner Motivation. In W. Hacker, W. Volpert & M. v. Cranach (Hrsg.), *Kognitive und motivationale Aspekte der Handlung* (S. 110–122). Bern: Huber.

Olds, J. (1958): Satiation effects in self-stimulation of the brain. *Journal of Comparative and Physiological Psychology, 51,* 675–679.

Olds, J. & Milner, P. (1954): Positive reinforcement produced by electrical stimulation of septal area and other regions of rat brain. *Journal of Comparative and Physiological Psychology, 47,* 419–427.

Overmier, J. B. & Seligman, M. E. P. (1967): Effects of inescapable shock upon subsequent escape and avoidance responding. *Journal of Comparative and Physiological Psychology, 63,* 28–33.

Ovsiankina, M. (1928): Die Wiederaufnahme unterbrochener Handlungen. *Psychologische Forschung, 11,* 302–379.

Peak, H. (1955): Attitude and motivation. In M. R. Jones (Ed.), *Nebraska Symposium on Motivation, 1955* (pp. 149–189). Lincoln: University of Nebraska Press.

Pekrun, R. (1988): *Emotion, Motivation und Persönlichkeit.* München: PVU.

Pekrun, R. (1993): Entwicklung von schulischer Aufgabenmotivation in der Sekundarstufe: Ein erwartungs-wert-theoretischer Ansatz. *Zeitschrift für Pädagogische Psychologie, 7,* 87–98.

Pervin, L. A. (1967): A twenty-college study of student x college interaction using TAPE (Transactional Analysis of Personality and Environment: Rationale, reliability, and validity). *Journal of Educational Psychology, 58,* 290–302.

Pervin, L. A. (1982): The stasis and flow of behavior: Towards a theory of goals. In M. M. Page (Ed.), *Nebraska Symposium of Motivation* (pp. 1–53). Lincoln: University of Nebraska Press.

Piet, S. (1988): Zur Motivation von Stuntmen – Ergebnisse einer Pilotstudie. *Report Psychologie, 11/12,* 14–30.

Plutchic, R. (1980): *Emotion: A psychoevolutionary synthesis.* New York: Harper and Row.

Prenzel, M. (1988): *Die Wirkungsweise von Interesse.* Opladen: Westdeutscher Verlag.

Puca, R. M. (1996): *Motivation diesseits und jenseits des Rubikon.* Dissertation. Psychologisches Institut, Universität Wuppertal.

Rand, P. (1987): Research on achievement motivation in school and college. In F. Halisch & J. Kuhl (Eds.), *Motivation, Intention and Volition* (pp. 215–232). Berlin: Springer.

Raven, B. H. & Kruglanski, A. W. (1970): Conflict and power. In P. Swingle (Ed.), *The structure of conflict* (pp. 69–109). New York: Academic Press.

Rheinberg, F. (1975): Zeitstabilität und Steuerbarkeit von Ursachen schulischer Leistung in der Sicht des Lehrers. *Zeitschrift für Entwicklungspsychologie und Pädagogische Psychologie, 7*, 180–194.

Rheinberg, F. (1980): *Leistungsbewertung und Lernmotivation*. Göttingen: Hogrefe.

Rheinberg, F. (1982): Bezugsnorm-Orientierung von Lehramtsanwärtern im Verlauf ihrer praktischen Ausbildung. In F. Rheinberg (Hrsg.), *Jahrbuch für Empirische Erziehungswissenschaft 1982* (S. 235–248). Düsseldorf: Schwann.

Rheinberg, F. (1987): Motivational analysis of high-risk sport. In F. Halisch & J. Kuhl (Eds.), *Motivation, Intention and Volition* (pp. 249–260). Berlin: Springer.

Rheinberg, F. (1989): *Zweck und Tätigkeit*. Göttingen: Hogrefe.

Rheinberg, F. (1991): Flow-Experience when motorcycling. A study of a special human condition. In R. Brendicke (Ed.), *Safety environment, future. Proceedings of the 1991 International Motorcycle Conference 1991* (pp. 349–362). Bochum: IfZ.

Rheinberg, F. (1993): *Anreize engagiert betriebener Freizeitaktivitäten – ein Systematisierungsversuch*. Im Manuskript, Psychologisches Institut der Universität Potsdam.

Rheinberg, F. (1996 a): Von der Lernmotivation zur Lernleistung. Was liegt dazwischen? In J. Möller & O. Köller (Hrsg.), *Emotion, Kognition und Schulleistung* (S. 23–51). Weinheim: PVU.

Rheinberg, F. (1996 b): Flow-Erleben, Freude an riskantem Sport und andere „unvernünftige" Motivationen. In J. Kuhl & H. Heckhausen (Hrsg.), *Motivation, Volition und Handlung. Enzyklopädie der Psychologie* (C/IV/4, S. 101–118). Göttingen: Hogrefe.

Rheinberg, F., Iser, I. & Pfauser, S. (1997): Freude am Tun und/oder zweckorientiertes Schaffen? Zur transsituativen Konsistenz und konvergenten Validität der AF-Skala. *Diagnostica, 43*, 174–191.

Rheinberg, F. & Krug, S. (1993): *Motivationsförderung im Schulalltag*. Göttingen: Hogrefe.

Robinson, D. (1969): The climber as visionary. *Ascent*, 4–10.

Rosenbaum, R. M. (1972): *A dimensional analysis of the perceived causes of success and failure*. Unveröff. Dissertation, University of California.

Sack, P. M. (1994): *Mißerfolgsverarbeitung und Leistung*. Frankfurt: Lang.

Schermer, F. J. (1991): *Lernen und Gedächtnis*. Stuttgart: Kohlhammer.

Schiefele, H., Hausser, K. & Schneider, G. (1979): Interesse als Weg und Ziel der Erziehung. *Zeitschrift für Pädagogik, 25*, 1–20.

Schiefele, U. (1996): *Motivation und Lernen mit Texten*. Göttingen: Hogrefe.

Schiefele, U. & Rheinberg, F. (1998) Motivation and knowledge acquisition: Searching for mediating processes. In M. L. Maehr & P. P. Pintrich (Eds.), *Advances in motivation and achievement (Vol. 10)*. Greenwich, CT: JAI Press.

Schiefele, U. & Schreyer, I. (1994): Intrinsische Lernmotivation und Lernen. *Zeitschrift für Pädagogische Psychologie, 8*, 1–14.

Schjelderup-Ebbe, T. (1922): Beiträge zur Sozialpsychologie des Haushuhns. *Zeitschrift für Psychologie, 88*, 225–252.

Schmalt, H.-D. (1973): Die GITTER-Technik – ein objektives Verfahren zur Messung des Leistungsmotivs bei Kindern. *Zeitschrift für Entwicklungspsychologie und Pädagogische Psychologie, 5*, 231–252.

Schmalt, H.-D. (1976): *Das LM-GITTER. Handanweisung.* Göttingen: Hogrefe.

Schmalt, H.-D. (1979): Machtmotivation. *Psychologische Rundschau, 30*, 269–285.

Schmalt, H.-D. (1987): Power motivation and the perception of control. In F. Halisch & J. Kuhl (Eds.), *Motivation, intention and volition* (pp. 101–113). Berlin: Springer.

Schnackers, U. (1973): *Validierung eines TAT-Verfahrens zur Messung des Machtmotivs.* Unveröff. Diplomarbeit, Psychologisches Institut der Ruhr-Universität Bochum.

Schnackers, U. & Kleinbeck, U. (1975): Machtmotiv und machtthematisches Verhalten in einem Verhandlungsspiel. *Archiv für Psychologie, 127*, 300–319.

Schneider, G., Hausser, K. & Schiefele, H. (1979): Bestimmungsstücke und Probleme einer pädagogischen Theorie des Interesses. *Zeitschrift für Pädagogik, 25*, 43–60.

Schneider, K. (1973): *Motivation unter Erfolgsrisiko.* Göttingen: Hogrefe.

Schneider, K. (1978): Die Wirkung von Erfolg und Mißerfolg auf die Leistung in Intelligenztestaufgaben bei unterschiedlichem Leistungsmotiv. *Psychologische Beiträge, 21*, 261–276.

Schneider, K. & Heggemeier, D. (1978): Die Wirkung von Erfolg und Mißerfolg auf die Güte- und Mengenleistung bei motorischen Aufgaben in Abhängigkeit von der überdauernden Leistungsmotivation. *Zeitschrift für Experimentelle und Angewandte Psychologie, 15*, 291–301.

Schneider, K. & Kreuz, A. (1979): Die Effekte unterschiedlicher Anstrengung auf die Mengen- und Güteleistung bei einer einfachen und schweren Zahlensymbolaufgabe. *Psychologie und Praxis, 23*, 34–42.

Schneider, K. & Rheinberg, F. (1996): Erlebnissuche und Risikomotivation. In M. Amelang (Hrsg.), *Interindividuelle Unterschiede – Temperament und Persönlichkeit. Enzyklopädie der Psychologie, c/ VIII/3* (S. 407–439). Göttingen: Hogrefe.

Schneider, K. & Schmalt, H.-D. (1994): *Motivation* (2. Auflage). Stuttgart: Kolhammer.

Schneider, K., Wegge, J. & Konradt, U. (1993): Motivation und Leistung. In J. Beckmann, H. Strang & E. Hahn (Hrsg.), *Aufmerksamkeit und Energetisierung. Facetten von Konzentration und Leistung* (S. 101–131). Göttingen: Hogrefe.

Schönhammer, R. (1991): *In Bewegung.* München: Quintessenz.

Schubert, Ch. (1986): *Motivationsanalyse zu Interaktion mit Computern.* Unveröff. Diplomarbeit. Psychologisches Institut der Ruprecht-Karl-Universität Heidelberg.

Schwenkmezger, P. (1983): Risikoverhalten, Risikobereitschaft und Delinquenz: Theoretische Grundlagen und differentialdiagnostische Untersuchungen. *Zeitschrift für Differentielle und Diagnostische Psychologie, 4*, 223–239.

Seligman, M. E. P. (1975): *Helplessness: On depression, development and death.* San Francisco. Freeman.

Sheffield, F. D., Wulff, J. J. & Backer, R. (1951): Reward value of copulation without sex drive reduction. *Journal of Comparative Physiological Psychology, 44*, 3–8.

Siebert, T. & Vester, T. (1990): *Zur Anreizstruktur des Musizierens.* Unveröff. Diplomarbeit. Psychologisches Institut der Ruprecht-Karl-Universität Heidelberg.

Simmons, R. (1924): The relative effectiveness of certain incentives in animal learning. *Comparative Psychology Monographs, 2*, serial No. 7.

Slovic, P. (1962): Convergent validation of risk taking measures. *Journal of Abnormal and Social Psychology, 65*, 68–71.

Sokolowski, K. (1992): Entwicklung eines Verfahrens zur Messung des Anschlußmotivs. *Diagnostica, 38*, 1–17.

Sokolowski. K. (1993): *Emotion und Volition.* Göttingen: Hogrefe.

Sorgatz, H. & Rheinberg, F. (1976): Die differentielle Reagibilität des Hautwiderstandes in motorischen Konflikten. *Zeitschrift für Experimentelle und Angewandte Psychologie, 23*, 129–139.

Stein, L. (1978): Reward transmitters: Catecholamines and opiate peptides. In M. A. Linton, A. DiMascio & K. F. Killam (Eds.), *Psychopharmacology: A generation of progress* (pp. 569–581). New York: Raven Press.

Stewart, A. J. (1973): *Scoring system for stages of psychological development.* Harvard University: Department of Psychology and Social Relations, Unpublished paper.

Stewart, A. J. & Rubin, Z. (1976): Power motivation in the dating couple. *Journal of Personality and Social Psychology, 34*, 305–309.

Stiensmeier-Pelster, J. (1988): *Erlernte Hilflosigkeit, Handlungskontrolle und Leistung.* Berlin: Springer.

Stiensmeier-Pelster, J. & Schlangen, B. (1996): Erlernte Hilflosigkeit und Leistung. In J. Möller & O. Köller (Hrsg.), *Emotionen, Kognitionen und Schulleistung* (S. 69–90). Weinheim: PVU.

Terhune, K. W. (1968): Motives, situation and interpersonal conflict within Prisoner's Dilemma. *Journal of Personality and Social Psychology Monograph Supplement, 8,* 3, Part 2.

Thiel, D. & Kopf, M. (1989): *Merkmale des Flow-Erlebens.* Unveröff. Diplomarbeit. Psychologisches Institut der Ruprecht-Karl-Universität Heidelberg.

Thomae, H. (1965 a): Die Bedeutung des Motivationsbegriffs. In H. Thomae (Hrsg.), *Handbuch der Psychologie,* Bd. 2 (S. 3–44). Göttingen: Hogrefe.

Thomae, H. (1965 b): Das Problem der Motivation. In H. Thomae (Hrsg.), *Handbuch der Psychologie,* Bd. 2 (S. 414–464). Göttingen: Hogrefe.

Thorndike, E. L. (1898): Animal intelligence: An experimental study of associative processes in animals. *Psychological Review Monographs Supplement, 5,* 551–553.

Tinbergen, N. (1951): *The study of instinct.* London: Oxford University Press.

Tomkins, S. S. (1970): Affect as the primacy motivational system. In M. Arnold (Ed.), *Feelings and emotions* (pp. 101–111). New York: Academic Press.

Trudewind, C. (1975): *Häusliche Umwelt und Motiventwicklung.* Göttingen: Hogrefe.

Ulemann, J. S. (1966): *A new TAT measure of the need for power.* Harvard University, Unpublished Doctoral thesis.

Ulemann, J. S. (1971): Dyadic influence in an „ESP study" and TAT measures of the needs for influence and power. *Journal of Personality Assessment, 35,* 248–251.

Ulemann, J. S. (1972): The need for influence: Development and validition of a measure and comparison with the need for power. *Genetic Psychology Monographs, 85,* 157–214.

Varga, K. (1977): Who gains from achievement motivation training? *Vikalpa* (The journal for Decision Makers), 2, 187–200. Ahmedabad: Indian Institute of Management.

Veroff, J. (1957): Development and validation of a projective measure of power motivation. *Journal of Abnormal and Social Psychology, 54,* 1–8.

Veroff, J. (1965): Theoretical background for studying the origins of human motivational dispositions. *Merrill-Palmer Quarterly, 11,* 3–8.

Volpert, W. (1983): Das Modell der hierarchisch-sequentiellen Handlungsorganisation. In W. Hacker, W. Volpert & M. v. Cranach (Hrsg.), *Kognitive und motivationale Aspekte der Handlung* (S. 38–58). Bern: Huber.

Vollmeyer, R. & Rheinberg, F. (1997): Motivationale Einflüsse auf Erwerb und Anwendung von Wissen in einem computersimulierten System. *Zeitschrift für Pädagogische Psychologie, 11*, Heft 3 /4.

Vroom, V. H. (1964): *Work and motivation.* New York: Wiley.

Wainer, H. A. & Rubin, I. M. (1971): Motivation of research and development entrepreneurs: Determinants of company success. In D. A. Kolb, I. M. Rubin & J. McIntire (Eds.), *Organizational Psychology* (pp. 131–139). Englewood Cliffs, N. J.: Prentice-Hall.

Watson, J. B. (1913): Psychology as the behaviorist views it. *Psychological Review, 20*, 158–177.

Weber, M. (1921): III. Abteilung. Wirtschaft und Gesellschaft. I. Die Wirtschaft- und die gesellschaftlichen Ordnungen und Mächte. *Grundriß der Sozialökonomik.* Tübingen: Mohr-Siebeck (Neuauflage 1964).

Wegge, J. & Kleinbeck, U. (1993): Motivationale Faktoren betrieblicher Fehlzeiten: Zum Einfluß leistungs- und anschlußthematischer Variablen auf die Abwesenheit am Arbeitsplatz. *Zeitschrift für Experimentelle und Angewandte Psychologie, 40*, 451–486.

Weiner, B. (1972): *Theories of motivation.* Chicago: Markham (deutsch: Theorien der Motivation. Stuttgart: Klett, 1976).

Weiner, B., Frieze, I. H., Kukla, A., Reed, L., Rest, S. & Rosenbaum, R. M. (1971): *Perceiving the causes of success and failure.* New York: General Learning Press.

Weiner, B. & Kukla, A. (1970): An attributional analysis of achievement motivation. *Journal of Personality and Social Psychology, 15*, 1–20.

Weiner, B., Nierenberg, R. & Goldstein, M. (1976): Social learning (locus of control) versus attributional (causal stability) interpretations of expectancy of success. *Journal of Personality, 44*, 52–68.

Weßling-Lünnemann, G. (1985): *Motivationsförderung im Unterricht.* Göttingen: Hogrefe.

White, R. W. (1959): Motivation reconsidered: The concept of competence. *Psychological Review, 66*, 297–333.

Winter, D. G. (1967): *Power motivation in thought and action.* Unpublished doctoral dissertation. Harvard University.

Winter, D. G. (1972): The need for power in college man: Action correlates and relationship to drinking. In D. C. McClelland, W. N. Davis, R. Kalin & E. Wanner (Eds.), *The drinking man* (pp. 99–119). New York: The Free Press.

Winter, D. G. (1973): *The power motive.* New York: The Free Press.

Winter, D. G. (1978): *Navy leadership and management competencies: Convergence among tests, interviews and performance ratings.* Boston: McBer Company.

Winter, D. G. (1988): The power motive in women – and men. *Journal of Personality and Social Psychology, 54*, 510–519.

Winterbottom, M. (1958): The relation of need for achievement to learning experience in independence and mastery. In J. W. Atkinson

(Ed.), *Motives in fantasy, action and society* (pp. 453–478). Princeton, N. J.: Van Nostrand.

Winterstein, P. J. (1991): *Leistungsmotivationsförderung im Sportunterricht*. Hamburg: Verlag Dr. Kovać.

Wittemöller-Förster, R. (1993): *Interesse als Bildungsziel*. Frankfurt: Peter Lang.

Woodworth, R. S. (1918): *Dynamic psychology*. New York: Columbia University Press.

Wortman, C. B. & Brehm, J. W. (1975): Responses to uncontrollable outcomes: An integration of reactance theory and the learned helplessness model. In L. Berkowitz (Ed.), *Advances in Experimental Social Psychology* (Vol. 8, pp. 277–336). New York: Academic Press.

Wundt, W. (1892): *Vorlesungen über die Menschen- und Thierseele* (2. Auflage). Leipzig: Engelmann.

Yerkes, R. M. & Dodson, J. D. (1908): The relation of strength of stimulus to rapidity of habit-formation. *Journal of Comparative and Neurological Psychology, 18*, 459–482.

Zeaman, D. (1949): Response latency as a function of the amount of reinforcement. *Journal of Experimental Psychology, 39*, 466–483.

Zuckerman, M. (1969): Variables affecting deprivation results. In J. P. Zubek (Ed.), *Sensory deprivation: Fifteen years of research* (pp. 47–84). New York: Appleton-Century-Croft.

Zuckerman, M. (1971): Dimensions of sensation seeking. *Journal of Consulting and Clinical Psychology, 36*, 45–52.

Zuckerman, M. (1979): *Sensation seeking: Beyond the optimal level of arousal*. Hillsdale, N J: Erlbaum.

Zuckerman, M. (1983): Sensation seeking and sports. *Personality and Individual Differences, 4*, 285–293.

Zuckerman, M. (1984): Sensation seeking: A comparative approach to a human trait. *The Behavioral and Brain Sciences, 7*, 413–471.

Zuckerman, M. & Myers, P. L. (1983): Sensation seeking in homosexual and heterosexual males. *Archives of Sexual Behavior, 12*, 347–356.

Zumkley, H. (1978): *Aggression und Kartharsis*. Göttingen: Hogrefe.

Sachregister